고려대학교 민족문화연구원 만주학 총서 ❻

ᠮᠠᠨᠵᡠ ᠠᡳᠮᠠᠨ ᡳ ᡝᠨᡩᡠᡵᡳ ᠵᡠᠪᡝᠨ

만주족의 신화 이야기

滿族古神話

manju aiman i enduri juben

최동권, 김유범, 김양진, 문현수, 이효윤

박문사

〈고려대학교 민족문화연구원 만주학총서〉 발간사

만주는 오랜 역사 속에서 늘 우리 한반도 곁에 있어 왔지만, 한동안은 관심에서 멀어져 있기도 했다. 청나라와 함께 만주족의 국가가 사라지면서 잊혀졌고, 남북분단이 만든 지리적 격절이 그 망각을 더 깊게 하였다. 그러나 만주와 만주족은 여전히 한반도 이웃에 존재한다. 한 민족의 국가가 사라졌다 해서 그 역사와 문화가 모두 사라지는 것은 아니다. 만주족은 동북아 지역의 역사를 이끌어 온 주역 중 하나였고, 유구한 역사 속에서 부침하며 남긴 언어와 문화의 자취는 지금도 면면히 전해지고 있다. 학자들의 노력을 통해 다시 조명되고 있고, 사람들의 관심 속에 되살아나고 있다. 일본과 서구에서 만주학에 대한 관심이 끊이지 않고 이어져 왔을 뿐 아니라, 근래에는 중국에서도 만주학 관련 자료 정리와 연구가 본격적으로 진행되고 있다.

청나라를 세웠던 만주족은 거대 제국을 통치하며 그들의 언어로 많은 자료를 남겼고, 그것은 중국과 한국 및 동아시아 지역을 이해하는 데 소홀히 할 수 없는 귀중한 자산이다. 역사적으로나 지역적으로, 그리고 언어학적으로도 밀접한 관계에 있는 한국은 만주족의 문화를 이해하는 데 좋은 조건을 가지고 있다. 만주를 넘나들며 살아온 한반도 거주민들은 만주족과 역사를 공유하는 부분도 적지 않고 언어학상으로도 유사성을 가지고 있다.

고려대학교 민족문화연구원은 만주학센터를 세워 만주학 관련 자료를 수집 정리하고 간행해 왔으며, 만주어 강좌를 통해 만주학에 대한 관심을 확산시키고, 국내외 전문가들을 초청하여 학술을 교류하며 연구성과를 공유해 왔다. 2012년부터 발간하고 있는 〈만주학총서〉는 그 과정에서 축적되고 있는 학계의 소중한 성과이다.

총서에는 조선후기 사역원에서 사용하던 만주어 학습서('역주 청어노걸대 신석')를 비롯하여, 청나라 팔기군 장병의 전쟁 기록을 담은 일기('만주 팔기 증수 일기'), 인도에서 비롯되어 티벳족과 몽골족의 민간고사까지 포괄해 재편성된 이야기집('언두리가 들려주는 끝나지 않는 이야기') 등 매우 다양한 성격의 자료가 포함되어 있다. 만주학의 연구 성과를 묶은 연구서('청대 만주어 문헌

연구')뿐 아니라, 전 12권으로 발간되는 만주어 사전('교감역주 어제청문감')과 문법 관련서 등 만주학 연구의 기반이 되는 자료들도 적지 않다.

만주학 관련 언어, 문화, 역사 등 각 방면에 걸친 이 자료와 연구성과들은 만주학 발전에 적잖은 도움이 될 것이다. 이 총서의 발간으로 한국에서의 만주학 연구 수준을 한 층 높이고, 한민족과 교류한 다양한 문화에 사람들의 관심을 기울이도록 하는 데 기여할 수 있으리라 기대한다.

2018년 8월

민족문화연구원 원장 김형찬

『만주족의 신화』 이야기 서문

만주학총서는 고려대학교 민족문화연구원 만주학센터의 만주학 연구 성과를 결집해 놓은 보고(寶庫)이다. 더불어 우리나라에서 만주학이 시작된 역사와 흔적을 담고 있다는 점에서도 귀중한 사료적 가치를 지닌다. 만주어와 그것으로 이루어진 다양한 언어, 문학, 역사, 문화 관련 자료들에 대한 연구는 동북아시아를 재조명하고 그로부터 미래적 가치를 발견하는 새로운 도전이라고 할 수 있다. '중화(中華)'로부터 '이적(夷狄)'으로 패러다임의 새로운 변화에서 만주학이 그 중심에 서 있다.

이번 총서인 『만주족의 신화 이야기』는 만주족의 신화와 전설을 모은 이야기 자료이다. 이 자료는 만문(滿文)으로 기록된 '삼선녀(三仙女) 전설' 관련 자료들, 그리고 아이신교로 울희춘(愛新覺羅 烏拉希春)이 1986년에 간행한 『만족고신화(滿族古神話)』에 수록된 만주족의 신화와 전설에 대한 자료들을 함께 모아 전사하고 이를 대역 및 번역한 것이다. 만주족의 근원과 관련된 이 이야기들은 만주족과 그들의 문화를 이해하는 출발점이 된다는 점에서 큰 가치를 지닌다고 할 수 있다.

『만족고신화』에는 모두 9편의 이야기가 수록되어 있는데, '삼선녀(三仙女) 전설', '니샨샤먼'과 더불어 7편의 이야기가 있다. 노한왕(老罕王) 이야기, 신만주(新滿洲)의 전설, 치치하르성의 전설, 샤먼과 라마가 술법으로 다투는 이야기, 여단샤먼(女丹薩滿), 싸움 이야기가 그것이다. 신화와 전설이 지닌 기본적인 속성이 그러하듯 이 이야기들도 사실성보다는 상상력과 신비로움이 돋보이는 모습을 보여 준다. 이를 통해 우리는 만주족이 지닌 근원적인 문화적 체취를 느껴 보게 된다.

이번 총서 역시 국내 만주학 연구의 산실인 고려대학교 민족문화연구원 만주학센터의 뜨겁고 진지한 만주학 연구의 결실을 보여 주는 또 하나의 역사로 자리할 것이다. 총서의 기획 및 그에

따른 연구 진행, 그리고 원고의 정리 및 출판 관련 업무에 수고해 주신 모든 분들께 심심한 감사의 인사를 전한다. 이 총서가 국내외에서 만주학에 관심을 갖고 계신 모든 분들께 만주학의 세계로 나아가는 유익한 통로가 되어 주기를 바라 마지않는다.

2018년 무더운 여름,
만주학센터 센터장 김유범

『만주족의 신화 이야기』 해제

최 동 권

1. 『만주족의 신화 이야기』의 성격

『만주족의 신화 이야기』는 만문(滿文)으로 수록된 '삼선녀(三仙女) 전설'과 아이신교로 울희춘(愛新覺羅 烏拉希春)이 1986년에 간행한 『만족고신화(滿族古神話)』에 수록된 만주족의 신화와 전설에 대한 자료를 모아 전사, 대역, 번역하였다.

만주족의 구비 문학 작품들은 대부분이 중국어로 전승되어 왔으며 출판된 책들도 모두 한문을 사용하여 기술하고 있기 때문에 작품의 출전과 성격, 특히 그 작품이 만주족의 신화나 전설이라고 하는 것의 적절성 여부를 놓고 논란이 되어 왔다. 중국은 여러 소수민족이 함께 생활하고 있기 때문에 신화와 전설을 공유하는 경우가 많기 때문이다. 그리고 만주족의 구비문학이라고 할지라도 한문으로 기록되어 전승되는 과정에서 중국인의 정서가 반영되어 내용이 변하거나 각색되었을 가능성도 배제할 수 없다. 따라서 만주족의 신화와 전설을 연구하는 연구자들에게 있어서 만주족에게서 구비 전승되어 오거나 만주문자로 기록된 만주족의 신화와 전설에 대한 관심은 매우 크다고 하겠다.

'삼선녀(三仙女) 전설'은 만주족의 시조와 관련된 이야기로 그 중요성 때문에 매우 많은 문헌자료에 남아 있으며 민간에서도 구비 전승되고 있다. 최초의 기록이라고 할 수 있는 『구만주당(舊滿洲檔)』에서 시작하여 대부분의 역사서에도 수록되어 있기 때문에 이들을 비교 연구하는 것은 '삼선녀(三仙女) 전설'의 원형과 변화과정을 연구할 수 있는 귀중한 자료가 된다. 본고에서는 만문으로 기록된 자료 중에서 원문 자료를 구할 수 있는 자료들을 모아 제시함으로써 '삼선녀(三仙女) 전설'의 원형과 변화 과정을 연구하기 기초 자료로 제공하고자 한다.

『만족고신화(滿族古神話)』는 아이신교로 울희춘(愛新覺羅 烏拉希春)이 1985년 헤이룽장성(黑龍江省) 치치하얼시(齊齊哈爾市) 푸위현(富裕縣) 유이항(友誼鄕) 삼가자툰(三家子屯)에서 만주족 사이에서 구비 전승되고 있던 신화와 전설을 수집하여 1986년에 간행한 자료집이다. 채록한 자료는 만주문자로 서술하고 기록하였으며 구술한 사람의 실제 발음도 음성부호에 따라 기록한 자료집이다. 본고에서는『만족고신화(滿族古神話)』에 수록된 신화와 전설을 로마자로 전사하고 대역, 번역하였다. 다만『만족고신화(滿族古神話)』에 함께 수록된 '니샨샤먼'은 이 책에 실린 것 외에도 다양한 형태의 판본이 존재하기 때문에 이들을 모두 조사하여 함께 제시함으로써 '니샨샤먼'에 대한 연구를 활성화하기 위하여 별도의 책으로 간행하기로 하고 본고에서는 제외하였다.

2. 삼선녀(三仙女)의 전설

삼선녀의 전설은 만주족의 시조와 관련된 신화이다. 만주족의 시조와 관련된 중요한 내용이라서 여러 문헌에 수록되어 있으며 구전으로도 다양하게 변화된 내용이 전해오고 있다. 가장 오래된 문헌 자료로는 무권점만문자(無圈點滿洲文字)로 쓰여진 천총(天聰) 9년(1635)『구만주당(舊滿洲檔)』과, 숭덕(崇德) 원년(1636)『내국사원만문당안(內國史院滿文檔案)』의 자료가 있다.『구만주당(舊滿洲檔)』은 대부분의 내용이 무권점만문자(無圈點滿洲文字)로 기록되어 있는데 삼선녀와 관련된 내용은 유권점만문자(有圈點滿洲文字)로 기록되어 있다.『내국사원만문당안(內國史院滿文檔案)』은 무권점만문자(無圈點滿洲文字)로 기록되어 있다. 본고에서는 무권점만문자(無圈點滿洲文字)로 기록된 내용을 전사하고 그 아래에 유권점만주문자(有圈點滿洲文字)의 표기 방식에 따른 전사 형태를 병기하여 이해를 도왔다.

유권점만문자(有圈點滿洲文字)로 쓰여진 자료로는 순치(順治) 11년(1655)의『태조무황제실록(太祖武皇帝實錄)』, 건륭(乾隆) 13년(1748)의『어제성경부(御製盛京賦)』, 건륭(乾隆) 44년(1779)의『만주실록(滿洲實錄)』, 건륭(乾隆) 54年(1789)의『만주원류고(滿洲原流考)』, 건륭(乾隆) 38년(1773)의『황청개국방략(皇清開國方略)』에 수록된 자료가 있다.

구비 전승된 자료로는 아이신교로 울희춘(愛新覺羅 烏拉希春)이 채록하여『만족고신화(滿族古神話)』에 수록한 '삼선녀(三仙女) 전설'이 있다. 구비전승된 자료를 만주문자로 기록하고 아울러 음성전사가 함께 병기되어 있어서 당시 만주어 음운 연구에도 큰 도움이 되기 때문에 만주어 전사와 함께 병기하였다.

가장 최초의 문헌 기록이라고 할 수 있는 구만주당에서는 하늘에서 세 선녀가 부쿠리(bukūri) 산의 아래에 있는 불후리(bulhūri) 호수에 내려와 호수에서 목욕을 하던 중 까치가 남겨둔 붉은 과일을 막내 선녀 퍼쿨런(fekulen)이 주워 입에 머금었다가 목구멍으로 들어가 임신하여 보코리 융숀(bokori yongšon)을 낳았는데 그 일족이 만주 나라를 형성었다고 하는 단순한 내용만 기록되어 있다. 그러나 곧 이어 간행된 『내국사원만문당안(內國史院滿文檔案)』에서는 전후 관계가 보다 자세히 기록되어 있다. 하늘의 왕이 주션(jušen) 국의 세 성(姓)의 사람이 나라의 왕좌를 놓고 서로 매일 말다툼하며 싸우는 것을 아시고 어지러운 주션(jušen) 국에 한 신(神)을 보내서 혼란을 멈추게 하고 그 나라의 왕이 되어 살게 하고자 하였다. 한 신(神)을 까치로 바꾸어 보내서 붉은 과일을 보내서 부쿠리(bukūri) 산 아래에 있는 불후리(bulhūri) 호수에서 목욕하고 있던 첫째 딸 엉굴런(engguIen), 둘째 딸 정굴런(jenggulen), 셋째 딸 퍼쿨런(fekulen)에게 보냈는데 막내딸 퍼쿨런(felulen)이 이 과일을 삼켜서 임신하게 되어 하늘에 올라갈 수 없게 되었다. 이렇게 하늘의 명을 받아 태어난 이가 부쿠리 융숀(bukūri yongšon)이고 성은 아이신 교로(aisin gioro)이다. 나라의 혼돈을 정리하고 버리(beri) 아가씨를 부인 삼아서 오모호(omoho) 평원의 오도리(odoli) 성에서 만주 나라의 버일러(beile)가 되어서 살았다. 이상의 내용은 구만주당의 내용보다 훨씬 자세하게 정리되어 있고 이후 기록된 여러 삼선녀 전설과도 내용상 크게 다르지 않다. 『만족고신화(滿族古神話)』에 채록된 '삼선녀 전설'에 따르면 셋째 선녀가 복숭아 과일을 먹고 임신해서 태어난 사내아이가 두 달이 되자 말을 할 수 있게 되었다. 셋째 선녀가 산꼭대기에서는 키우기 어려워 작은 광주리를 짜서 사내아이를 그 안에 알몸인 채로 놓아 흘려 보내고 셋째 선녀는 하늘로 돌아갔다. 삼성(三姓)의 강에서 두 노인이 그물을 놓으며 물고기를 잡고 있었는데, 광주리 하나가 다가와서 보니 광주리 안에 작은 사내아이 한 명이 있었다. 한 노인이 갈고리를 꺼내어 끌어 당겨 보니 잘 생기고 똑똑한 사내아이가 있어서 안고 데려가 기르고 며느리를 얻게 되었는데 그 사람이 바로 만주족의 조상이며 노한왕(老罕王)의 조상이다. 『만족고신화(滿族古神話)』에 채록된 내용은 문헌 자료에서 볼 수 없는 내용이 일부 포함되어 있으며 내용이 보다 풍부하고 현실감 있게 보완되어 있음을 알 수 있다.

3. 아이신교로 울희춘(愛新覺羅 烏拉希春)의 『만족고신화(滿族古神話)』

『만족고신화(滿族古神話)』에는 9 편의 이야기가 수록되어 있다. 그중에서 별도로 다룬 '삼선녀(三仙女) 전설'과 '니샨샤먼'을 제외하면 총 7편의 이야기가 있다. 이들 이야기의 내용을 간략히 살펴보면 다음과 같다.

노한왕(老罕王) : 노한왕 누루하치가 만주국을 세운 과정을 기술한 이야기이다. 노한왕이 어려서 부모를 잃고 이총병(李摠兵)의 집에서 노복생활을 하게 되었는데 이총병의 발을 씻겨주다가 그의 한쪽 발에 붉은 반점이 하나 있는 것을 발견하고 자기는 한 쪽 발에는 7개 씩 양쪽 발에 14개의 붉은 반점이 있다고 말하자 이총병이 하늘에서 내려온 자미성(紫微星)으로 반드시 왕이 될 운명이라고 생각하고 그를 죽이고자 하였다. 노한왕은 이총병의 둘째 부인의 도움으로 탈출하였고 그 부인은 심한 고문 끝에 죽었다. 만주족의 집에 동쪽에 창이 있는 이유는 이 둘째 부인의 죽은 시신을 동쪽 창으로 밀어 내보냈기 때문이다. 그리고 둘째 부인이 죽었을 때에 옷을 입지 않은 알몸이었기 때문에, 이후로 만주족이 배등제(背燈祭)를 할 때는 캉[炕]의 동남쪽에서 제사를 지내며 등잔을 가린다. 그리고 노한왕이 이총병의 군사들에게 쫓기다가 풀 속에서 잠이 들게 되었는데 그 때 쫓던 군사들이 불을 지르자 뒤따르던 개가 호수의 물을 몸에 묻혀 노한왕이 타 죽는 것을 막았다. 그 뒤로 만주족은 개고기를 먹지 않게 되었다고 한다. 이후 노한왕은 오삼계(吳三桂)와의 싸움에서 지혜를 발휘하여 나라를 세우게 되었다.

이상의 이야기는 노한왕 누루하치가 만주국을 세운 과정을 기술한 이야기이다. 노한왕이 어려운 환경에서 고난을 겪고 이를 극복하면서 나라를 세우는 과정을 서술하고 있다. 노한왕이 이총병의 추적과 방해를 받았지만 주변의 여러 도움을 받고 이를 모두 극복할 수 있었는데 이 과정에서 만주족의 여러 풍습이 생겨나게 된 사실을 함께 기술하고 있다.

신만주(新滿洲)의 전설 : 신만주가 왕을 따라 싸우다가 뒤쳐져 적이 바짝 뒤를 쫓게 되었는데 신만주가 도망쳐서 강가에 다다랐을 때 앞에는 강이 있고 뒤에는 적이 쫓아왔다. 이때는 9월이라 강물이 아직 얼지 않았는데 갑자기 강 위에 얼음조각이 아홉 덩어리가 생겼다. 그래서 그 얼음덩어리에 올라서 한달음에 북쪽 끝에 도달하게 되었다. 도달한 후 뒤돌아보니 그것은 얼음덩어리가 아닌 커다란 누치였다. 신만주가 모두 지나가자 이 누치는 바로 강에 가라앉아 사라졌다. 따라오던 적들이 강가에 다다랐으나 더 이상 갈 수 없었다. 이 큰 누치가 바로 신만주의 조상이다.

신만주는 구만주와 구분된다. 누루하치와 홍타이지를 따라 심양에서 중원으로 함께 입관(入關)한 사람의 자손을 구만주라고 하고 만주족이 입관(入關)한 후 팔기(八旗)에 편입한 만주족을 모두 신만주라고 한다.

치치하르성의 전설 : 치치하르(cicihar) 마을 근처에 성(城)을 세우기로 하였다. 밧줄을 묶고 기둥을 세우는 일을 모두 마치고 밤이 되자 돌아갔다. 마침 그날 저녁 거센 바람이 불어 모래가 날리

고 돌이 굴러갔다. 오경(五更)이 되어서야 바람이 그쳤다. 다음날 와서 보니 성을 세우는데 사용한 밧줄과 기둥이 모두 강의 북쪽 기슭에서 남쪽으로 옮겨져 있었다. 이곳에 부쿠이(bukui)라는 마을이 있었다. 그곳을 하늘의 뜻으로 생각하고 강의 남쪽에 성을 세우고 부쿠이(bukui) 성이라 불렀다. 부쿠이(bukui)는 바로 '힘센 사람', 씨름꾼을 일컫는다. 이렇게 하여 강의 남쪽에 성이 세워졌고 부쿠이(bukui) 성이라 부르게 되었다. 왜 부쿠이(bukui) 성이라고 부르는가? 부쿠이(bukui)는 바로 '힘센 사람'이다.

'bukui'는 몽골어로 씨름을 의미하는 'buku'이다. 이곳은 몽골족, 다구르족, 만주족 등이 함께 모여 씨름을 하던 풍속이 있던 곳이라고 하는 것으로 볼 때 아마도 몽골족의 터전에 만주족이 성(城)을 세우게 된 것에 의미를 부여하기 위해 생긴 이야기로 추정된다.

샤먼과 라마가 술법으로 다투다 : 마을에 병든 사람이 생겨 이웃 마을의 라마를 청하여 병을 치료하고자 하였지만 라마는 한번 보더니 병을 치료할 수 없다고 하였다. 멀리 갔던 샤먼이 돌아와 다시 샤먼에게 청하였더니 병든 사람이 즉시 나았다. 집주인이 라마와 샤먼을 함께 초대하여 술을 마셨는데 샤먼이 술을 받아 한번 보니, 잔 안쪽에 세 마리의 작은 뱀이 있었다. 샤먼이 술법을 부려 세 마리의 뱀을 혀 아래에 눌러 두고 술을 마셨다. 샤먼도 라마에게 한 잔 술을 따르는데 술잔에 수를 놓는 데 쓰는 바늘이 세 개 담겨 있었다. 라마가 두려워하며 마시지 못했다. 이후 라마는 다시는 샤먼이 병을 치료하는 곳에 갈 수 없게 되었다.

샤먼은 만주족의 민간신앙이고 라마는 티베트불교로서 외래 종교라고 할 수 있다. 샤먼과 라마가 다투었는데 샤먼은 병도 치료하고 술법도 뛰어나서 라마를 이겼다는 이야기로 만주족의 민간신앙인 샤먼이 외래 종교인 라마보다 뛰어나다는 것을 보여주는 이야기이다.

여단샤먼(女丹薩滿) : 여단샤먼은 왕의 부탁을 듣고 저승에 가서 죽은 왕자를 살려 데려왔다. 저승에서 만난 남편도 살려달라고 부탁하였지만 죽은지 오래되어 살릴 수가 없었다. 이에 앙심을 품고 남편이 항의하자 여단샤먼은 술법으로 남편의 영혼을 펑두(fengdu) 성(城) 깊은 우물 속에 던져 버렸다. 왕의 누이동생도 죽은 지 3년이 되어 살이 모두 썩었기에 영혼을 데려와도 살릴 수 없었지만 왕의 노여움을 사게 되었다. 라마가 그녀를 모함하자 왕은 여단샤먼을 동쪽 땅의 우물 속에 던지고 사발 같은 굵은 쇠사슬로 누르게 하였다. 그렇게 여단샤먼은 라마들의 모함을 받고 우물 속에서 죽었다. 여단 샤먼이 죽은 후 왕의 집안에 사흘 동안 밝은 빛이 보이지 않는데 한 큰 새가 날개로 막고 있습니다. 여단샤먼이 살아서 매 신을 부릴 수 있었기 때문에 그녀의 영혼이 현세에서 떠나지 않기 때문이라는 것을 왕이 알게 되자 후회하며 "내가 만주 사람이 제사지낼 때 너에게 공양하게 하겠다."고 말하자 하늘이 바로 밝아졌다. 그 후로 만주족은 조상에게 제사지낼 때 매신에게도 더불어 공양을 드리게 되었다.

이 이야기도 앞의 샤먼과 라마가 술법을 다투는 이야기와 유사하게 샤먼이 라마보다 뛰어나며 세속적 정치 권력인 왕의 미움과 새로운 외래 종교인 라마의 질투를 극복하고 만주족이 민족 종교로서 샤먼을 공양하게 된 과정을 이야기하고 있다.

싸움 이야기 : 옛날 청(淸)나라 때에 로가다(lo gada)라는 사람이 군대에 가서 아이훈(aihūn) 성 주위에서 싸운 이야기이다.

만주족의 신화 이야기는 문헌 자료에 만문(滿文)으로 수록된 '삼선녀(三仙女) 전설'과 관련된 여러 자료와 아이신교로 울희춘(愛新覺羅 烏拉希春)이 1986년에 간행한 『만족고신화(滿族古神話)』에 수록된 만주족의 신화와 전설에 대한 자료를 함께 전사, 대역, 번역하였다. 여기에 수록된 자료 이외에도 많은 만주족의 신화와 전설이 전해오고 있지만 만주어로 기록된 자료에 한정하여 자료를 모아 정리하고자 하였다. 전사는 묄렌도르프(Möelendorf) 전사 방식을 따랐으며 대역과 번역은 문맥상 매끄럽지 못한 부분이 있더라도 만주족의 신화와 전설의 연구에 도움이 될 수 있도록 원본에 충실하도록 노력하였다.

목 차

1

삼선녀(三仙女) 전설

1.1. 삼선녀(三仙女) 전설

–『구만주당(舊滿洲檔)』[1]–

1) 『구만주당(舊滿洲檔)』은 대부분 무권점만주문자로 기록되어 있으나 일부는 유권점만주문자, 또는 몽골문자로 기록되어 있다. 본고에서 전사, 번역한 삼선녀(三仙女)와 관련된 부분은 천총9년(1635년 5월 6일)의 기록으로 유권점만주문자를 사용하고 있다.

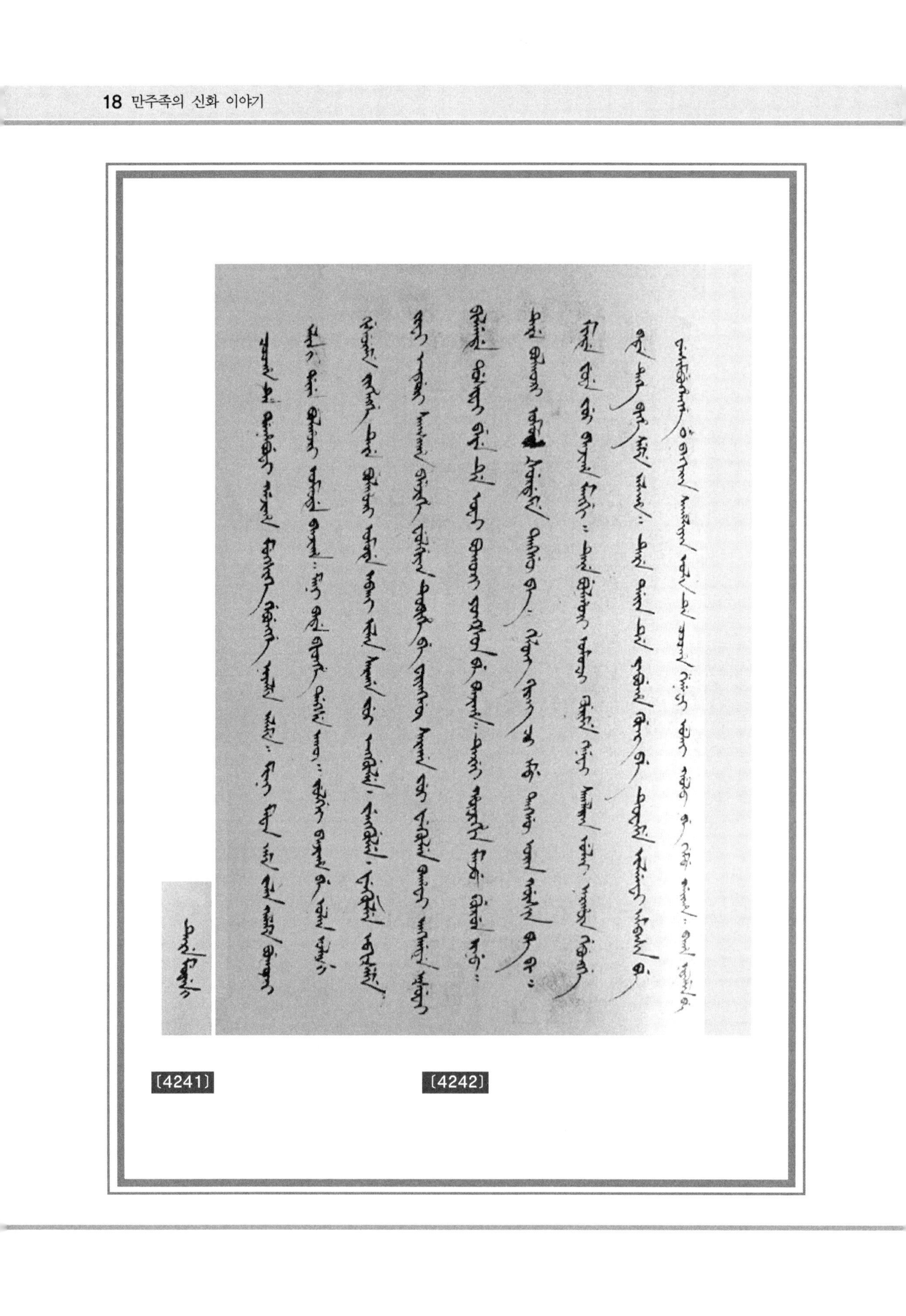

〔4241〕

〔4242〕

tere mudan i
그 차례 의

cooha de dahabufi gajiha muksike[2] gebungge niyalma alame..
군사 에게 따르게 해서 데려온 muksike 이름의 사람 아뢰되
mini mafa ama jalan halame bukūri alin i dade bulhori[3] omode banjiha.. meni
나의 할아버지 아버지 세대 바꾸며 bukūri 산 의 아래에 bulhori 호수에 살았다. 우리의
bade bithe dangse akū.. julgei banjiha be ulan ulan i gisureme jihengge tere bulhori
땅에 글 기록 없다. 옛날의 일어난 것 을 차례로 말하여 온 것 그 bulhori
omode abkai ilan sargan jui enggūlen. jenggūlen. fekūlen ebišeme jifi enduri saksaha
호수에 하늘의 세 딸 enggūlen, jenggūlen, fekūlen 목욕하러 와서 신 까치
benjihe fulgiyan tubihe be fiyanggū sargan jui fekūlen bahafi anggade ašufi bilgade[4]
보낸 붉은 과일 을 막내 딸 fekūlen 얻어서 입에 머금어서 목구멍에
dosifi beye de ofi[5] bokori yongšon[6] be banjiha.. terei hūncihin manju gurun inu..
들어가서 임신하고 bokori yungšon 을 낳았다. 그의 일족 만주 나라 이다.
tere bolhori omo šurdeme tanggū ba. helung giyang[7] ci emu tanggū orin gūsin ba bi..
그 bolhori 호수 주위 백 리 helung 江 에서 일 백 이십 삼십 리 이다.
minde juwe jui banjiha manggi.. tere bulhori omoci gurime genefi sahaliyan ulai narhūn
나에게 두 아이 난 후 그 bulhori 호수에서 옮겨 가서 검은 강의 narhūn
gebungge bade tehe bihe seme alaha.
이름의 곳에서 살았었다 하고 아뢰었다.

—— ◦ —— ◦ —— ◦ ——

그 때 군사를 따르게 해서 데려온 묵시커(muksike, 穆克希克)라는 사람이 말하기를

> "나의 조상은 대대로 부쿠리(bukūri) 산 아래에 있는 불후리(bulhūri) 호수에서 살았습니다. 우리 지역에 글과 기록이 없어서 옛날에 일어난 일을 대대로 말로 전해 왔습니다. 불후리(bulhūri) 호수에 하늘의 세 딸 엉굴런(enggūlen), 정굴런(jenggūlen), 퍼쿨런(fekūlen)이 목욕하러 왔는데 신 까치[神鵲]가 보낸 붉은 과일을 막내딸 퍼쿨런(fekūlen)이 주워 입에 머금었다가 목구멍으로 들어가 임신하여 보코리 용숀(bokori yongšon)을 낳았습니다. 그의 일족이 만주나라입니다.
> 불후리(bulhūri) 호수는 주위가 백 리이고, 허룽(helung) 강에서 백 이삼십 리입니다. 나에게 두 아이가 태어난 후 불후리(bulhūri) 호수로 옮겨 가서 흑룡강의 나르훈(narhūn)이라는 곳에서 살았습니다."

하고 아뢰었다.

---

2) muksike : 묵시커(muksike, 穆克希克)는 3등 부도통(副都統) 바키란(bakiran, 霸奇蘭[巴齊蘭])이 명을 받아 군대를 이끌고 흑룡강 유역에 살던 동해 여진 3부 중 하나인 후르하(hūrha, 虎爾哈)를 정벌한 후 개선하면서 데려온 2,000여명의 후르하 무리 중에 포함된 인물이다.
3) bulhori : 유권점만주문자에서는 bulhūri로 표기하고 있다. 무권점만주문자의 특징을 보여주는 어휘로 o 표기가 o, u, ū를 모두 표기하고 있다.
4) bilga : 만주 문어에서는 bilha로 쓰인다.
5) beye de oho : 직역하면 '몸에 되었다'라는 뜻이지만 의역하면 '임신하였다'는 뜻이다.
6) bokori yongšon : 유권점만주문어에서는 bukūri yongšon으로 표기하고 있다.
7) helung giyang : 흑룡강(黑龍江)을 가리킨다.

1.2. 삼선녀(三仙女) 전설

-『국사원당(国史院檔)』[8]-

8) 『국사원당(国史院檔)』은 무권점만주문자로 쓰였는데, 무권점만주문자는 a, e와 o, u와 k, g, h가 표기상 구분이 되지 않기 때문에 유권점만주문자의 표기법에 따라 전사하였다. 다만 유권점만주문자 ū는 u를 표기하는데 쓰이고 있지만 o로 표기한 u와 구분하기 위해서 ū로 표기하였다.

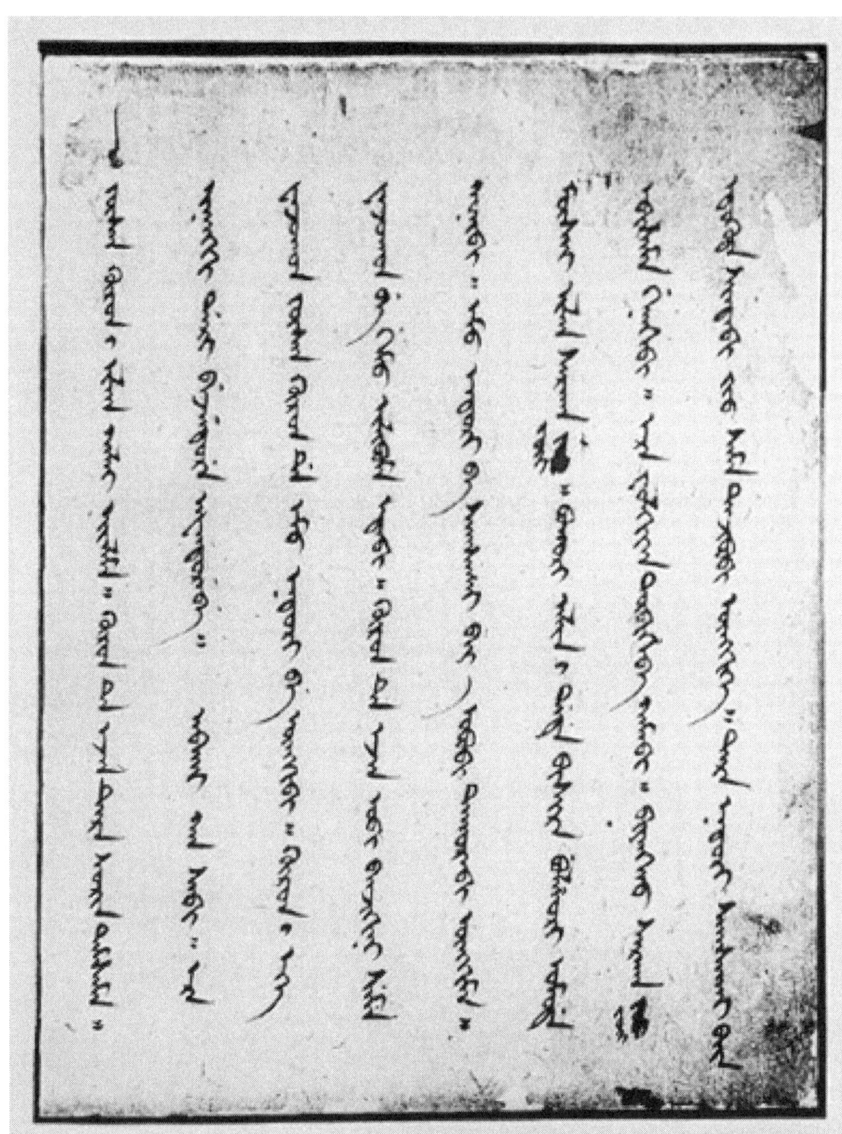

[2a]

jūsen gurun i ilan halai niyalma.. gūrun de ejen tere sorin temseme..
jušen gurun i ilan halai niyalma.. gurun de ejen tere soorin temšeme ·
jušen 나라 의 세 姓의 사람, 나라 에 왕 앉을 자리 다투며

inenggi dari becendure afandurebe.. abkai han sabi.. ere
inenggi dari becendure afandurebe.. abkai han safi ere
날 마다 서로 입씨름하며 싸우는 것을 하늘의 왕 알고 이

facuhun jūsen gūrun de emu enduri be ūnggibi.. gūrun i ehe
facuhūn jušen gurun de emu enduri be unggifi.. gurun i ehe
어지러운 jušen 나라 에 한 신 을 보내서 나라 의 나쁘고

facuhun be gemu ilibume etebi.. gūrun de ejen obi banjikini seme
facuhūn be gemu ilibume etefi gurun de ejen ofi banjikini seme
어지러운 것 을 모두 그치게 하고 이겨서 나라 에서 왕 되어 살게 하자 하고

gunibi.. emu enduri be saksahai beye obubi takurabi ūnggime..
gūnifi.. emu enduri be saksahai beye obufi takūrabi unggime..
생각하고 한 신 을 까치의 몸 되게 하여 지시하여 보내고

mūsei ilan sargan jūi.. bukuri alin i dade bisire bulhuri omode
musei ilan sargan jui.. bukūri alin i dade bisire bulhūri omode
우리의 세 딸 bukūri 산 의 아래에 있는 bulhūri 호수에

ebišeme genehebi. ere fulgiyan tūbihebe gamabi biyanggu sargan jūi
ebišeme genehebi. ere fulgiyan tubihebe gamafi fiyanggū sargan jui
목욕하러 갔다. 이 붉은 과일을 가져다가 막내 딸

etukude sindabi jio seme tacibubi ūnggihe. tere enduri saksahai beye
etukude sindafi jio seme tacibufi unggihe. tere enduri saksahai beye
옷에 놓고 오라 하여 가르쳐서 보냈다. 그 신 까치의 몸

주션(jušen) 국의 세 성(姓)의 사람이 나라의 왕좌를 놓고 서로 매일 말다툼하며 싸우는 것을 하늘의 왕이 알고 어지러운 주션(jušen) 국에 한 신(神)을 보내서 나라의 혼란을 모두 멈추게 하고 그 나라의 왕이 되어 살게 하자고 생각했다. 한 신을 까치로 바꾸어 지시하여 보냈다.

"우리의 세 딸이 부쿠리(bukūri) 산의 아래에 있는 불후리(bulhūri) 호수에 목욕하러 갔다. 이 붉은 과일을 가져다가 막내딸 옷에 두고 오너라."

하고 지시하여 보냈다. 그 신이 까치가 되어서

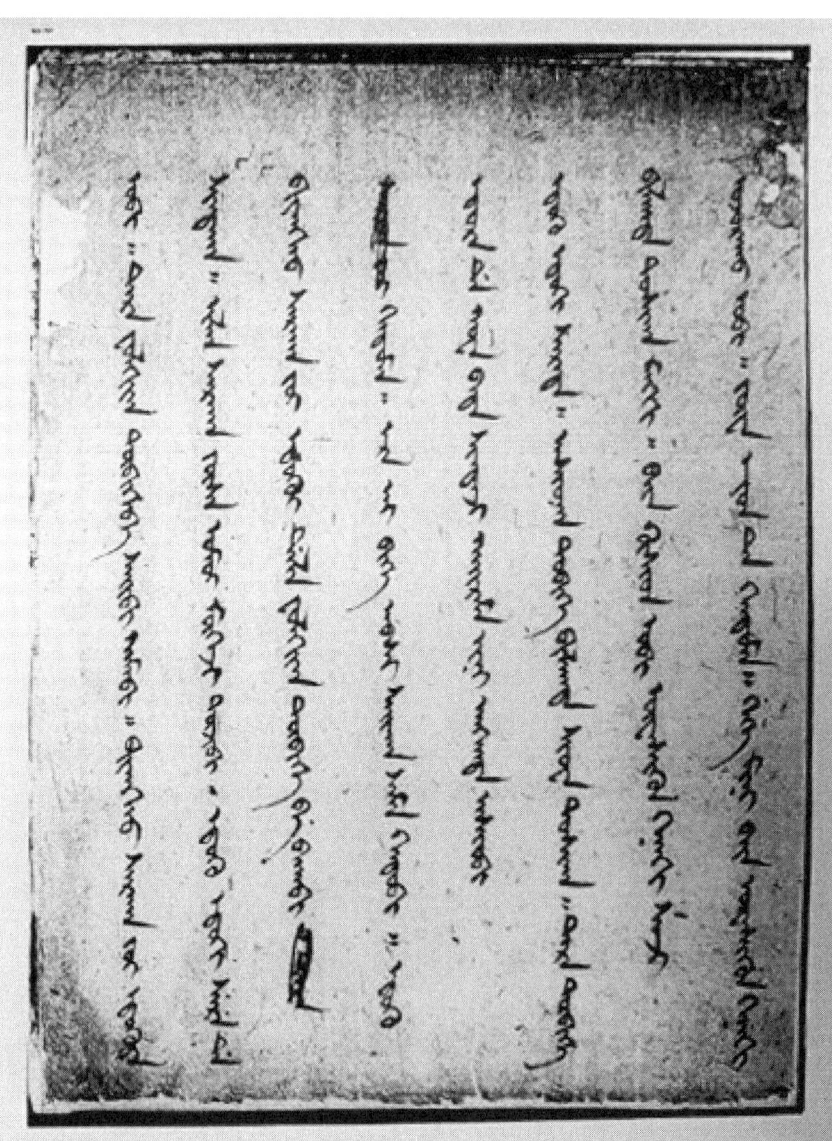

[2b]

obi. tere fulgiyan tūbihebe saibi gamabi biyanggu sargan jui etukude
ofi. tere fulgiyan tubihebe saifi gamafi fiyanggū sargan jui etukude
되어서 그 붉은 과일을 물고 가져가서 막내 딸 옷에

sindaha. ilan sargan juse[9] omoi mukeci tucibi etuku etuki sere de
sindaha. ilan sargan juse omoi mukeci tucifi etuku etuki sere de
놓았다. 세 딸 호수의 물에서 나와서 옷 입자 함 에

biyanggu sargan jui etukui dele fulgiyan tūbihe be bahabi
fiyanggū sargan jui etukui dele fulgiyan tubihe be bahafi
막내 딸 옷의 위에 붉은 과일 을 얻고서

hendume ere ai bihe? absi saikan seme hendubi etuku
hendume ere ai bihe? absi saikan seme hendufi etuku
말하되 이것 무엇 이었냐? 아주 아름답다 하고 말하고서 옷

eture de guwa bade sindaci hairame ini anggade asiobi
eture de gūwa bade sindaci hairame ini anggade ašufi
입음 에 다른 곳에 놓으면 아까워서 그의 입에 머금고서

etuku etuki serede.. asioka tubihe bilgade siowe dosika. tere tubihe
etuku etuki serede.. ašuka tubihe bilgade šuwe dosika. tere tubihe
옷 입고자 함에 머금은 과일 목구멍에 곧장 들어갔다. 그 과일

bilgade dosika manggi beye kūsion obi ūwesihun geneki seci
bilgade dosika manggi beye kušun ofi wesihun geneki seci
목구멍에 들어간 후 몸 갑갑하게 되어서 위로 가자 해도

ojoraku obi.. jūwe eyun de hendume.. gege mini beye ūwesihun geneki
ojoraku obi.. jūwe eyun de hendume.. gege mini beye wesihun geneki
할 수 없어서 두 언니 에게 말하되 언니 나의 몸 위로 가고자

—— ◦ —— ◦ —— ◦ ——

붉은 과일을 물어다가 막내딸 옷에 두었다. 세 딸이 호수에서 나와 옷을 입으려 할 때, 막내 선녀가 옷 위에 있던 붉은 과일을 가지고 말했다.

"이건 뭐지? 아주 예쁘네."

그녀는 옷을 입을 때 다른 곳에 두기 아까워 자신의 입에 머금고서 옷을 입으려 했는데, 머금은 과일이 목으로 바로 넘어가 버렸다. 그녀는 과일을 먹고 난 뒤 몸이 갑갑하여서 하늘로 가려 해도 갈 수 없게 되어 두 언니에게 말하였다.

---

9) sargan juse : sargan jui의 복수형으로 앞 쪽에서는 단수형으로 쓰였다.

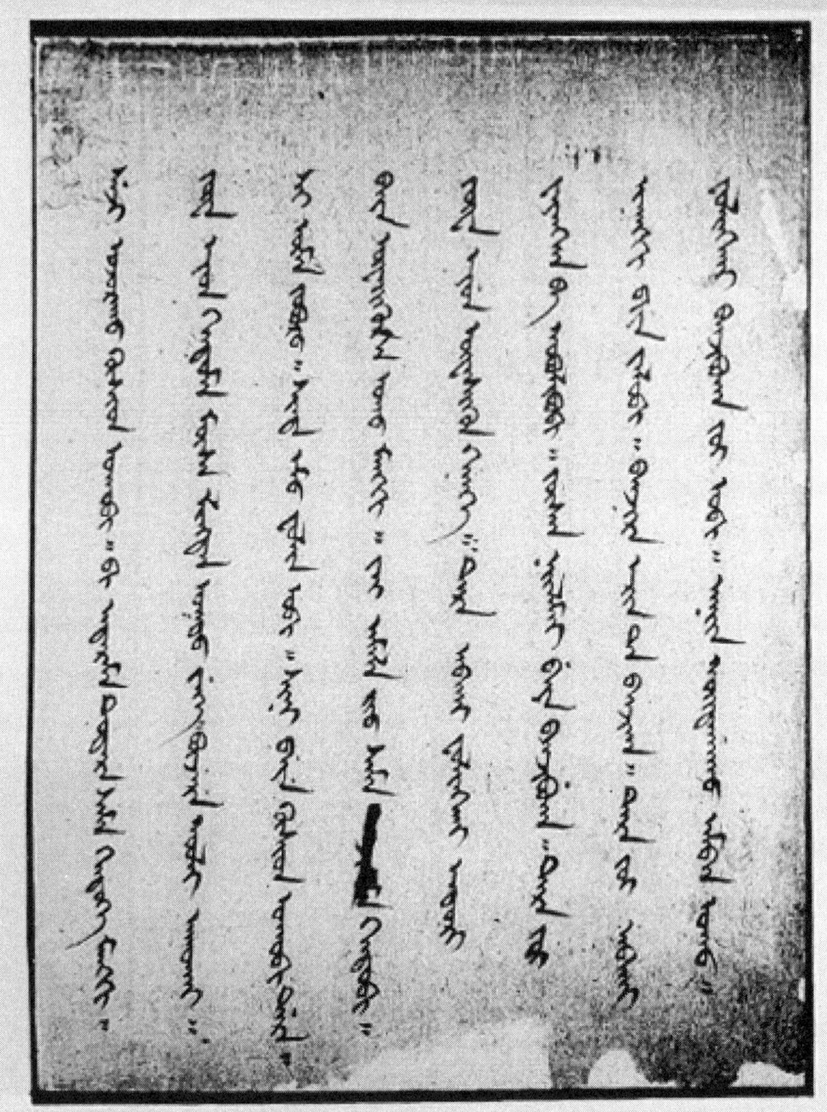

[3a]

seci ojoraku kūsion ohobi.. bi adarame tutara? seme henduhe manggi
seci ojorakū kušun ohobi.. bi adarame tutara? seme henduhe manggi
해도 되지 않고 갑갑하게 되었다. 나 어찌 남을까? 하고 말한 후

jūwe eyun hendume mūse lingdan okto jeke.. bucere kooli akukai.
두 언니 말하되 우리 靈丹 약 먹었다. 죽을 리 없느니라.

si ūme joboro.. sinde emu fulin obi.. sini beye kūsion ohobi dere.
si ume joboro.. sinde emu fulin obi.. sini beye kušun ohobi dere.
너 걱정 말아라. 너에게 한 천명 있어서 너의 몸 갑갑하게 되었으리라.

beye ūweihuken oho manggi.. jai amala jio seme hendubi
beye weihuken oho manggi.. jai amala jio seme hendufi
몸 가볍게 된 후 다시 돌아 와라 하고 말하고

jūwe eyun ūwesihun genehe. tere abkai fulinggai enduri
juwe eyun wesihun genehe. tere abkai fulinggai enduri
두 언니 위로 갔다. 그 하늘의 명으로 신

fayangga be kubulibubi.. jūsen niyalmai beye banjibuha.. tere jui
fayangga be kūbulibufi.. jušen niyalmai beye banjibuha.. tere jui
영혼 을 변화시켜서 jušen 사람의 몸 태어나게 하였다. 그 아이

inenggi biya jalubi.. banjire erin de banjiha. tere jui abkai
inenggi biya jalufi.. banjire erin de banjiha. tere jui abkai
날 달 차서 출산할 때 에 태어났다. 그 아이 하늘의

fulinggai banjibuha jui obi.. aniya goidahaku amban oho..
fulinggai banjibuha jui ofi.. aniya goidahakū amban oho..
명으로 태어나게 된 아이 되서 해 오래지 않아 크게 되었다.

—— ◦ —— ◦ —— ◦ ——

"언니, 내 몸은 하늘로 가려 해도 가지 못할 정도로 (배가 불러) 갑갑해졌어. 내가 어떻게 땅에서 홀로 살아가지?"

두 언니가 말하였다.

"우리들은 영단약(靈丹藥)을 먹었으니, 죽을 리 없어. 걱정하지 마. 너에게 천명(天命)이 있어서 네 몸이 갑갑하게 되었을 거야. 몸이 가벼워진 다음에 돌아오렴."

두 언니는 이렇게 말하고 하늘로 올라갔다. 이는 천명으로 신이 영혼을 변화시켜 주션(jušen) 사람의 몸으로 태어나게 한 것이다. 그 아이는 날과 달이 차서 출산할 때에 이르러 태어났다. 그 아이는 천명으로 태어난 아이여서 몇 년이 지나지 않아 크게 성장했다.

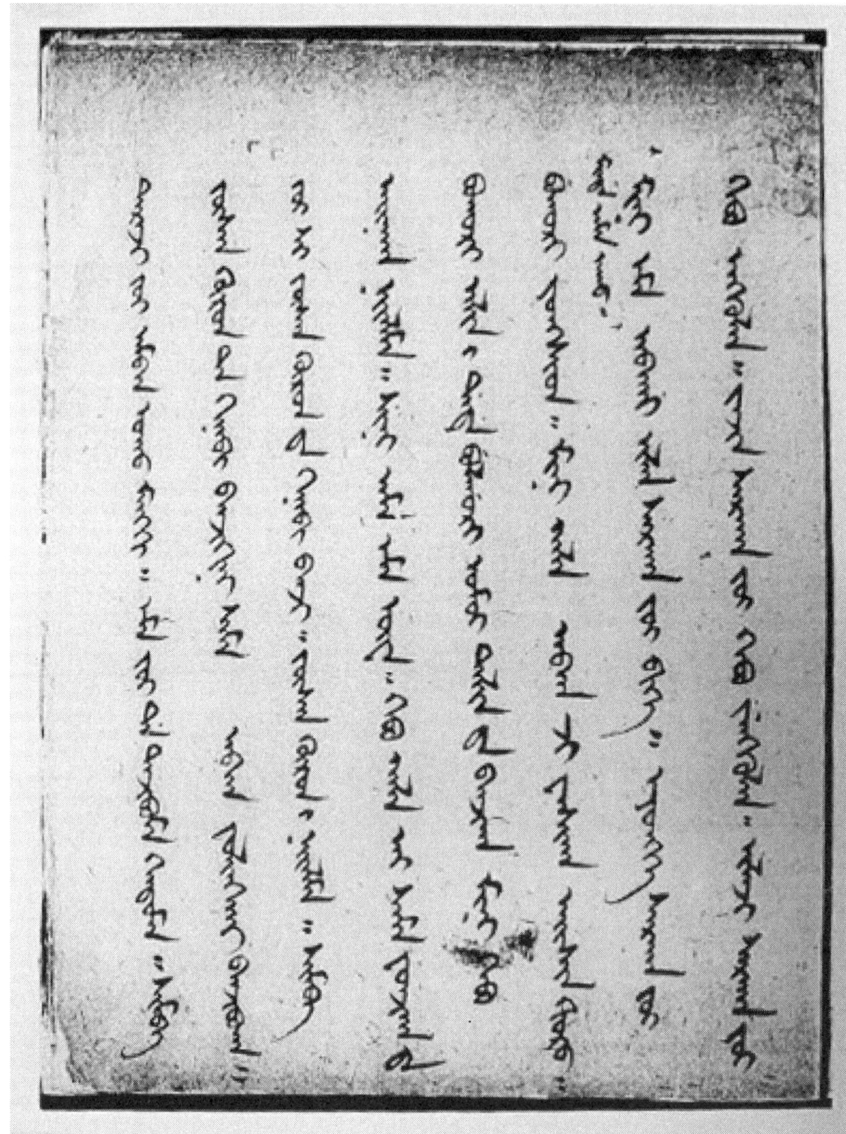

[3b]

tereci jui amban oho manggi.. eme jui de tacibume hendume.. simbe
tereci jui amban oho manggi.. eme jui de tacibume hendume.. simbe
그로부터 아이 크게 된 후 어머니 아이 에게 가르쳐 주어 말하되 너를

jūsen gurun de genebi banjikini seme abka fulinggai banjibuha..
jušen gurun de genefi banjikini seme abka fulinggai banjibuha..
jušen 나라 에 가서 살게 하고자 하여 하늘 명으로 태어나게 했다.

jui si jūsen gūrun de genebi banji. jūsen gūrun i niyalma.. simbe
jui si jušen gurun de genefi banji. jušen gurun i niyalma.. simbe
아이 너 jušen 나라 에 가서 살아라. jušen 나라 의 사람 너를

ainaha niyalma.. sini ama eme ūwe? gebu hala ai seme fonjiha de
ainaha niyalma.. sini ama eme we? gebu hala ai seme fonjiha de
어떤 사람이냐? 너의 아버지 어머니 누구냐? 이름 성 무엇이냐? 하고 물음 에

bukuri alin i dade bulhuri omoi dalin de banjiha mini gebu
bukūri alin i dade bulhūri omoi dalin de banjiha. mini gebu
bukūri 산 의 아래에 bulhūri 호수의 가 에 태어났다. 나의 이름

bukuri yongsion.. mini hala abka ci wasika aisin gioro.
bukūri yongšon.. mini hala abka ci wasika aisin gioro.
bukūri yongšon. 나의 성 하늘 에서 내려온 aisin gioro.

(minde ama aku) mini eme abkai ilan sargan jui bihe.. eyungge sargan jui
(minde ama akū) mini eme abkai ilan sargan jui bihe.. eyungge sargan jui
(나에게 아버지 없다) 나의 어머니 하늘의 세 딸 이었다. 장녀 딸

gebu enggulen.. jacin sargan jui gebu jenggulen.. ilaci sargan jui
gebu enggulen.. jacin sargan jui gebu jenggulen.. ilaci sargan jui
이름 enggulen, 둘째 딸 이름 jenggulen, 셋째 딸

아이가 자란 후에 어머니는 아이에게 가르쳐 주어 말하였다.

"하늘이 너를 주션(jušen) 국에 가서 살게 하고자 천명으로 태어나게 하였다. 애야, 그러니 너는 주션 국에 가서 살도록 하여라. 만약 주션 나라의 사람이 너를 보고 '어떤 사람이냐? 너의 부모는 누구냐? 이름과 성은 무엇이냐?' 하고 물으면, '부쿠리(bukūri) 산 아래에 있는 불후리(bulhūri) 호숫가에서 태어났고, 내 이름은 부쿠리 용숀(bukūri yongšon)이다. 내 성은 하늘에서 내려온 아이신 교로(aisin gioro)이며, 나에게 아버지는 없고 내 어머니는 하늘의 세 딸이었다. 큰딸의 이름은 엉굴런(enggulen)이고, 둘째 딸의 이름은 정굴런(jenggulen)이고,

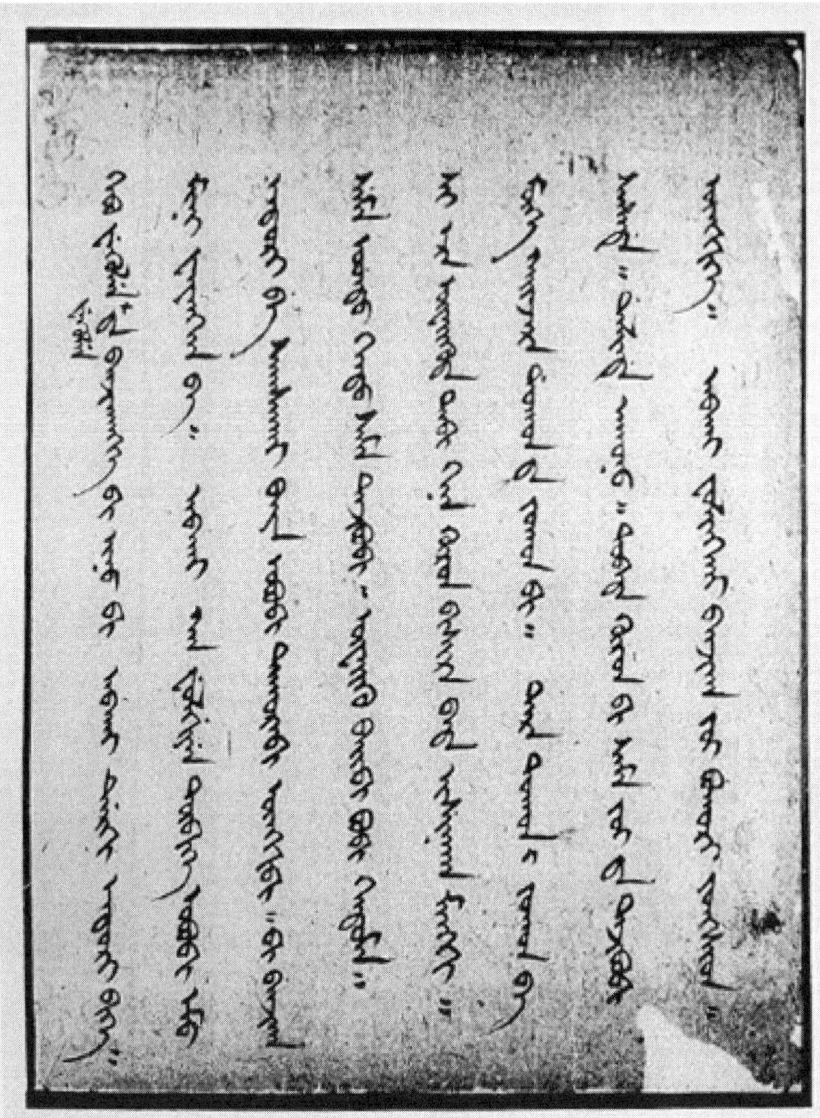

〔4a〕

gebu fekulen (fekulen) de banjihangge bi inu bi abkai dergi enduri bihe..
gebu fekulen (fekulen) de banjihangge bi inu bi abkai dergi enduri bihe..
이름 fekulen. fekulen 에게서 태어난 이 나 이다. 나 하늘의 위 신 이었다.

mini fayangga be.. abkai han fulgiyen tūbihe obubi emu
mini fayangga be.. abkai han fulgiyen tubihe obufi emu
나의 영혼 을 하늘의 왕 붉은 과일 되게 하고 한

enduri be saksahai beye obubi takurabi ūnggibi.. bi banjiha
enduri be saksahai beye obufi takūrabi unggifi.. bi banjiha
신 을 까치의 몸 되게 해서 지시하여 보내서 나 태어났다

seme uttu hendu seme tacibubi ūweihu baibi bubi hendume
seme uttu hendu seme tacibufi weihu baifi bufi hendume
하고 이렇게 말해라 하고 가르쳐 주고서 배 구해 주고서 말하되

si ere ūweihude tebi gene. gūrun bisire bade isinaha manggi..
si ere weihude tefi gene. gurun bisire bade isinaha manggi..
너 이 배에 앉아서 가라. 나라 있는 땅에 다다른 후

muke gaijara dogon de jugun bi. tere dogon i jugun be
muke gaijara dogon de jugūn bi. tere dogon i jugūn be
물 긷는 나루 에 길 있다. 그 나루 의 길 을

sahade dalinde akunu.[10] tubade gūrun bi seme jui de tacibubi
sahade dalinde akūna. tubade gurun bi seme jui de tacibufi
알거든 가에 닿아라. 그곳에 나라 있다 하고 아이 에게 가르쳐서

ūnggihe. abkai fulinggai banjiha jui bukuri yongsion.
unggihe. abkai fulinggai banjiha jui bukūri yongšon.
보냈다. 하늘의 명으로 태어난 아이 bukūri yongšon.

——。——。——。——

셋째 딸 이름은 퍼쿨런(fekulen)이다. 퍼쿨런(felulen)에게서 태어난 것이 나다. 나는 천상의 신이었다. 내 영혼을 하늘의 왕이 붉은 과일이 되게 하고, 한 신을 까치의 몸이 되게 해서 지시해 보내서 내가 태어났다'고 말하여라."

이렇게 가르쳐 주고서, 다시 배를 구해 주고 말하였다.

"너는 이 배를 타고 가라. 나라가 있는 땅에 도착하면 물 긷는 나루에 길이 있으니, 그 나루의 길을 발견하면 강가에 닿아라. 거기에 나라가 있다."

이렇게 아이에게 가르쳐서 보냈다. 천명으로 태어난 아이인 부쿠리 용숀(bukūri yongšon)은

---

10) akunu : 유권점만주문자 표기법으로는 akūnu에 대응이 되지만 문맥상으로는 akūnambi(도착하다)의 명령형 akūna로 판단된다.

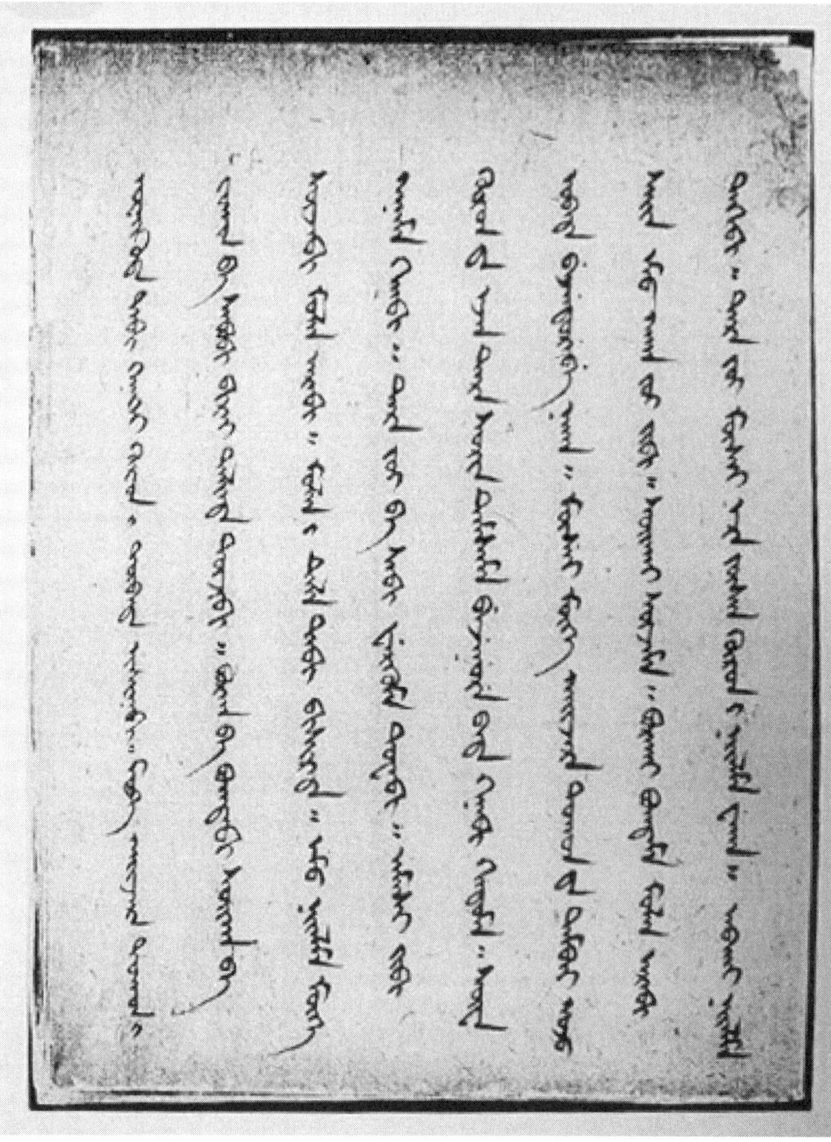

[4b]

uweihude tebi genehei gūrun i tūbade isinabi.. muke gaijara dogon i
weihude tebi genehei gurun i tubade isinafi.. muke gaijara dogon i
배에 앉아서 가다가 나라 의 그곳에 다다라서 물 긷는 나루 의

jugun be sabubi birai dalinde tūcibi burha be bukdabi sūiha be
jugūn be sabufi birai dalinde tucifi burha be bukdafi suiha be
길 을 보고서 강의 가에 나가서 버들가지 를 구부리고 쑥 을

sūjabi mulan arabi.. mulan i dele tebi bisirede emu niyalma mūke
sujafi mulan arafi.. mulan i dele tefi bisirede emu niyalma muke
괴어서 의자 만들고 의자 의 위에 앉아서 있음에 한 사람 물

ganame genebi.. tere jui be sabi fergume[11] tuwabi amasi jibi
ganame genefi.. tere jui be safi ferguweme tuwafi amasi jifi
가지러 가서 그 아이 를 알고 놀라서 보고 돌아 와서

gūrun de ejen tere sorin temseme becenure bade genebi hendume sūwe
gurun de ejen tere soorin temšeme becenure bade genefi hendume suwe
나라 에 왕 앉을 자리 다투며 서로 말다툼하는 곳에 가서 말하되 너희

ubade becendurebe naka. mūsei mūke gaijara dogon de dembei hojo
ubade becendurebe naka. musei muke gaijara dogon de dembei hojo
이곳에서 서로 말다툼하기를 멈춰라. 우리의 물 긷는 나루 에 매우 준수하고

sain emu haha jui jibi suihai sūjame.. burhai bukdame mulan arabi
sain emu haha jui jifi suihai sujame.. burhai bukdame mulan arafi
좋은 한 남자 아이 와서 쑥으로 괴고 버들가지로 구부려 의자 만들어서

tehebi..
tehebi..
앉았다.

tere jui mūsei ere jūsen gūrun i niyalma waka.. abkai niyalma
tere jui musei ere jušen gurun i niyalma waka.. abkai niyalma
그 아이 우리의 이 jušen 나라 의 사 람 아니다. 하늘의 사람

——∘——∘——∘——

배에 앉아서 가다가 그 나라에 다다랐다. 그는 물 긷는 나루의 길을 발견하고서 강가로 가서 버들가지를 꺾고 쑥을 괴어서 의자를 만들어 위에 앉아 있었다. 한 사람이 물을 길러 갔다가 그 아이를 알아보고 놀라서, 돌아와 나라에 왕좌를 다투며 서로 언쟁하는 곳에 가서 말하였다.

"여러분, 이곳에서 언쟁을 멈추시오. 우리가 물 긷는 나루에 매우 준수하고 잘생긴 한 남자아이가 와서 쑥으로 받치고 버들가지를 구부려 의자를 만들어서 앉아 있소. 그 아이는 우리 쥬선(jušen) 국의 사람이 아니라 하늘의 사람일 것이오."

---

11) fergume : 유권점만주문자에서는 ferguweme에 대응되는데 아마 오기로 판단된다.

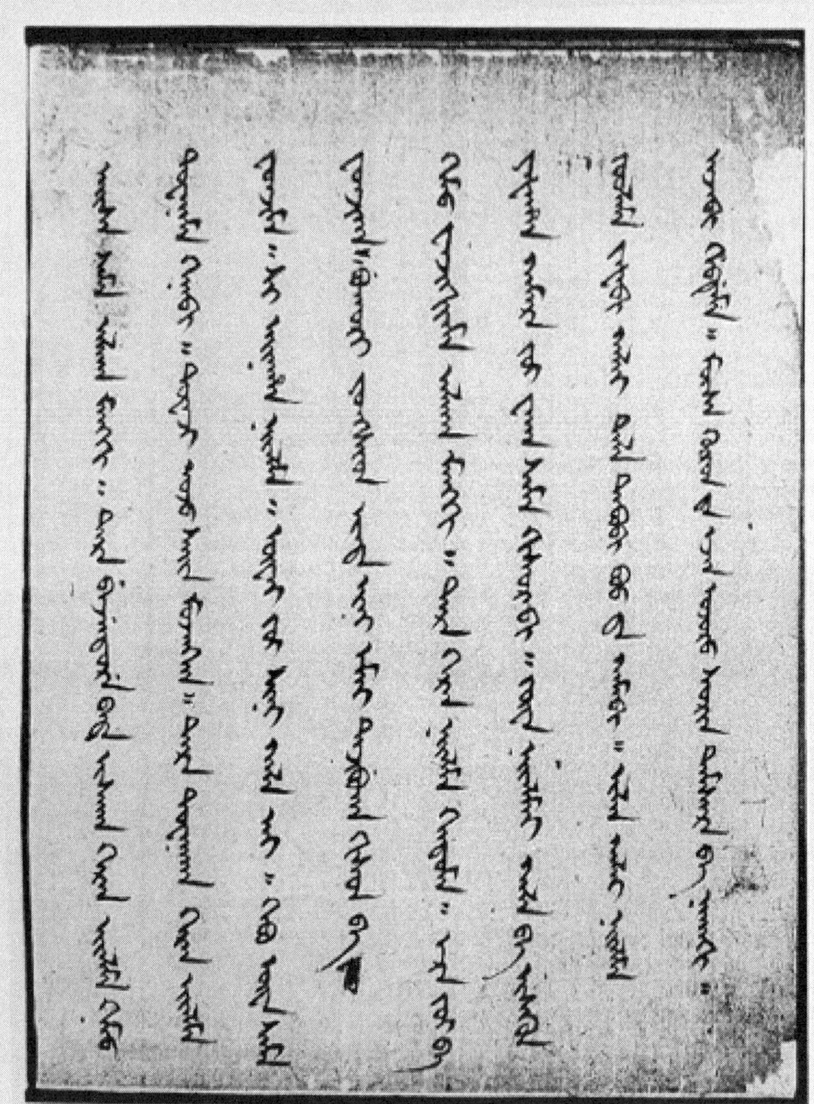

[5a]

aise seme alaha manggi.. tere becendure bade isaha geren niyalma gemu
aise seme alaha manggi.. tere becendure bade isaha geren niyalma gemu
이리라 하고 아뢴 후 그 서로 말다툼하는 곳에 모인 많은 사람 모두

tuwaname genebi.. tuwaci hojo sain mujangga. tere tuwanaha geren niyalma
tuwaname genefi.. tuwaci hojo sain mujangga. tere tuwanaha geren niyalma
보러 가서 보니 곱고 잘생긴 것 확실하다. 그 보러간 여러 사람

fonjime.. si ainaha niyalma.. ūwei jui sini hala ai.. gebo ūwe seme
fonjime.. si ainaha niyalma.. wei jui sini hala ai.. gebu we seme
묻되 너 어떤 사람이냐? 누구의 아이이냐? 너의 성 무엇이냐? 이름 누구냐? 하고

fonjiha. bukuri yongsion inde ini emei tacibuha gisun be
fonjiha. bukūri yongšon inde ini emei tacibuha gisun be
물었다. bukūri yongšon 그에게 그의 어머니의 가르쳐준 이야기 를

gemu wacihiyame alaha manggi.. tere geren niyalma hendume ere jui be
gemu wacihiyame alaha manggi.. tere geren niyalma hendume ere jui be
모두 완전히 아뢴 후 그 여러 사람 말하되 이 아이 를

yafahan gamara jui waka seme gisurebi.. jūwe niyalmai gala be ishun
yafahan gamara jui waka seme gisurefi.. juwe niyalmai gala be ishun
걸어서 데려갈 아이 아니다 하고 말하고 두 사람의 손 을 서로

joolame jafabi galai dele tebubi boo de gamabi.. ilan halai niyalma
joolame jafafi galai dele tebufi boo de gamafi.. ilan halai niyalma
교차하여 잡고 손의 위에 앉혀서 집 에 데려가서 세 姓의 사람

acabi hebdeme.. mūse gūrun de ejen ojoro sorin temsere be nakaki..
acafi hebdeme.. muse gurun de ejen ojoro soorin temšere be nakaki..
모여서 상의하되 우리 나라 에 왕 될 자리 다투기 를 멈추자.

—— ◦ —— ◦ —— ◦ ——

하니 그 언쟁하는 곳에 모인 많은 사람들이 모두 가서 보니, 과연 곱고 잘생겼다. 아이를 보러 간 여러 사람이 물었다.

"너는 어떤 사람이니? 누구 아이니? 너의 성은 무엇이니? 이름은 무엇이니?"

부쿠리 용숀(bukūri yongšon)이 자신에게 어머니가 가르쳐준 이야기를 모두 말하니, 그곳에 모인 여러 사람들이 말했다.

"이 아이는 걷게 하여 데려갈 아이 아니다."

두 사람이 손을 서로 교차해 잡고 손 위에 앉혀 집에 데려와서, 세 성(姓)의 사람이 모여서 상의했다.

"이제 우리나라의 왕위를 놓고 싸우는 것을 멈추자.

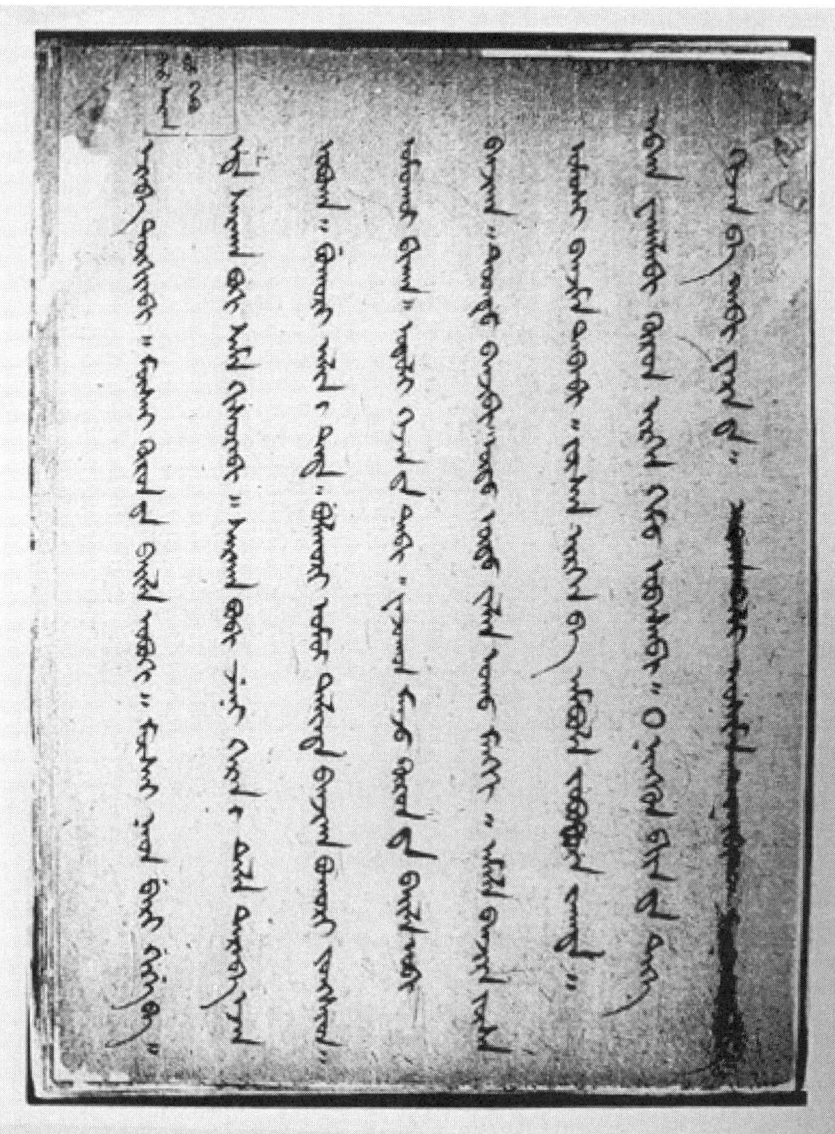

[5b]

(beri sargan jui gebu)
erebe tūkiyebi mūsei gūrun de beile obuki. mūsei neon beri gege be..
erebe tukiyefi musei gurun de beile obuki. musei non beri gege be..
이를 천거하여서 우리의 나라 에 beile 되게 하자. 우리의 누이 beri 아가씨 를

ede sargan buki seme gisurebi.. sargan bubi ceni geren i dele terebe ejen
ede sargan buki seme gisurefi.. sargan bufi ceni geren i dele terebe ejen
이에게 부인 주자 하고 말하고 부인 주고 그들 여럿 의 위로 그를 왕

obuha.. bukuri alin i dade bulhuri omoi dalinde banjiha bukuri yongsion
obuha.. bukūri alin i dade bulhūri omoi dalinde banjiha bukūri yongšon
되게 했다. bukūri 산 의 아래에 bulhūri 호수의 가에 살던 bukūri yongšon

omohoi bigan.. odoli hecen de tebi. facuhun manju gūrun de beile obi
omohoi bigan.. odoli hecen de tefi. facuhūn manju gūrun de beile ofi
omoho의 들 odoli 성 에 살고 혼란한 만주 국 에 beile 되어서

banjiha.. tuttu banjibi.. ūdu ūdu jalan oho manggi amala banjire jūse
banjiha.. tuttu banjifi.. udu udu jalan oho manggi amala banjire juse
살았다. 그렇게 살고 여러 세대 된 후 후에 태어날 자손들

omosi banjime dababi. jūsen irgen be ambula jobobure jakade..
omosi banjime dabafi. jušen irgen be ambula jobobure jakade..
살며 지나쳐서 jušen 백성 을 매우 괴롭힐 적에
abka wakalabi gūrun irgen gemu ubasabi.. ○ ninggun biya de tehe
abka wakalafi gurun irgen gemu ubašafi.. ○ ninggun biya de tehe
하늘 꾸짖고 나라 백성 모두 반역해서 유 월 에 머물던

hecen be kabi wara de (abka geli gosime gunifi meni ujihe)
hecen be kafi wara de (abka geli gosime gūnifi meni ujihe)
성 을 둘러싸고 죽임 에 (하늘 또 불쌍하게 생각하고 우리 기르던

—— ◦ —— ◦ —— ◦ ——

이 사람을 천거하여서, 우리나라의 버일러(beile)로 삼자. 우리의 누이인 버리(beri) 아가씨를 이 사람의 아내로 주자."

이렇게 말하고 부인 삼게 한 후, 그를 여러 사람의 왕으로 삼았다. 부쿠리(bukūri) 산 아래 불후리(bulhūri) 호숫가에 살던 부쿠리 용숀(bukūri yongšon)이 오모호(omoho) 평원의 오도리(odoli) 성에서 혼란한 만주국에 버일러(beile) 되어서 살았다. 그렇게 여러 세대 지난 후 여러 자손들이 지나쳐서 주션(jušen) 백성을 매우 괴롭힐 적에 하늘이 꾸짖고 백성들이 모두 반역해서 유월에 머물던 성을 둘러싸고 죽임에 (하늘이 또 불쌍하게 생각하고 우리 기르던

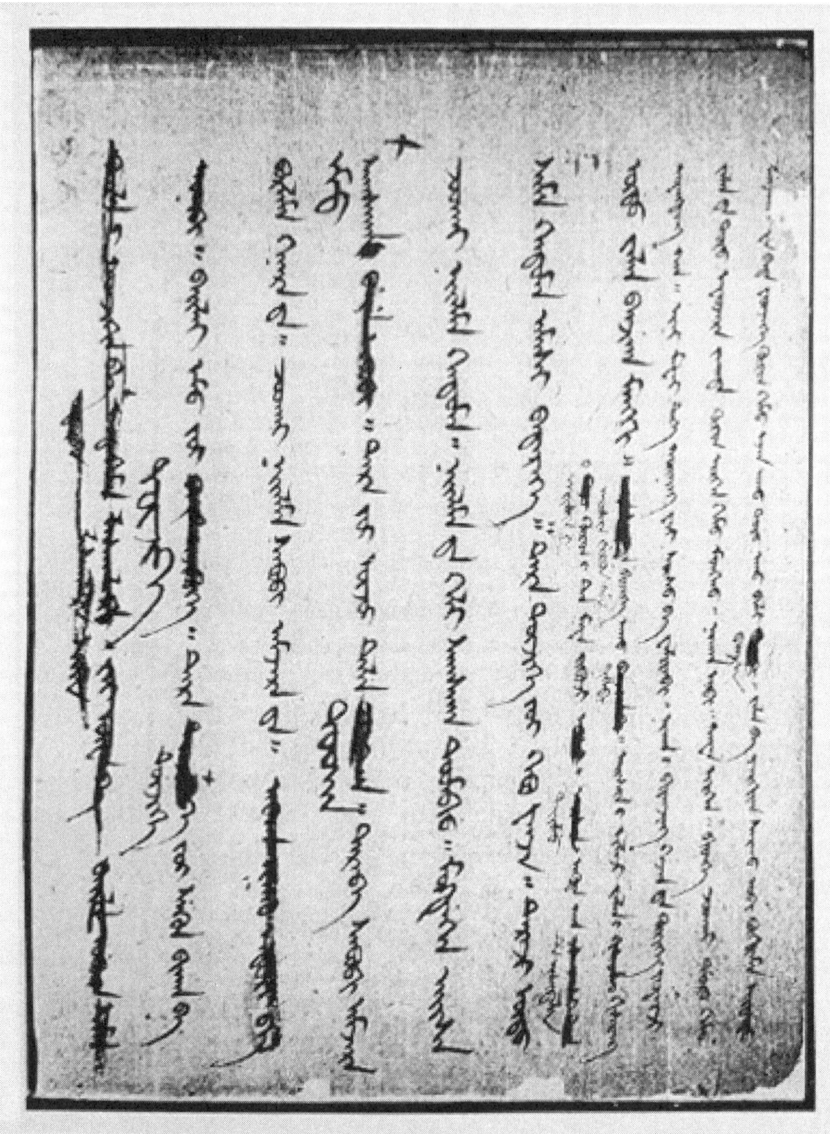

[6a]

(belie i huncihin be enteheme lashalara seme jai ūwe be beile obure seme)
(belie i hūncihin be enteheme lashalara seme jai we be beile obure seme)
버일러 의 동족 을 영원히 끊느냐 하고 또 누구 를 버일러 삼느냐 하고

gunibi) beilei emu jui tūcike. tere tūcike jui sehun bigan be
gūnifi) beilei emu jui tucike. tere tucike jui šehun bigan be
생각하고 버일러의 한 아이 도망쳤다. 그 도망친 아이 황야 를

burlame genere de.. coohai niyalma sabubi amcara de.. (abka ineku enduri be)
burlame genere de.. coohai niyalma sabufi amcara de.. (abka ineku enduri be)
도망쳐 감 에 군인 보고 좇음 에 (하늘 원래 신 을)

emu saksaha (beye obubi). tere jui ūjui dele dooha. terebe sabubi amcara
emu saksaha (beye obufi). tere jui ujui dele dooha. terebe sabufi amcara
한 까치 몸 되게 해서 그 아이 머리 위에 앉았다. 그를 보고 좇는

coohai niyalma hendume niyalma de geli saksaha doombio.. mukdeken aise
coohai niyalma hendume niyalma de geli saksaha doombio.. mukdeken aise
군인 말하되 사람 에게 또 까치 앉느냐? 나뭇등걸 이리라

seme hendume amasi bederehe. tere tūcike jui gebu fanca..
seme hendume amasi bederehe. tere tucike jui gebu fanca..
하고 말하고 뒤로 돌아갔다. 그 도망간 아이 이름 fanca이다.

—— ◦ —— ◦ —— ◦ ——

버일러(beile)의 동족을 영원히 단절하느냐 하고 또 누구를 버일러(beile) 삼느냐 하고)
생각하고 버일러(beile)의 한 아이가 도망쳤다. 도망친 아이가 황야를 도망쳐 갈 때 군인이 뒤쫓아 오니 (하늘 원래 신을)
한 까치의 몸이 되게 해서 그 아이의 머리 위에 앉았다. 그것을 보고 뒤쫓던 군인이 말하였다.

"사람에게 까치가 앉겠느냐? 나뭇등걸이리라."

하고 뒤로 돌아갔다. 그렇게 도망간 아이의 이름이 판차(fanca)이다.

1.3. 삼선녀(三仙女) 전설

-『태조무황제실록(太祖武皇帝實錄)』-

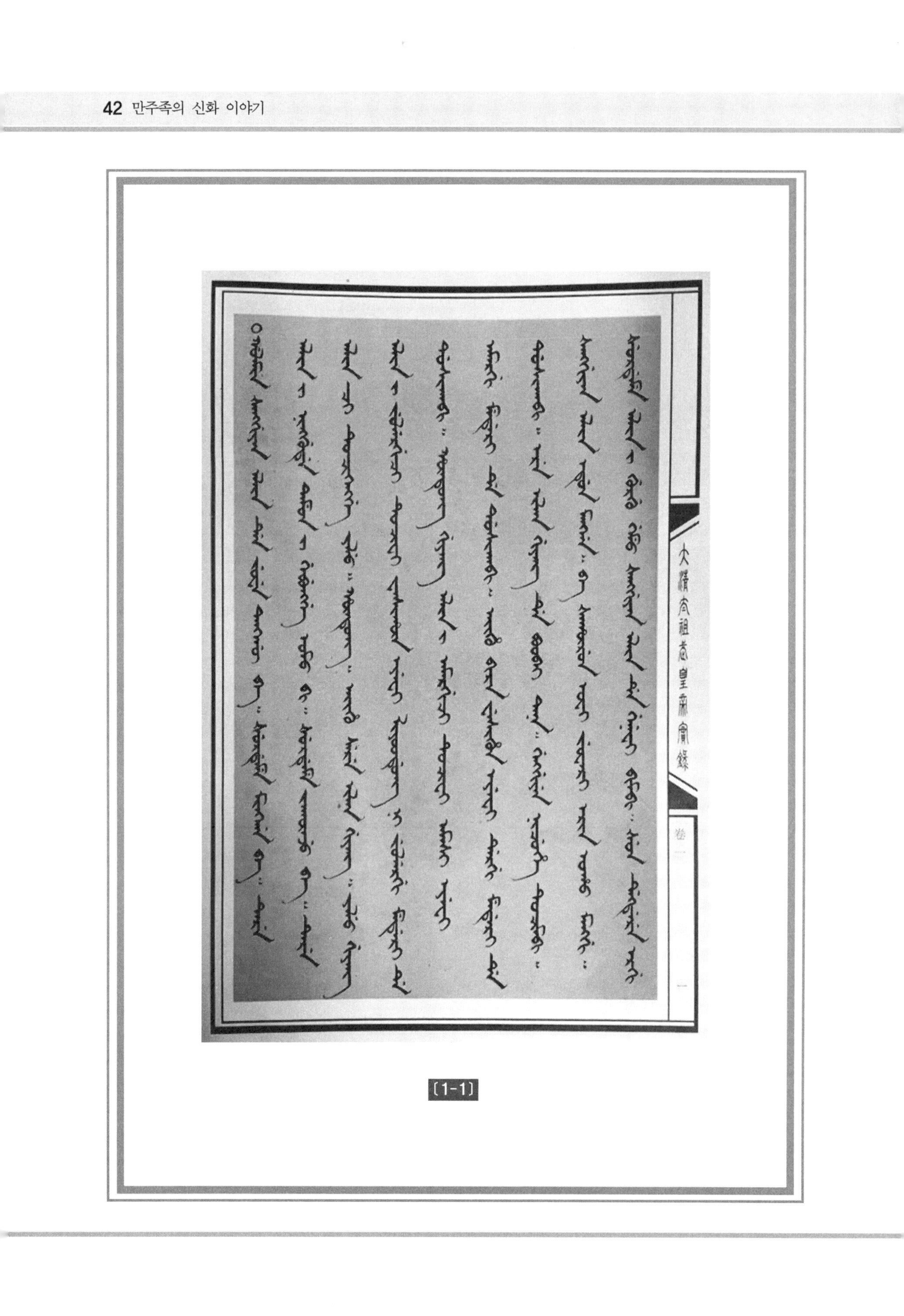

大淸太祖高皇帝實錄 卷一 一

〔1-1〕

daicing gurun i taidzu horonggo enduringge hūwangdi yargiyan kooli
大淸 國 의 太祖 武 皇帝 實 錄

golmin šanggiyan alin den juwe tanggū ba.. šurdeme minggan ba.. tere
길고 흰 산 높이 2 백 리 둘레 千 리이다. 그

alin i ninggude tamun i gebungge omo bi.. šurdeme jakūnju ba.. tere
산 의 위에 tamun 의 이름의 호수 있다. 둘레 80 리이다. 그

alin ci tucikengge yalu.. hūtung.. aihu sere ilan giyang.. yalu giyang
산 에서 나온 것 yalu hūtung aihu 하는 세 江이다. yalu 江

alin i julergici tucifi wasihūn eyefi liyoodung ni julergi mederi de
산 의 남쪽에서 나와서 서쪽으로 흘러서 遼東 의 앞 바다 에

dosikabi.. hūntung giyang alin i amargici tucifi amasi eyefi
들어갔다. hūntung 江 산 의 북쪽에서 나와서 북으로 흘러서

amargi mederi de dosikabi. aihu bira wesihun eyefi dergi mederi de
북쪽 바다 에 들어갔다. aihu 江 동쪽으로 흘러서 동쪽 바다 에

dosikabi. ere ilan giyang de boobai tana.. genggiyen nicuke bucimbi..
들어갔다. 이 세 江 에 보배 東珠 明 珠 나온다.

šanggiyan alin edun mangga. ba šahūrun ofi juwari erin oho manggi.
흰 산 바람 세다. 땅 차고 여름 때 된 후

šurdeme alin i gurgu gemu šanggiyan alin de genefi bimbi.. šun dekdere ergi
주위 산 의 짐승 모두 흰 산 에 가서 있다. 해 뜨는 쪽

[한문]

武皇帝實錄卷之一
長白山高約二百里，周圍約千里，此山之上有一潭，名他們，周圍約八十里，鴨綠、混同、愛滹三江俱從此山流出。鴨綠江自山南瀉出，向西流，直入遼東之南海。混同江自山北瀉出，向北流，直入北海。愛滹江向東流，直入東海。此三度中，每出珠寶。長白山山高地寒，風勁不休，夏日，環山之獸俱投憩此山中，

—— ◦ —— ◦ —— ◦ ——

武皇帝實錄卷之一

장백산의 높이는 이백 리가 넘고, 둘레는 천 리가 넘는다. 산 꼭대기에 타문(tamun)이라는 이름의 호수가 있다. 둘레는 팔십 리이다. 그 산에서 얄루(yalu, 鴨綠), 훈퉁(hūntung, 混同), 아이후(aihu, 愛滹)라는 세 강의 물이 나왔다.

얄루(yalu, 鴨綠)강은 산의 남쪽에서 나와서 서쪽으로 흘러 요동의 남해로 들어갔다. 훈퉁(hūntung, 混同)강은 산의 북쪽에서 나와 북쪽으로 흘러 북해로 들어갔다. 아이후(aihu, 愛滹)강은 동쪽으로 흘러 동해로 들어갔다. 이 세 강에 보배, 동주(東珠), 명주(明珠) 나온다.

백산(白山)은 바람이 세고, 땅은 차서, 여름이 되면 주변 산의 짐승들이 모두 백산(白山)에 가서 있다. 해 뜨는 쪽

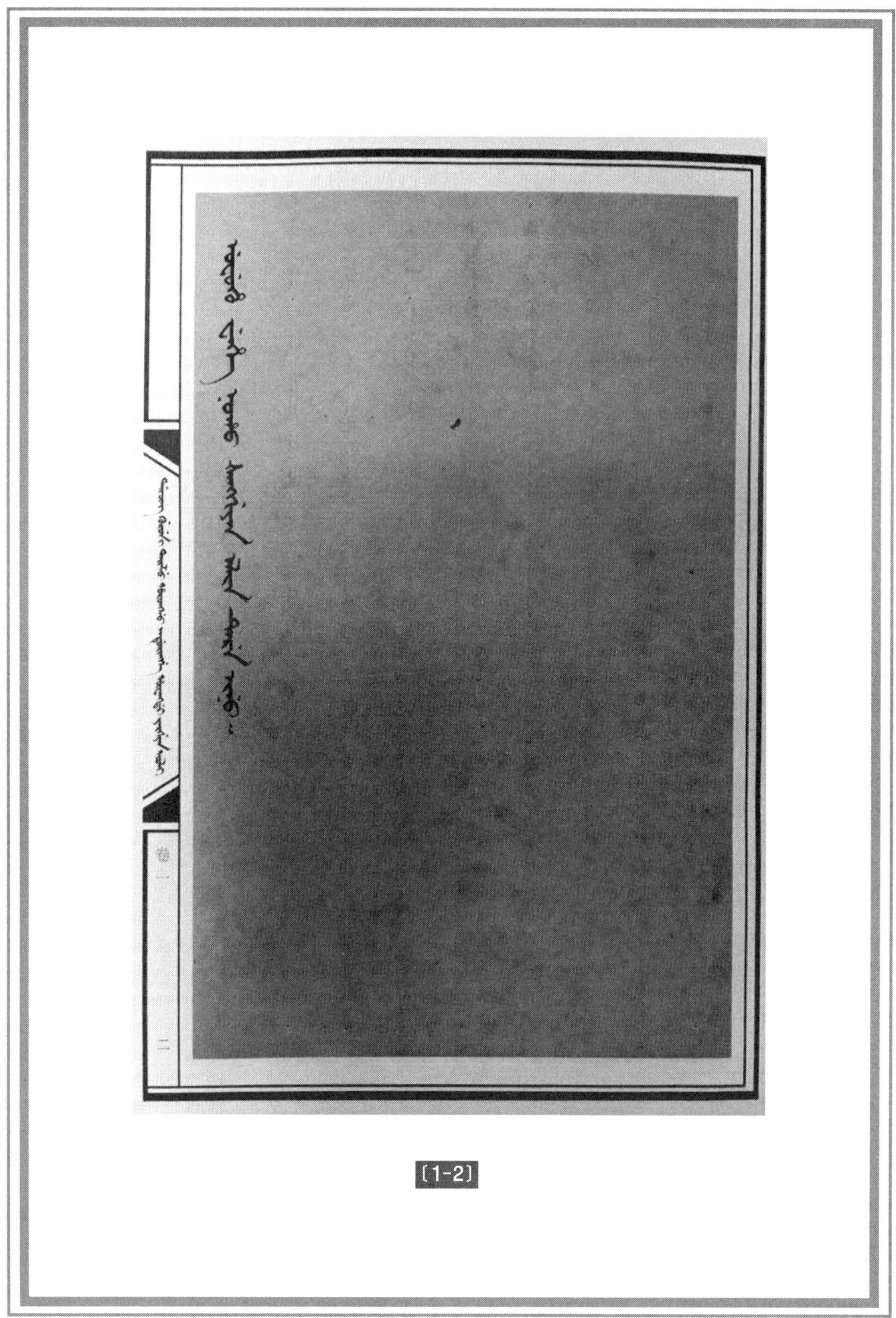

[1-2]

ufuhu wehe noho šanggiyan alin tere inu..
속돌 뒤덮인 흰 산 그것 이다.

[한문]

此山盡是浮石，及東北一名山也。

—— ◦ —— ◦ —— ◦ ——

속돌로 뒤덮인 백산(白山)이 바로 그것이다.

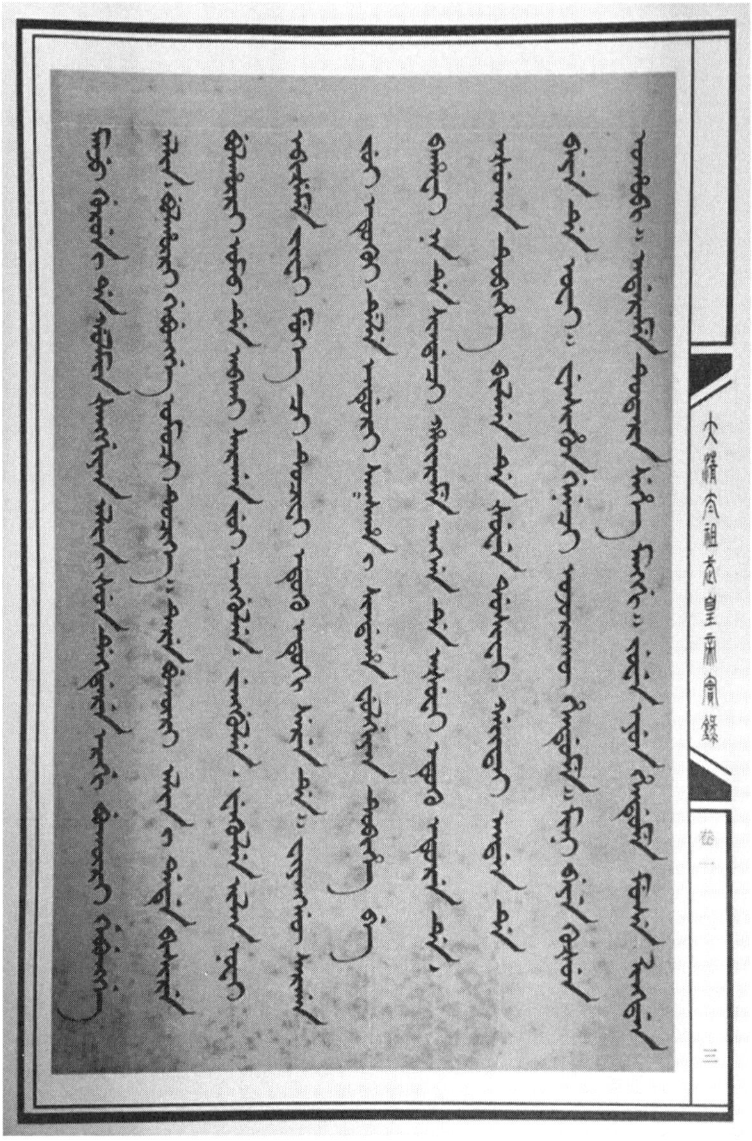

大淸太祖高皇帝實錄 卷一 三

[1-3]

manju gurun i da golmin šanggiyan alin i šun dekdere ergi bukūri gebungge
만주 나라 의 근원 길고 흰 산 의 해 뜨는 쪽 bukūri 이름의

alin bulhūri gebungge omoci tucike.. tere bukūri alin i dade bisire
산 bulhūri 이름의 호수에서 나왔다. 그 bukūri 산 의 근원에 있는

bulhūri omo de abkai sargan jui enggulen, jenggulen, fekulen ilan nofi
bulhūri 호수 에 하늘의 딸 enggulen, jenggulen, fekulen 세 사람

ebišeme jifi muke ci tucifi etuku etuki sere de.. fiyangguū sargan
헤엄치러 와서 물 에서 나와서 옷 입고자 함 에 막내 딸

jui etukui dele enduri saksaha i sindaha fulgiyan tubihe be
옷의 위에 신 까치 의 놓은 붉은 과일 을

bahafi na de sindaci hairame angga de ašufi etuku eture de
얻어서 땅 에 두면 아까워 입 에 머금고 옷 입음 에

ašuka tubihe bilga de šuwe dosifi gaitai andan de
머금은 과일 목구멍 에 곧장 들어가서 갑자기

beye de ofi.. wesihun geneci ojorakū hendume.. mini beye kušun
임신해서 위로 갈 수 없다. 말하되 내 몸 답답하게

ohobi.. adarame tutara sehe manggi.. juwe eyun hendume muse lingdan
되었다. 어찌 남느냐 한 후 두 언니 말하되 우리 靈丹

[한문]

滿洲源流。

滿洲原起於長白山之東北布庫里山下一泊，名布兒湖里。初，天降三仙女浴於泊，長名恩古倫，次名正古倫，三名佛古倫。浴畢上岸，有神鵲銜一朱果置佛古倫衣上，色甚鮮妍，佛古倫愛之不忍釋手，遂銜口中，甫著衣，其果放腹中，即感而成孕。告二姊曰：「吾覺腹重，不能同升，奈何？」二姊曰：

만주의 근원은 장백산(長白山)의 해 뜨는 쪽에 부쿠리(bukūri)라는 산의 불후리(bulhūri) 호수에서 나왔다. 부쿠리(bukūri)라는 산의 아래에 있는 불후리(bulhūri)라는 호수에 하늘의 세 딸인 엉굴런(enggulen), 정굴런(jenggulen), 퍼쿨런(fekulen)이 목욕하러 왔다가 물에서 나와 옷을 입으려 했다. 막내딸 옷 위에 신 까치[神鵲]가 놓아둔 붉은 과일을 집었다가 땅에 두기 아까워 입에 머금고 옷을 입었는데, 머금은 과일이 목구멍으로 곧장 들어가서 갑자기 순식간에 임신하게 되어 위로 올라 갈 수 없게 되었다. 그녀는 두 언니에게 말했다.

"내 몸이 갑갑하여 하늘로 갈 수 없게 되었어. 어찌 살아가지?"

두 언니가 말했다.

"우리는 영단(靈丹)

[1-4]

okto jeke bihe. bucere kooli akū.. sinde fulin bifi kušun
약 먹었다. 죽을 이유 없다. 너에게 천명 있어서 갑갑하게

ohobidere.. beye weihuken oho manggi jio seme hendufi genehe.. fekulen
되었으리라. 몸 가볍게 된 후 오라 하고 말하고 갔다. fekulen

tereci uthai haha jui banjiha.. abkai fulinggai banjibuha jui ofi
그로부터 즉시 남자 아이 낳았다. 하늘의 천명으로 태어난 아이 되서

uthai gisurembi.. goidaha akū ambakan oho manggi.. eme hendume jui
즉시 말한다. 오래지 않아 크게 된 후 어머니 말하되 아이

simbe abka facuhūn gurun be dasame banjikini seme banjibuhabi. si
너를 하늘 혼란한 나라 를 다스리며 살게 하고자 하여 태어나게 했다. 너

genefi facuhūn gurun be dasame toktobume banji seme hendufi abkai
가서 혼란한 나라 를 다스리며 안정시키며 살아라 하고 말하고 하늘의

fulinggai banjibuha turgun be giyan giyan i tacibufi weihu bufi
명으로 태어난 까닭 을 낱낱이 가르쳐 배 주고

ere bira be wasime gene sefi.. eme uthai abka de wesike.. tereci
이 강 을 내려 가라 하고 어머니 즉시 하늘 에 올라갔다. 그로부터

tere jui weihu de tefi eyen be dahame wasime genehei muke juwere
그 아이 배 에 타고 흐름 을 따라 내려 가서 물 긷는

[한문]

「吾等曾服丹藥，諒無死理，此乃天意，俟爾身輕上升未晚。」遂別去。佛古倫後生一男，生而能言，倏爾長成。母告子曰：「天生汝，實令汝爲夷國主，可往彼處。」將所生緣由一一詳說，乃與一舟：「順水去即其地也。」言訖，忽不見。
其子乘舟順流而下，至於人居之處登岸，

—— ◦ —— ◦ —— ◦ ——

약(藥)을 먹었으나 죽을 리 없다. 너에게 천명이 있어서 갑갑하게 되었을 거야. 몸이 가벼워진 후에 와."

그녀들은 이렇게 말하고서 하늘로 올라갔다. 즉시 퍼쿨런(fekulen)은 사내아이를 낳았다. 천명으로 태어난 아이라서 곧장 말을 하고 오래지 않아서 자란 후에 어머니가 말하였다.

"얘야, 하늘이 너를 어지러운 나라를 다스리며 살게 하고자 하여 태어나게 했다. 가서 어지러운 나라를 다스리고 안정시키며 살아라."

하고 말하고 천명으로 태어난 까닭을 낱낱이 가르치고 배를 주어 이 강을 따라 내려가라고 하고 어머니는 즉시 하늘로 올라갔다. 그 아이는 배를 타고 강물을 따라 내려가서 물 긷는

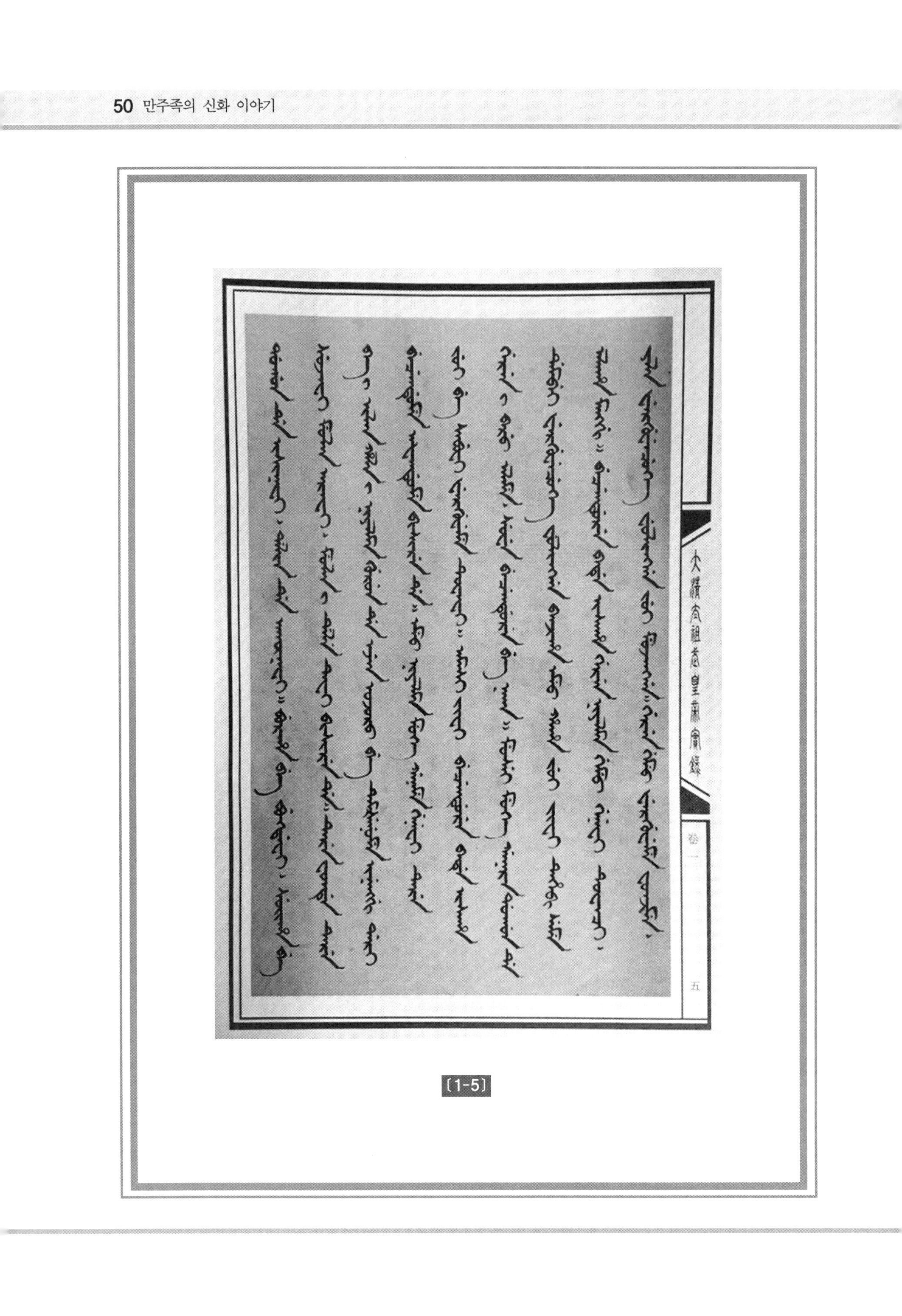

大淸太祖高皇帝實錄

卷一

五

[1-5]

dogon de isinafi, dalin de akūnafi.. burha be bukdefi, suiha be
나루 에 이르러서 물가 에 도달해서 버드나무 를 구부리고 쑥 을

sujafi mulan arafi, mulan i dele tefi bisire de.. tere fonde tere
괴어서 의자 만들고 의자 의 위에 앉아서 있음 에 그 때 그

ba i ilan hala i niyalma gurun de ejen ojoro be temšenume inenggi dari
곳 의 三 性 의 사람 나라 에 왕 되기 를 서로 다투며 날 마다

becendume afandume bisire de.. emu niyalma muke ganame genefi tere
서로 입씨름하며 서로 싸우고 있음 에 한 사람 물 가지러 가서 그

jui be sabufi ferguweme tuwafi.. amasi jifi becendure bade isaha
아이 를 보고 진기하게 여겨 보고 돌아 와서 서로 입씨름하는 곳에 모인

geren i baru alame, suwe becendure be naka.. musei muke ganara dogon de
여럿 의 쪽 아뢰되 너희 서로 입씨름하기 를 멈추어라. 우리 물 가지러가는 나루 에

dembei ferguwecuke fulingga banjiha emu haha jui jifi tehebi seme
매우 준수한 천명으로 태어난 한 남자 아이 와서 앉았다 하고

alaha manggi.. becendure bade isaha geren niyalma gemu genefi tuwaci
아뢴 후 서로 입씨름하는 곳에 모인 여러 사람 모두 가서 보니

yala ferguwecuke fulingga jui mujangga.. geren gemu ferguweme fonjime
진정 기이한 천명의 아이 사실이다. 여럿 모두 놀라 묻되

[한문] ———————

折柳條爲坐具，似椅形，獨踞其上。彼時長白山東南鰲莫惠地名鰲朵裡城名內，有三姓夷酋爭長，終日互相殺傷，適一人來取水，見其子舉止奇異，相貌非常，回至爭鬥之處，告眾曰：「汝等無爭，我於取水處遇一奇男子，非凡人也。想天不虛生此人，盍往觀之？」本酋長聞言罷戰，同眾往觀。及見，果非常人，異而詰之，

—— ◦ —— ◦ —— ◦ ——

나루터에 다다랐다. 강가에 닿아서 버들가지를 구부리고 쑥을 받쳐 의자를 만들어서, 의자 위에 앉아 있었다. 그때 그 땅의 세 성(姓)의 사람이 나라에서 왕이 되는 것을 서로 다투고 날마다 언쟁하고 있을 때 한 사람이 물을 길러 가서 그 아이를 보고 기이하게 여기고 돌아와서 서로 말다툼하는 곳에 모인 여러 사람들에게 알렸다.

"여러분은 말다을 멈추시오. 우리가 물을 긷는 나루터에 매우 준수하고 천명을 타고난 한 사내아이가 와서 앉아 있소."

하고 말하니 말다툼하는 곳에 모인 여러 사람이 모두 가서 보니, 정말 기이한 천명의 아이가 있었다. 모두 놀라서 물었다.

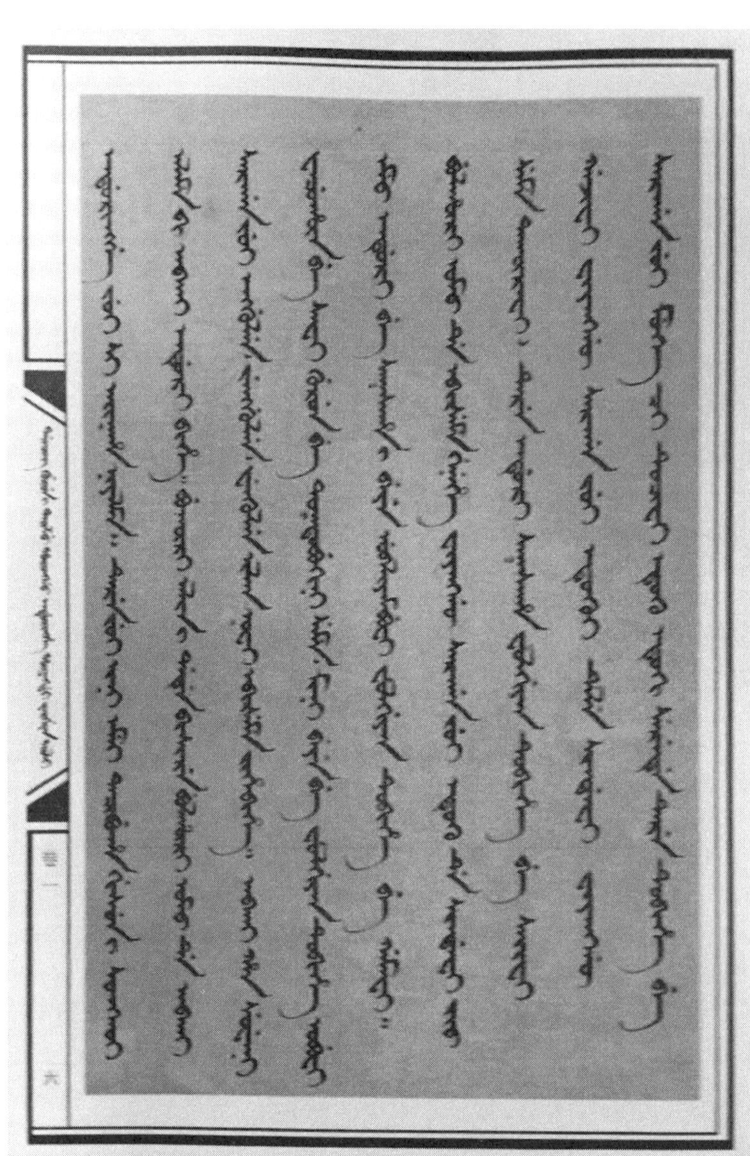

[1-6]

enduringge jui si ainaha niyalma.. tere jui ini emei tacibuha gisun i songgkoi
신성한 아이 너 어떤 사람이냐? 그 아이 그 어머니의 가르친 말 의 대로

alame bi abkai enduri bihe.. bukūri alin i dade bisire bulhūri omo de abkai
아뢰되 나 하늘의 신이었다. bukūri 산 의 아래에 있는 bulhūri 호수 에 하늘의

sargan jui enggulen, jenggulen, fekulen ilan nofi ebišeme jihebihe.. abkai han suweni
딸 enggulen, jenggulen fekulen 세 사람 목욕하러 왔었다. 하늘의 汗 너희의

facuhūn be safi gurun be toktobukini seme mini beye be fulgiyan tubihe obufi
혼란 을 알고 나라 를 안정시키고자 하여 내 몸 을 붉은 과일 되게 하고

emu enduri be saksaha i beye ubaliyambufi fulgiyan tubihe be gamafi..
한 신 을 까치 의 몸 변화시켜서 붉은 과일 을 가지고

bulhūri omo de ebišeme genehe fiyanggū sargan jui etuku de sindafi jio
bulhūri 호수 에 목욕하러 간 막내 딸 옷 에 놓고 오라

seme takūrafi. tere enduri saksaha fulgiyan tubihe be saifi
하고 지시하고 그 신 까치 붉은 과일 을 물어

gajifi fiyanggū sargan jui etukui dele sindafi fiyanggū
가지고 막내 딸 옷의 위에 놓고 막내

sargan jui muke ci tucifi etuku etuki serede tere tubihe be
딸 물 에서 나아서 옷 입고자 함에 그 과일 을

[한문]

答曰：「我乃天女佛古倫所生，姓愛新華言金也覺羅姓也，名布庫里英雄，天降我定汝等之亂。」因將母所囑之言詳告之。

— ◦ — ◦ — ◦ —

"신성한 아이야, 너는 어떤 사람이냐?"

그 아이가 어머니가 가르쳐 준 대로 대답했다.

"나는 하늘의 신이었다. 부투리(bukūri) 산 아래에 있는 불후리(bulhūri) 호수에 하늘의 딸 엉굴런(enggulen), 정굴런(jenggulen), 퍼쿨런(fekulen) 세 사람이 목욕하러 왔었다. 하늘의 한(汗)이 너희가 혼란한 것을 알고 나라를 안정시키고자 하여 내 몸을 붉은 과일이 되게 하였다. 그리고 한 신(神)을 까치의 몸으로 변화시켜서 붉은 과일을 가지고 불후리(bulhūri) 호수에 목욕하러 간 막내딸 옷에 놓고 오라고 지시하였다. 그 신령한 까치[神鵲]가 붉은 과일을 물어 다가 막내딸 옷 위에 놓았다. 막내딸이 물에서 나와 옷을 입을 때 그 과일을

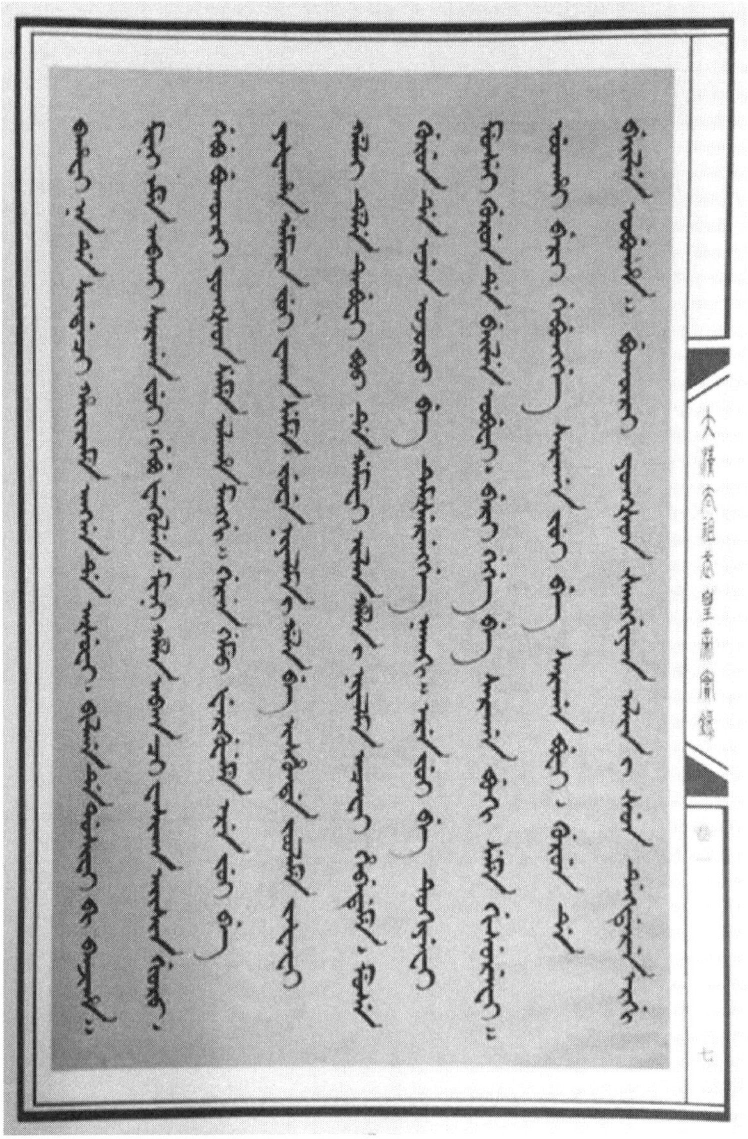

[1-7]

bahafi na de sindaci hairame angga de ašufi, bilga de dosifi bi banjiha..
얻어서 땅 에 놓으면 아까워 입 에 머금고 목 에 들어가서 나 태어났다.

meni eme abkai sargan jui, gebu fekulen.. mini hala abka ci wasika aisin gioro,
우리 어머니 하늘의 딸이다. 이름 fekulen. 나의 성 하늘 에서 내려준 aisin gioro.

gebu bukūri yongšon seme alaha manggi.. geren gemu ferguweme ere jui be
이름 bukūri yongšon이다 하고 아뢴 후 여럿 모두 놀라며 이 아이 를

yafahan gamara jui waka seme, juwe niyalma i gala be ishunde joolame jafafi
걸어서 데려갈 아이 아니다 하고 두 사람 의 손 에 서로 교차하여 잡고

galai dele tebufi boo de gamafi ilan hala i niyalma acafi hebedeme, muse
손의 위에 앉히고 집 에 데려가 三 姓 의 사람 만나서 의논하되 우리

gurun de ejen jojoro be temšerengge nakaki.. ere jui be tukiyefi
나라 에 왕 되기 를 싸우는 것 멈추자. 이 아이 를 추대해서

musei gurun de beile obufi, beri gege be sargan buki seme gisurefi..
우리의 나라 에 beile 삼고 beri gege 를 아내 주자 하고 말하고

uthai beri gebungge sargan jui be sargan bufi, gurun de
즉시 beri 이름의 여자 아이 를 아내 주고 나라 에

beile obuha.. bukūri yongšon šanggiyan alin i šun dekdere ergi
beile 삼았다. bukūri yongšon 흰 산 의 해 뜨는 쪽

[한문]

眾皆驚異曰：「此人不可使之徒行。」遂相插手爲輿，擁捧而回。三酋長息爭，共奉布庫里英雄為主，以百里女妻之，其國定號滿洲，乃其始祖也南朝誤名建州。

—— ◦ —— ◦ —— ◦ ——

얻고 땅에 놓기에 아까워 입에 머금고 있는데 목으로 들어가서 내가 태어났다. 우리 어머니는 하늘의 딸이다. 이름은 퍼굴런(fekulen)이다. 나의 성은 하늘에서 내려주신 아이신 교로(aisin gioro)이고, 이름은 부쿠리 용숀(bukūri youngšon)이다."

하고 말하니 여러 사람들이 모두 놀라며 말했다.

"이 아이를 걷게 하여 데려가면 안 된다."

두 사람이 손을 서로 교차하여 잡고서 아이를 손 위에 앉혀서 집에 데려왔다. 세 성(姓)의 사람이 모여서 상의했다.

"우리 이제 나라의 왕이 되기 위해 다투는 것을 멈추자. 이 아이를 추대해서 나라의 버일러(beile) 삼고 버리(beri) 아가씨를 부인으로 주자."

그들은 즉시 버리(beri)라는 여자 아이를 부인으로 주고 그를 나라의 버일러(beile)로 삼았다. 부쿠리 용숀(bukūri yongšon)은 백산(白山)의 해 뜨는 쪽

卷一 八

〔1-8〕

omohoi gebungge bihan i odoli gebungge hecen de tefi
omohoi 이름의 평원 의 odoli 이름의 성 에 머물고

facuhūn be toktobufi gurun i gebu be manju sehe.. tere manju
혼란 을 안정시키고 나라 의 이름 을 만주 했다. 그 만주

gurun i da mafa inu.. tereci ududu jalan oho manggi.. amala banjire juse
나라 의 원조 이다. 그로부터 여러 세대 된 후 후에 사는 자손들

omosi gurun irgen be jobobure jakade gurun irgen gemu ubašafi, ninggun
나라 백성 을 괴롭힐 적에 나라 백성 모두 모반해서 유

biya de tehe odoli hecen be kafi afafi bukūri yongšon i uksun
월 에 살던 odoli 성 을 둘러싸고 싸워서 bukūri yongšon 의 종족

mukūn be suntebume wara de.. bukūri yongšon i enen fanca gebungge jui
을 몰살시켜 죽임 에 bukūri yongšon 의 후손 fanca 이름의 아이

tucifi šehun bihan be burlame genere be, batai coohai niyalma amcara de..
나와서 황야 를 도망쳐 가는 것 을 적의 군사 쫓음 에

emu enduri saksaha deyeme jifi, tere fanca gebungge jui ujui dele
한 신 까치 날라 와서 그 fanca 이름의 아이 머리의 위에

dooha.. amcara coohai niyalma gūnime, niyalma de geli saksaha doombio.
깃들었다. 쫓는 군사 생각하되 사람 에게 또 까치 깃들겠느냐?

[한문]

6 歷數世後，其子孫暴虐，部屬遂叛。於六月間，將鰲朵裡攻破，盡殺其闔族子孫，內有一幼兒名範嗏，脫身走至曠野，後兵追之，會有一神鵲棲兒頭上，追兵謂人首無鵲棲之理，

—— ◦ —— ◦ —— ◦ ——

오모호(omoho)라는 평원의 오도리(odoli)라는 성에 살면서 혼란을 안정시키고, 나라의 이름을 만주라고 하였다. 그가 만주국의 시조이다.

몇 세대가 지난 후에 뒤에 태어난 자손들이 나라의 백성을 괴롭히므로, 나라의 백성들이 모두 반란을 일으켜서 유월에 오도리(odoli) 성을 둘러싸고 싸워서 부쿠리 용숀(bukūri youngšon)의 종실들을 몰살시켜 죽일 적에 부쿠리 용숀(bukūri youngšon)의 후손인 판차(fanca)라는 아이가 나와서 황야를 도망쳐 가는 것을 적군이 추격했다. 그때 한 신령한 까치[神鵲]가 날아와서 판차(fanca)의 머리 위에 앉았다. 쫓던 군사들이 생각하기를

"사람에게 까치가 앉겠느냐?

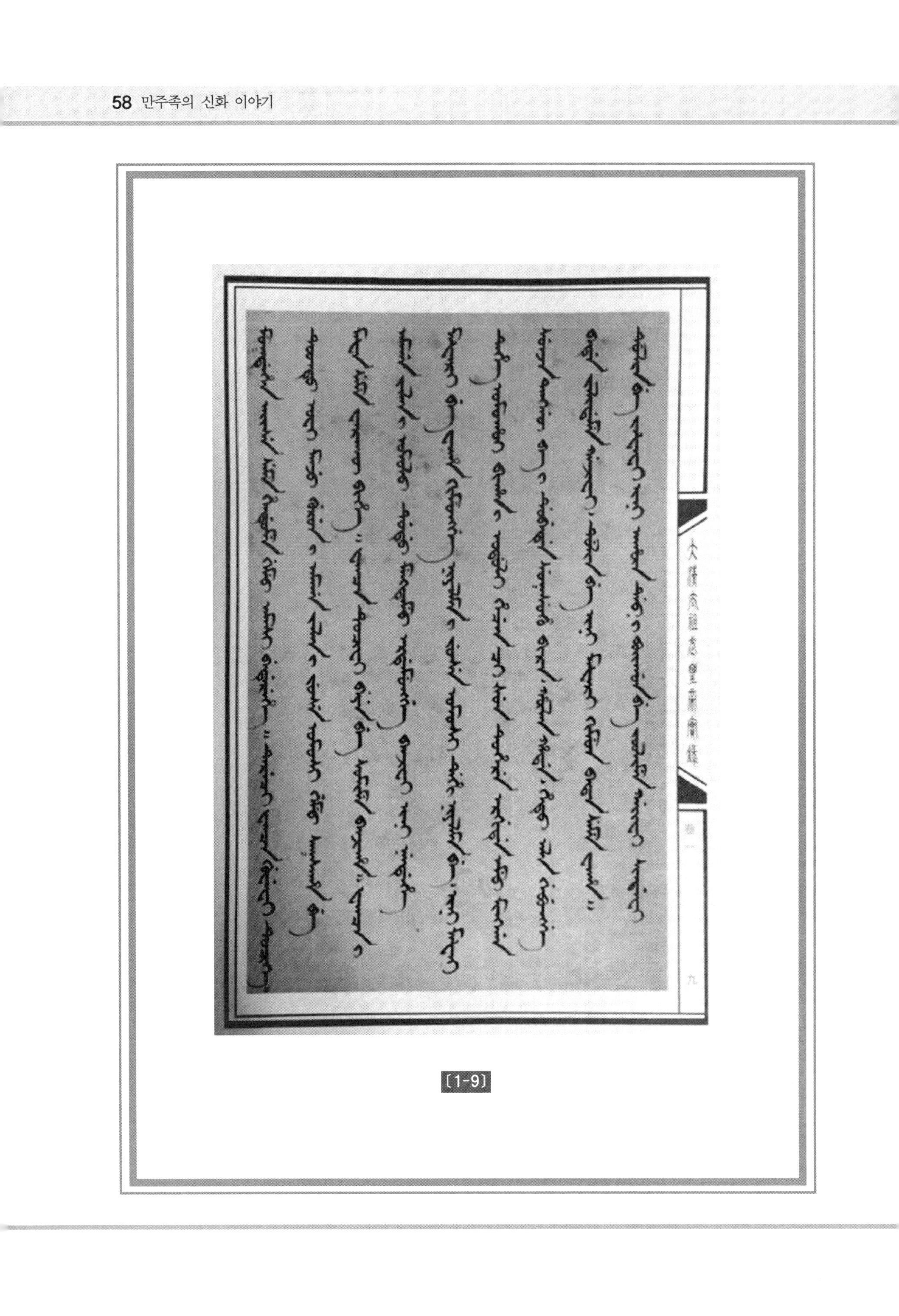

[1-9]

mukdehen aise seme hendume gemu amasi bederehe.. tereci fanca guwefi tucike..
나뭇등걸 이리라 하고 말하고 모두 뒤로 돌아갔다. 그로부터 fanca 피하여 나갔다.

tuttu ofi manju gurun i amaga jalan i juse omosi gemu saksaha be
그래서 만주 나라 의 후 대 의 자손들 모두 까치 를

mafa seme warakū bihe..
조상 하며 죽이지 않았다.

[한문]

疑爲枯木椿，遂回。於是範嗏得出，遂隱其身以終焉。滿州後世子孫俱以鵲爲祖故不加害。

—— ◦ —— ◦ —— ◦ ——

나뭇등걸이야."

하고 말하고 모두 뒤로 돌아갔다. 그래서 판차(fanca)가 피하여 도망쳤다. 그리하여 만주국의 후손(後孫)들은 모두 까치를 조상으로 여기며 죽이지 않았다.

1.4. 삼선녀(三仙女) 전설

-『어제성경부(御製盛京賦)』-

〔12a〕

musei daicing gurun i tuktan fonde. golmin
우리의 大淸 나라 의 처음 시절에 길고

šayan alin ci fukjin deribuhe. ferguwecuke sukdun i isahangge.
흰 산 에서 기원 시작하였다. 신령한 기운 의 모인 것

umesi eldengge umesi hūturingga.
매우 빛나고 매우 복 있다.

taidzu han i yargiyan kooli de musei gurun i nenehe jalan golmin šanyan alin ci hūturi be deribuhebi.
太祖 汗 의 實 錄 에 우리 나라 의 先 代 길고 흰 산 에서 복 을 일으켰다.
ere alin den juwe tanggū ba funceme šurdeme minggan ba funceme bi. alin i arbun colgoropi saikan.
이 산 높이 2 백 리 넘고 둘레 백 리 넘어 있다. 산 의 모양 우뚝 솟아 좋고
ferguwecuke sukdun borhome isahabi sehebi. mukden i ejetun de šanyan alin
신령한 기운 서려 모였다 하였다. 盛京 의 志 에 흰 산

[한문] ——————

粤我淸初, 肇長白山. 扶輿所鍾, 不顯不靈. ㊟太祖實錄, 本朝先世, 發祥於長白山, 是山高二百餘里, 綿亘千餘里, 樹峻極之雄觀, 萃扶輿之靈氣. 盛京志, 長白山

—— ◦ —— ◦ —— ◦ ——

우리 청나라는 초기에 장백산(張白山)에서 시작하였다. 상서로운 기운이 모여 매우 빛나고 매우 복이 있다.

『태조실록』에, "우리나라의 선대는 장백산에서 복을 일으켰다. 이 산은 높이가 200리를 넘고, 둘레가 100리를 넘는다. 산의 모양이 우뚝하고 좋다. 상서로운 기운이 서려 모였다." 하였다. 『성경지』에, "흰 산이

[12b]

uthai golmin šayan alin inu. alin mederi i nomun de bu hiyan šan alin sehebi. tang gurun i bithe de
곧 장 백 산 이다. 山 海 의 經 에 不 咸 山 산 하였다. 唐 나라 의 書 에
ere tai be šan alin inu. geli tu tai šan alin sembi. ememungge be šan alin sembi sehebi. ming gurun i
이 太 白 山 산 이다. 또 徒 太 山 산 한다. 혹은 白 山 산 한다 하였다. 명 나라 의
emu i uherilehe ejetun de fe hūi ning fu i julergi ergi ninju ba i dubede bi sehebi.
하나 로 합한 志 에 옛 會 寧 府 의 남 쪽 60 리 의 끝에 있다 하였다.

tamun gebungge omo šurdeme jakūnju
tamun 이름의 연못 둘레 80
ba bi. yalu hūntung aihu sere ilan ula tucikebi..
리 이다. yalu hūntung aihu 하는 세 강 나왔다.

taidzu han i yargiyan kooli de golmin šanyan alin i ninggude tamun gebungge omo bi. šurdeme jakūnju
太祖 汗 의 實 錄 에 길고 흰 산 의 위에 tamun 이름의 연못 있다. 둘레 80
ba sekiyen šumin. eyen amba. yalu hūtung aihu sere ilan ula tucikebi. yalu ula alin i julergi ci tucifi
리 근원 깊고 흐름 크다 yalu hūtung aihu 하는 세 강 나왔다. yalu 강 산 의 남쪽 에서 나와서
wasihūn eyeme liyoo dung ni julergi mederi de dosikabi. hūntung ula alin i amargi ci eyeme amargi mederi
아래로 흘러 遼 東 의 남쪽 바다 에 들어갔다. hūntung 강 산 의 북쪽 에서 흘러 북쪽 바다
de dosikabi. aihu ula wesihun eyeme dergi mederi de dosikabi sehebi.
에 들어갔다. aihu 강 동에서 흘러 동쪽 바다 에 들어갔다 하였다.

enduri gege abkai non fulgiyan tubihe ašufi nunggehe de
신 녀 하늘의 누이 붉은 과일 머금어 삼킴 에

enduringge jui banjiha.
신성한 아이 낳았다.

[한문]

卽歌爾民商堅阿鄰, 山海經作不咸山, 唐書作太白山, 亦曰徒太山, 或作白山, 明一統志云在故會寧府南六十里. ○山, 叶音莘. 揚雄羽獵賦, 移珍來享, 抗手稱臣, 前入圍口, 後陳盧山. ○靈, 叶力珍切. 王騰辨蜀都賦, 李雄劉闢, 季連公孫, 因仍世難, 割據坤靈. 周八十里, 潭曰闥門, 鴨綠混同愛滹, 三江出焉. 注太祖實錄, 長白山之上, 有潭曰闥門, 周八十里, 源深流廣, 鴨綠混同愛滹三江出焉. 鴨綠江自山南西流入遼東之南海, 混同江自山北流入北海, 愛滹江東流入東海. ○焉, 叶音殷. 劉歆列女贊, 齊女徐吾, 會績獨貧, 夜託燭明, 李吾絶焉. 帝女天妹, 朱果是呑, 爰生聖子.

—— ◦ —— ◦ —— ◦ ——

곧 장백산이다." 하였고, 『산해경』에, "불함산(不咸山)이다." 하였다. 『당서』에, "태백산(太白山)이다. 또 도태산(徒太山)이라 한다. 혹은 백산(白山)이라고 한다." 하였다. 『명일통지(明一統志)』에, "옛 회령부(會寧府)의 남쪽 60리 끝에 있다." 하였다.

타문(tamun, 闥門)이라는 연못은 둘레 80리이다. 얄루(yalu, 鴨綠), 훈퉁(hūntung, 混同), 아이후(aihu, 愛滹)라고 하는 세 강이 나왔다.

『태조실록』에, "흰 산 위에 타문이라는 연못이 있다. 둘레는 80리이고 깊고 흐름이 빠르다. 얄루강, 훈툰강, 아이후강이라고 하는 세 강이 흘러나왔다. 얄루강은 산의 남쪽에서 나와 아래로 흘러 요동(遼東)의 남쪽 바다로 들어간다. 훈툰강은 산의 북쪽에서 흘러 북쪽 바다로 들어간다. 아이후강은 동에서 흘러 동쪽 바다로 들어간다." 하였다.

신녀, 하늘의 누이가 붉은 과일 머금어 삼키니 신령한 아이가 태어났다.

[13a]

abka gioro seme hala bufi. wesihuleme aisin sehe..
하늘 gioro 하고 성 주고 존칭하여 aisin 하였다.

taidzu han i yargiyan kooli de golmin šanyan alin i šun dekdere ergi bukuri gebungge alin i dade
太祖 汗 의 實 錄 에 길고 흰 산 의 해 뜨는 쪽 bukuri 이름의 산 의 근원에
bulhūri gebungge omo bi. ulame jihengge abkai sargan jui omo i jakade wasinjifi fulgiyan tubihe
bulhūri 이름의 연못 있다. 전해 온 것 하늘의 딸 연못 의 곁에 내려와서 붉은 과일
ašufi nunggehe de haha jui banjiha. abkai fulinggai banjibuhangge ofi uthai gisurembi. banin giru
머금고 삼킴 에 남자 아이 낳았다. 天 命으로 태어난 것 되어 즉시 말한다. 용모 자태
ferguwecuke. ambakan oho manggi weihu de tefi. genehei muke juwere dogon de isinaha. tere ba i
기이하다 크게 된 후 배 에 타고 가서 물 긷는 나루 에 도착하였다 그 곳 의
ilan hala i niyalma gurun de ejen ojoro be temšendume inenggidari becendume toktorakū bisire
三 姓 의 사람 나라 에 주인 되기 를 서로 다투며 매일 서로 말싸움하며 안정되지 않고 있음
de. emu niyalma muke ganame genefi sabufi ferguweme tuwafi amasi jifi geren i baru alame suwe
에 한 사람 물 가지러 가서 보고 경탄하여 보고 돌아 와서 여럿 의 쪽 알리되 너희
becendure be naka. musei muke ganara dogon de dembei ferguwecuke fulingga banjiha emu haha jui
말다툼하기 를 멈춰라. 우리의 물 긷는 나루 에 매우 기이한 천명으로 태어난 한 남자 아이
jifi tehebi. gūnici abka ere niyalma be baibi banjibuhakūbi seme alaha manggi geren niyalma
와서 있었다. 생각하니 하늘 이 사람 을 이유없이 태어나게 하지 않았다 하고 알린 후 여러 사람
gemu genefi tuwaci yala ferguwecuke fulingga jui mujangga. gemu ferguweme fonjime enduringge jui si
모두 가서 보니 진정 기이한 복 있는 아이 사실이다. 모두 놀라 묻되 신성한 아이 너
ainaha niyalma seme fonjiha manggi jabume bi abkai sargan jui de banihangge. mini hala abka ci wasika
어떤 사람이냐 하고 물은 후 대답하되 나 하늘의 딸 에 태어난 것 내 성 하늘 에서 내린
aisin giyoro. gebu bukūri yongšon. abka mimbe suweni facuhūn be toktobukini seme banjibuhabi sehe manggi.
aisin giyoro 이름 bukūri yongšon 하늘 나를 너희의 혼란 을 안정시키자 하고 태어나게 했다 한 후
geren gemu ferguweme. abkai salgabuha enduringge niyalma kai. juwe niyalmai gala be ishunde joolame
여럿 모두 놀라며 하늘의 정해준 신성한 사람 이니라 두 사람의 손 을 서로 교차하여
jafafi galai dele tebufi ilan hala i niyalma acafi hebdeme muse gurun de ejen be temšerengge nakaki
잡고 손의 위에 앉히고 三 姓 의 사람 만나서 의논하여 우리 나라 에 주인 을 다투는 것 멈추자
seme gurun de beile obuha sehebi. alin mederi i
하고 나라 에 beile 삼았다 했다. 山 海 의

[한문]

帝用錫以姓曰覺羅, 而徽其稱曰愛新. ㊟太祖實錄, 長白山之東, 有布庫里山, 下有池曰, 布爾湖里. 相傳有天女降池畔, 呑朱果, 生聖子, 生而能言, 體貌奇異. 及長, 乘舠至河步, 其地有三姓, 爭爲雄長, 日搆兵, 亂靡由定. 有取水河步者, 見而異之, 歸語衆曰, 汝等勿爭, 吾見一男子, 察其貌, 非常人也, 天必不虛生此. 衆往觀之, 皆以爲異, 因詰所由來, 答曰, 我天女所生, 姓愛新覺羅氏, 名布庫里雍順. 天生我以定汝等之亂者. 衆驚曰, 此天生聖人也. 遂舁至家. 三姓者議奉爲貝勒, 其亂乃定.

—— ◦ —— ◦ —— ◦ ——

하늘이 교로(gioro, 覺羅)라는 성(姓)을 주고, 높여서 아이신(aisin, 愛新)이라 하였다.

『태조실록』에, "장백산의 해 뜨는 쪽에 부쿠리(bukuri)라는 이름의 산의 근원에 불후리(bulhūri)라는 연못이 있다. 전해 들으니 하늘의 딸이 연못 근처에 내려와서 붉은 과일을 삼킨 후에 남자 아이 낳았고, 천명으로 태어나서 즉시 말을 한다. 생김새가 기이하다. 자라서 배를 타고 가서 물 긷는 나루에 도착하였다. 그곳은 삼성(三姓)의 사람이 나라의 주인이 되기 위해 다투며 매일 언쟁하여 안정되지 않고 있었다. 한 사람이 물을 길러 가서 보고 경탄하여 돌아와 여럿에게 말하기를, "너희 싸우기를 멈추어라. 우리가 물 긷는 나루에 매우 기이한 천명으로 태어난 남자아이가 와 있다. 생각하니 하늘이 이유 없이 태어나게 한 것이 아니다." 하고 알리니, 여러 사람이 모두 가서 보니 바로 기이하고 천복을 지닌 아이가 확실하다. 모두 놀라서 묻기를, "신령한 아이야, 너는 어떠한 사람이냐?" 하고 물으니, 대답하기를, "나는 하늘의 딸에게서 태어난 사람이다. 내 성은 하늘에서 내린 아이신 교로(aisin giyoro)이고, 이름은 부쿠리 용숀(bukūri yongšon)이다. 하늘이 너희의 혼란을 안정시키고자 나를 태어나게 하였다." 하니, 모두 놀라며 "하늘이 정해준 신성한 사람이구나." 두 사람의 손을 마주 잡고, 그 위에 앉게 하고, 삼성의 사람이 만나서 의논하여 "우리나라의 주인이 되기 위해 다투는 것을 멈추자." 하고 나라의 버일러(beile)로 삼았다." 하였다.

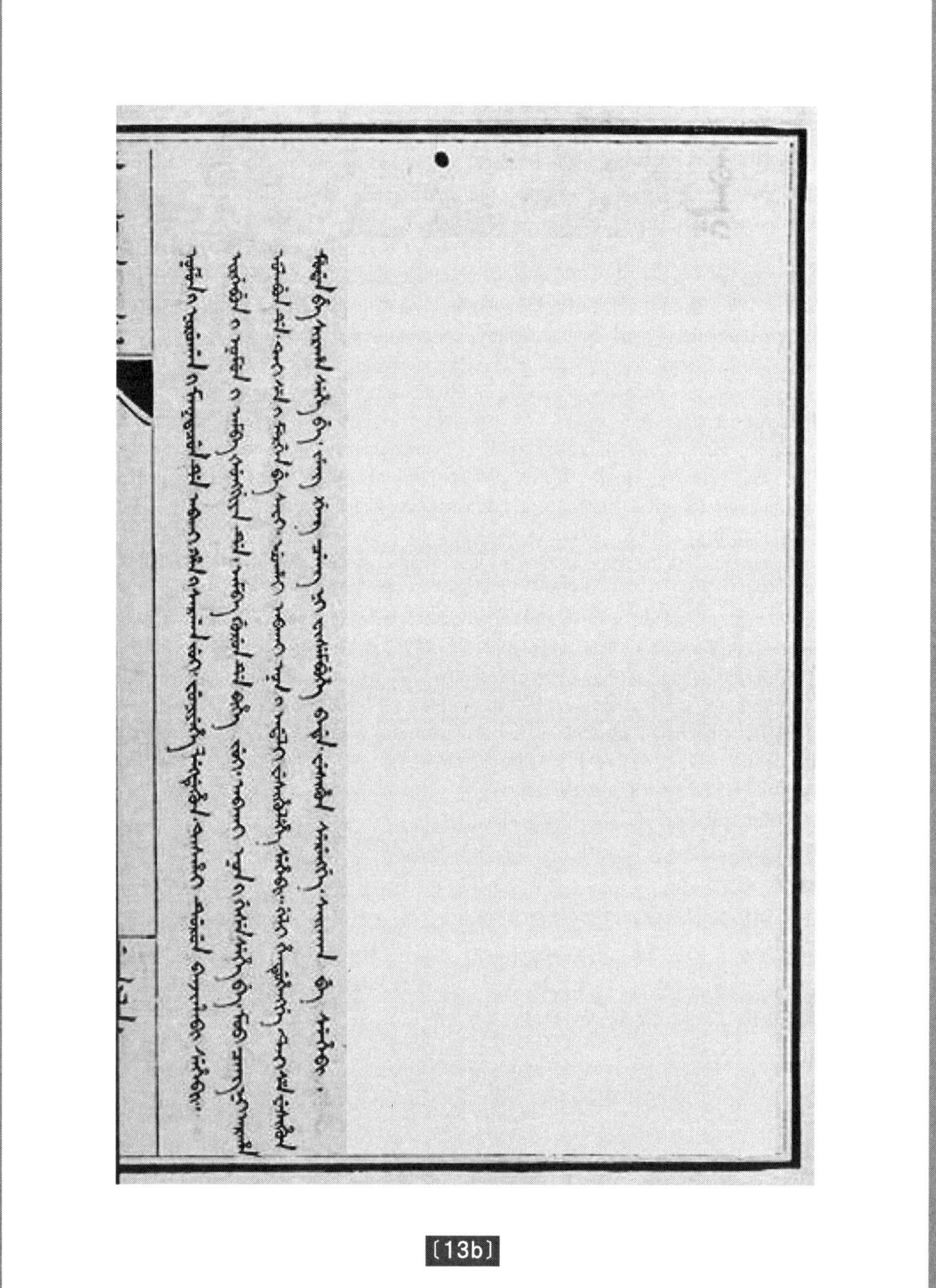

[13b]

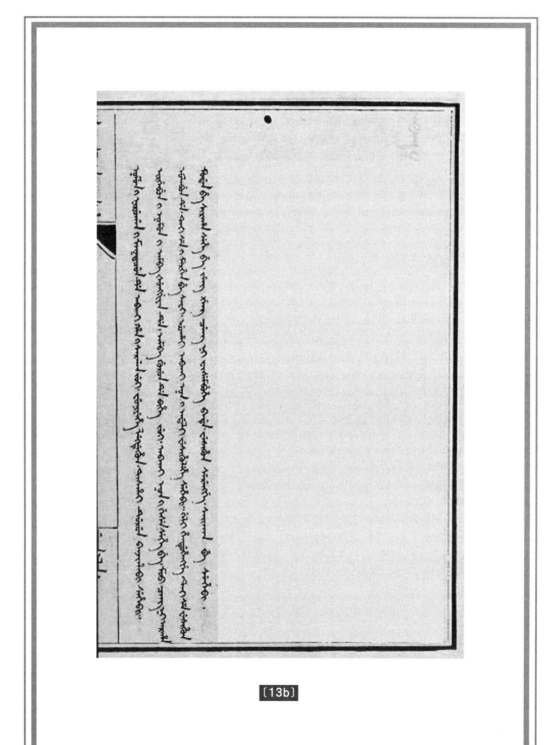

nomun i nirugan i maktacun de abkai han i sargan jui funiyehe lekdehun tashai durun banjihabi sehebi.
經 의 圖 의 贊 에 하늘의 汗 의 딸 털 드리워진 호랑이의 모습 태어났다 하였다.
irgubun i nomun i amba šunggiya de amba gurun de bihe jui. abkai non i gese sehe be moo cang ni
詩 經 의 大 雅 에 큰 나라 에 살던 아이 하늘의 누이 와 같다 한 것 을 毛 萇 의
araha ulabun de tai sy[12] i mergen be safi uthai abkai non i adali wesihulehe sehebi. geli henduhengge
지은 傳 에 太 姒 의 지혜 를 알고 즉시 하늘의 누이 와 같이 받들었다 하였다. 또 말한 것
tai sy wesihun mudan[13] be siraha sehe be jeng kang ceng ni fisembuhe bade wesihun serengge saikan
太 姒 徽 音 을 이었다 한 것 을 鄭 康 成 의 기술한 바에 徽 하는 것 좋은 것
be sehebi.
이다 하였다.

[한문]

山海經圖贊, 天帝之女, 蓬髮虎顔. 詩大雅, 大邦有子, 俔天之妹. 毛萇傳, 知太姒之賢, 尊之如天之有女弟. 又, 太姒嗣徽音. 鄭康成箋, 徽, 美也.

『산해경도찬(山海經圖贊)』에, "천제(天帝)의 딸이 털 드리워진 호랑이의 모습으로 태어났다." 하였다. 『시경』「대아」에, "'큰 나라에 살던 아이가 하늘의 누이와 같다' 한 것을『모장전(毛萇傳)』에서 '태사(太姒)의 지혜를 알고, 즉시 하늘의 누이와 같이 받들었다' 했다." 하였다. 또 말하기를, "태사의 휘음(徽音)을 이었다," 한 것을 정강성(鄭康成)이 「전(箋)」한 것에 의하면, "휘(徽)라 하는 것은 좋은 것이다." 하였다.

12) tai sy : 주나라 문왕의 정비(正妃)인 태사(太姒)를 가리킨다. 주나라 이후 어진 덕을 지닌 부인의 대명사로 여겨져 왔다.
13) wesihun mudan : 왕비의 아름다운 덕행과 언어를 의미하며, 한자로는 휘음(徽音)으로 표기한다.

1.5. 삼선녀(三仙女) 전설

–『만주실록(滿洲實錄)』–

[2]

golmin šanggiyan alin
길고 흰 산

① yalu giyang
yalu 江
鴨綠江發源於山南

② amba turakū
큰 폭포

—— ◦ —— ◦ —— ◦ ——

장백산(長白山).

① 압록강(압록강)
② 큰 폭포

〔3〕

① tamun omo
tamun 호수
闥門池

② hūntung giyang alin i amargici tucikebi
hūntung 江 산 의 북쪽에서 나왔다.
混同江發源於山北

③ aihu bira
aihu 강
愛滹

① 타문(tamun, 闥門) 호수
② 훈퉁(hūntung, 混同) 강은 산의 북쪽에서 나왔다.
③ 아이후(aihu, 愛滹) 강

長白山高約二百里週圍約千里此山之上有一潭名闥門週圍約八十里鴨綠混同愛滹三江俱從此山流出鴨綠江自山

(4)

golmin šanggiyan alin den
길고 흰 산 높이

juwe tanggū ba, šurdeme
이 백 리 둘레

minggan ba, tere alin i
천 리 그 산 의

ninggu de tamun i gebungge
위 에 tamun 의 이름의

omo bi, šurdeme jakūnju ba,
호수 있다. 둘레 80 리

tere alin ci tucikengge
그 산 에서 나온 것

yalu, hūntung, aihu sere
yalu, hūntung, aihu 하는

ilan giyang, yalu giyang alin i
세 江이다. yalu 江 산 의

[한문]

長白山, 高約二百里, 週圍約千里. 此山之上有一潭, 名闥門.
鴨綠混同愛滹三江, 俱從此山流出. 鴨綠江自山

—— ◦ —— ◦ —— ◦ ——

장백산(長白山)은 높이가 200리(里), 둘레가 1,000리(里)이다.
그 산 위에 타문(tamun, 闥門)이라는 호수가 있다. 둘레 80리이다.
그 산에서 나온 것 얄루(yalu, 鴨綠) · 훈퉁(hūntung, 混同) · 아이후(aihu 愛滹) 라는 세 강이다. 얄루(yalu, 鴨綠) 강은

每出珠寶長白
東海此三江中
江向東流直入
直入北海愛滹
北瀉出向北流
海混同江自山
直入遼東之南
南瀉出向西流

(5)

julergici tucifi wasihūn eyefi,
남쪽에서 나와서 서로 흘러서

liyoodung ni julergi mederi de
遼東 의 남쪽 바다 에

dosikabi, hūntung giyang alin i
들어갔다. hūntung 江 산 의

amargici tucifi amasi eyefi,
북쪽에서 나와서 북으로 흘러서

amargi mederi de dosikabi,
북쪽 바다 에 들어갔다.

aihu bira wesihun eyefi, dergi
aihu 강 서로 흘러서 동쪽

mederi de dosikabi, ere ilan
바다 에 들어갔다. 이 세

giyang de boobai tana, genggiyen
江 에 보배 東珠 明

[한문]

南瀉出，向西流，直入遼東之南海．混同江自山北瀉出，向北流，直入北海．
愛滹江向東流直入東海．此三江中每出珠寶．

—— ◦ —— ◦ —— ◦ ——

남쪽에서 나와서 서로 흘러 료둥(liyoodung, 遼東)의 남쪽 바다에 들어갔다.
훈퉁(hūntung) 강은 산의 북쪽에서 나와서 북으로 흘러 북쪽 바다에 들어갔다.
아이후(aihu) 강 서로 흘러서 동쪽 바다에 들어갔다.
이 세 강에 보배, 동주(東珠), 명주(明珠)

一名山也
浮石乃東北
中此山盡是
俱投憩此山
日環山之獸
風勁不休夏
山山高地寒

〔6〕

nicuhe tucimbi, šanggiyan alin edun
珠 나온다. 흰 산 바람

mangga, ba šahūrun ofi, juwari
세고 땅 차서 여름

erin oho manggi, šurdeme alin i
때 된 후 주변 산 의

gurgu gemu šanggiyan alin de
짐승 모두 흰 산 에

genefi bimbi, šun dekdere ergi
가서 있다. 해 뜨는 쪽

ufuhu wehe[14] noho šanggiyan
거품 돌 뿐 흰

alin tere inu.
산 그것이다.

[한문]

長白山山高地寒, 風勁不休, 夏日環山之獸俱投憩此山中.
此山盡是浮石, 乃東北一名山也.

—— ◦ —— ◦ —— ◦ ——

나온다.
백산(白山)은 바람이 세고 땅이 차서 여름이 되면, 주변 산의 짐승이 모두 백산(白山)에 가서 있다.
해 뜨는 쪽은 부석(浮石)이 있을 뿐이다. 백산(白山)이 그것이다.

14) ufuhu wehe : 부석(浮石) 또는 경석(輕石)을 가리킨다.

[7]

abkai ilan sargan jui bulhūri omo de ebišehe.
하늘의 세 딸 bulhūri 호수에서 목욕했다.

[한문]
三仙女浴布勒瑚里泊.

—— ◦ —— ◦ —— ◦ ——

하늘의 세 딸이 불후리(bulhūri) 호수에서 목욕했다.

[8]

fekulen beye de ofi juwe eyun ci tutaha.
fekulen 임신해서 두 언니 에서 남았다.

[한문]

佛庫倫成孕未得同昇.

퍼쿨런(fekulen)이 임신해서 두 언니와 헤어졌다.

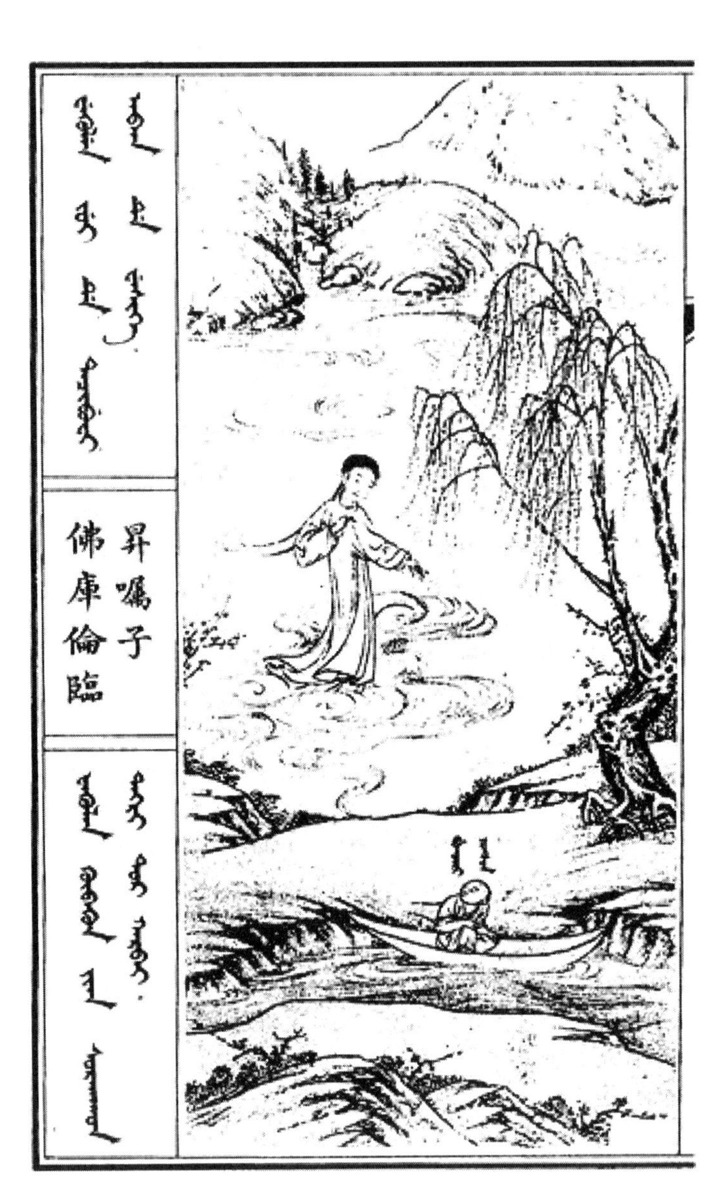

[9]

fekulen jui de tacibufi abka be wesike.
fekulen 아이 에게 가르치고 하늘 을 올라갔다.

[한문]

佛庫倫臨昇囑子.

—— ◦ —— ◦ —— ◦ ——

퍼쿨런(fekulen)이 아이에게 알려주고 하늘로 올라갔다.

[10]

ilan halai niyalma bukūri yongšon be ejen obuha.
三 姓의 사람 bukūri yongšon 을 왕 삼았다.

[한문]

三姓奉雍順爲主.

―― ◦ ―― ◦ ―― ◦ ――

세 성의 사람이 부쿠리 용숀(bukūri yongšon)을 왕으로 삼았다.

[11]

enduri saksaha fanca[15] be guwebuhe.
신 까치 fanca 를 구하였다.

[한문]

神鵲救樊察.

—— ◦ —— ◦ —— ◦ ——

신령한 까치가 fanca(판차)를 구하였다.

15) fanca : bukūri yongšon의 후손으로 백성들로부터 쫓겨 도망치다가 신작(神鵲)의 도움으로 살아났다는 전설 속의 인물이다. 한자로는 '樊察'로 표기한다.

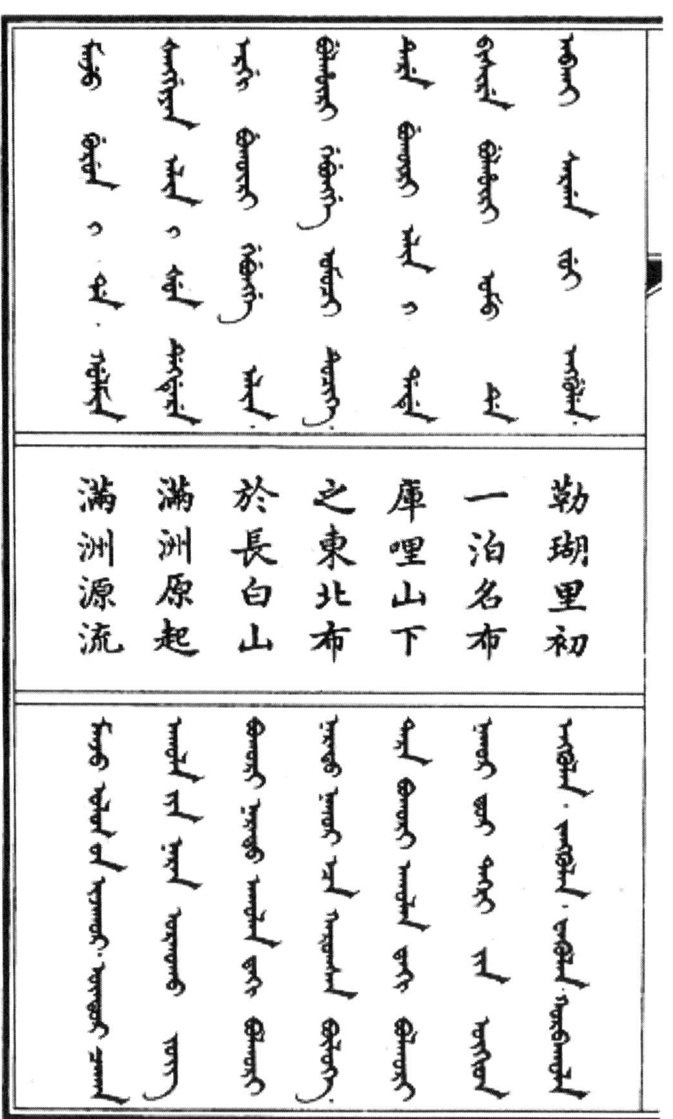

勒瑚里初
一泊名布
庫哩山下
之東北布
於長白山
滿洲原起
滿洲源流

[13]

manju gurun i da golmin
만주 나라 의 근원 길고

šanggiyan alin i šun dekdere
흰 산 의 해 뜨는

ergi bukūri gebungge alin,
쪽 bukūri 이름의 산

bulhūri gebungge omoci tucike.
bulhūri 이름의 호수에서 나왔다.

tere bukūri alin i dade
그 bukūri 산 의 아래에

bisire bulhūri omo de
있는 bulhūri 호수 에

abkai sargan jui enggulen,
하늘의 딸 enggulen,

[한문]

滿洲源流.
滿洲原起於長白山之東北布庫哩山下一泊，名布勒瑚里.
初天降三仙女，浴於泊，長名恩古倫，

만주국의 기원

장백산(長白山)의 해 뜨는 부쿠리(bukūri)라는 산의 불후리(bulhūri)라는 호수에서 나왔다.
그 부쿠리(bukūri) 산 아래에 있는 불후리(bulhūri) 호수에 하늘의 딸 엉굴런(enggulen),

天降三仙
女浴於泊
長名恩古
倫次名正
古倫三名
佛庫倫浴
畢上岸有

〔14〕

jenggulen, fekulen ilan nofi
jenggulen, fekulen 세 명

ebišeme jifi muke ci tucifi
목욕하러 와서 물 에서 나와

etuku etuki sere de, fiyanggū
옷 입자 함 에 막내

sargan jui etukui dele
딸 옷의 위

enduri saksaha i sindaha fulgiyan
신 까치 의 놓은 붉은

tubihe be bahafi na de
과일 을 얻어서 땅 에

sindaci hairame angga de
놓으면 아까워서 입 에

[한문]

次名正古倫, 三名佛庫倫. 浴畢上岸, 有神鵲, 銜一朱果,
置佛庫倫衣上, 色甚鮮妍, 佛庫倫愛之, 不忍釋手,

—— ◦ —— ◦ —— ◦ ——

정굴런(jenggulen), 퍼쿨런(fekulen)이 목욕하러 왔다가 물에서 나와서 옷을 입으려 하였다.
막내 딸은 옷 위에 신 까치[神鵲]가 놓은 붉은 과일을 집었다가 땅에 두기엔 아까워 입에

神鵲銜一朱果置佛庫倫衣上色甚鮮妍佛庫倫愛之不忍釋手遂銜口

〔15〕

ašufi etuku eture de
머금고 옷 입음 에

ašuka tubihe bilha de
머금은 과일 목구멍 에

šuwe dosifi gaitai andande
곧장 들어가서 갑자기 순식간에

beye de ofi wesihun
임신하여서 위

geneci ojorakū. hendume
갈 수 없다. 말하되

mini beye kušun ohobi.
나의 몸 갑갑하게 되었다.

adarame tutara. sehe manggi
어떻게 남을까. 한 후

[한문]

遂銜口中, 甫著衣, 其果入腹中, 即感而成孕.
告二姊曰, 吾覺腹重, 不能同昇奈何.

—— ◦ —— ◦ —— ◦ ——

머금고 옷을 입으려 하였다. 그 때 머금은 과일이 목구멍으로 바로 넘어가서 순식간에 임신을 하게 되어 하늘로 올라가지 못하게 되었다. 말하기를

"나의 몸이 갑갑하게 되었다. 어떻게 살아갈까?"

하니

同昇奈何
腹重不能
姊曰吾覺
成孕告二
中即感而
其果入腹
中甫著衣

[16]

juwe eyun hendume muse
두 언니 말하되 우리

lingdan okto jekebihe.
靈壇 약 먹었다.

bucere kooli akū. sinde
죽을 리 없다. 너에게

fulingga bifi kušun ohobidere.
天命 있어서 답답하게 되었느니라.

beye weihuken oho manggi
몸 가볍게 된 후

jio. seme hendufi genehe.
오너라. 하고 말하고 갔다.

fekulen tereci uthai
fekulen 그로부터 즉시

[한문]

二姊曰, 吾等曾服丹藥, 諒無死理.
此乃天意, 俟爾身輕上昇未晚, 遂別去. 佛庫倫後

—— ◦ —— ◦ —— ◦ ——

두 언니가 말하였다.

"우리는 영단 약을 먹었으니, 죽을 리가 없어. 네게 천명이 있어서 배가 부른 것일 거야. 몸이 가벼워지면 돌아오렴."

두 언니는 이렇게 말하고서 하늘로 올라갔다. 퍼쿨런(fekulen)은 얼마 후에

晚遂別去
輕上昇未
意俟爾身
理此乃天
藥諒無死
等曾服丹
二姊曰吾

〔17〕

haha jui banjiha. abka i
남자 아이 낳았다. 하늘 의

fulinggai banjibuha jui
천명으로 태어난 아이

ofi uthai gisurembi.
되어서 즉시 말한다.

goidaha akū ambakan
오래지 않아 더 크게

oho manggi eme hendume
된 후 어머니 말하되

jui simbe abka facuhūn
아이야 너를 하늘 어지러운

gurun be dasame banjikini
나라 를 다스려 살게 하고자

[한문]

生一男. 生而能言, 倏爾長成.
母告子曰, 天生汝, 實令汝以定亂國,

—— ◦ —— ◦ —— ◦ ——

남자 아이를 낳았다. 그 아이는 천명으로 태어난 아이여서 태어나자마자 말을 할 수 있었다. 오래지 않아 다 자란 후에 어머니가 말하였다.

"얘야, 하늘이 너를 어지러운 나라를 다스려 살게 하려고

佛庫倫後生一男生而能言倏爾長成母告子曰天生汝實令汝以定亂

〔18〕

seme banjibuhabi, si genefi
하여 태어나게 하였다. 너 가서

facuhūn gurun be dasame
어지러운 나라 를 다스려서

toktobume banji. seme
안정시켜 살아라. 하고

hendufi abka i fulinggai
말하고 하늘 의 천명으로

banjibuha turgun be giyan
태어난 연유 를 차근

giyan i tacibufi weihu
차근히 가르쳐주고 배

bufi ere bira be
주고 이 강 을

[한문]

可往彼處, 將所生緣由一一詳說. 乃與一舟,

너를 태어나게 하였으니, 가서 어지러운 나라를 잘 다스리며 살아라."

그녀는 이렇게 말하고서 천명으로 태어난 연유를 차근차근 가르쳐 주고 배를 주며 말하였다.

"이 강을

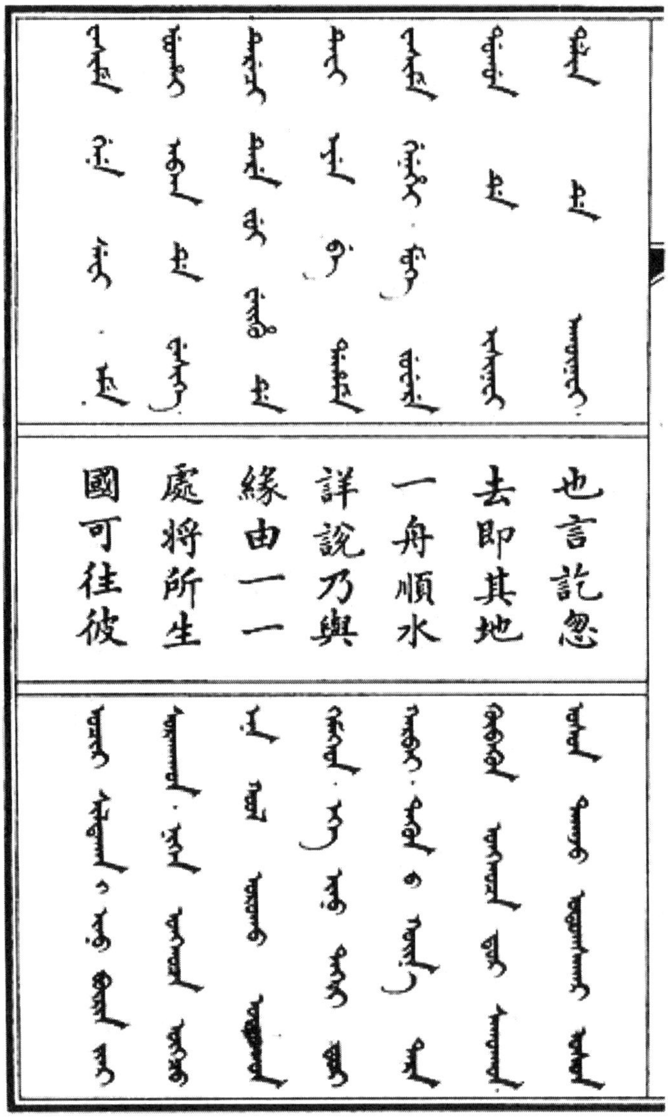

也言訖忽去即其地一舟順水詳說乃與緣由一一處將所生國可往彼

〔19〕

wasime gene sefi eme
내려 가라 하고 어머니

uthai abka de wesike.
즉시 하늘 에 올라갔다.

tereci tere jui weihu de
그로부터 그 아이 배 에

tefi eyen be dahame
앉아 흐름 을 따라서

wasime genehei muke juwere
내려 가다가 물 긷는

dogon de isinafi
나루 에 다다라서

dalin de akūnafi
가 에 도착하고

[한문]
順水去, 即其地也. 言訖。忽不見.
其子乘舟, 順流而下, 至於人居之處. 登岸,

—— ◦ —— ◦ —— ◦ ——

따라 내려가거라."

어머니는 이 말을 마치자마자 하늘로 올라갔다. 그로부터 그 아이는 배에 앉아 물길을 따라 내려가다가, 물을 긷는 나룻가에 도착하였다.

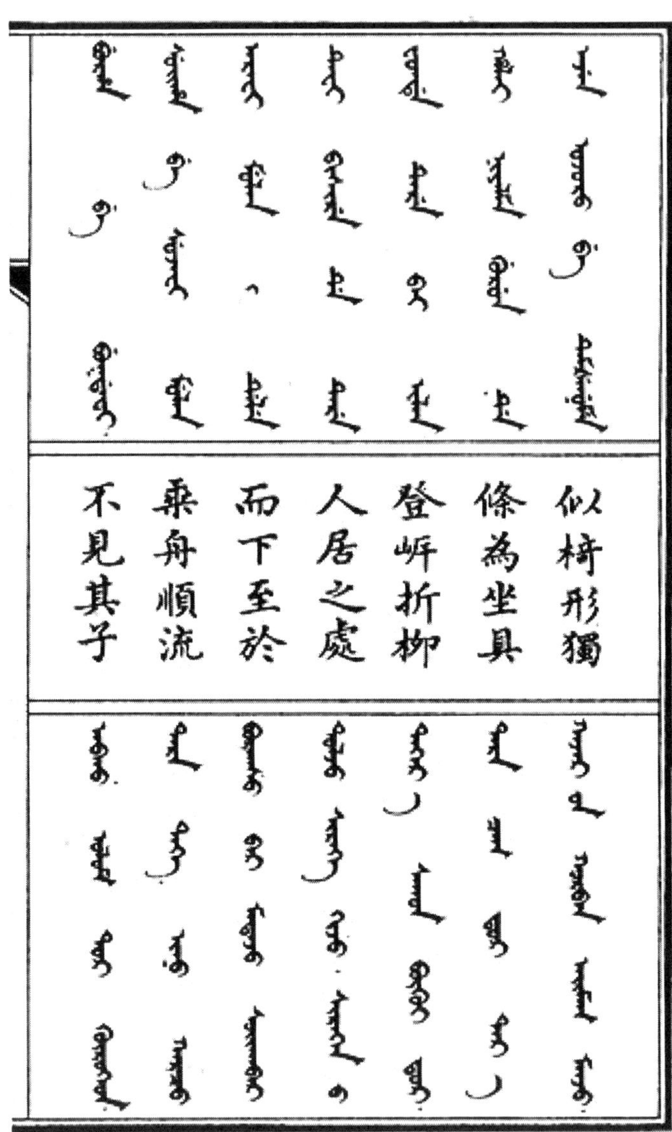

似椅形獨
條為坐具
登岍折柳
人居之處
而下至於
乘舟順流
不見其子

[20]

burha be bukdafi
버들가지 를 구부리고

suiha be sujafi mulan
쑥 을 괴어 의자

arafi mulan i dele
만들고 의자 의 위

tefi bisire de tere
앉아 있음 에 그

fonde tere bai ilan
때에 그 곳의 세

halai niyalma gurun de
성의 사람 나라 에서

ejen ojoro be temšenume
왕 되기 를 서로 다투고

[한문]

折柳條為坐具，似椅形，獨踞其上.
彼時，長白山東南鄂謨輝鄂多理內有三姓，爭爲雄長.

—— ◦ —— ◦ —— ◦ ——

아이는 버들가지를 구부리고 쑥을 받쳐서 의자를 만든 후 그 위에 앉아 있었다. 그때 그곳에서는 세 성의 사람이 나라의 왕좌를 두고

争為雄長内有三姓多理城名輝地名鄂東南鄂謨時長白山踞其上彼

[21]

inenggi dari becendume
날마다 서로 말다툼하고

afandume bisirede emu
서로 싸우고 있음에 한

niyalma muke ganame genefi
사람 물 길러 가서

tere jui be sabufi
그 아이 를 알아보고

ferguweme tuwafi amasi
놀라서 보고 돌아

jifi becendure bade
와서 서로 싸우는 곳에

isaha geren i baru
모인 여럿 의 쪽

[한문]

終日互相殺傷, 適一人來取水, 見其子, 擧止奇異, 相貌非常.

날마다 서로 말다툼하며 싸우고 있었다. 한 사람이 물을 길러 갔다가 그 아이를 알아보고 놀라서 돌아왔다. 서로 싸우는 곳에 모인 사람들에게

至爭鬪之
貌非常回
止奇異相
見其子舉
人来取水
殺傷適一
終日互相

alame suwe becendure be
아뢰되 너희 서로 싸우기 를

naka. musei muke ganara
멈추어라. 우리의 물 긷는

dogon de dembei ferguwecuke
나루 에 매우 기이한

fulingga banjiha emu haha
천명으로 태어난 한 남자

jui jifi tehebi seme
아이 와서 있다 하고

alaha manggi becendure
아뢴 후 서로 말다툼하는

bade isaha geren niyalma
곳에 모인 여러 사람

[한문]

回至爭鬥之處，告衆曰，汝等無爭．我於取水處遇一奇男子，非凡人也．
想天不虛生此人，盍往觀之．三姓人聞言，

—— ◦ —— ◦ —— ◦ ——

말하였다.

"너희 서로 싸우는 것을 멈추어라. 우리 물 긷는 나루에 매우 기이한 천명으로 태어난 한 사내아이가 와 있다."

하고 알리니 서로 언쟁하던 곳에 모였던 사람들이

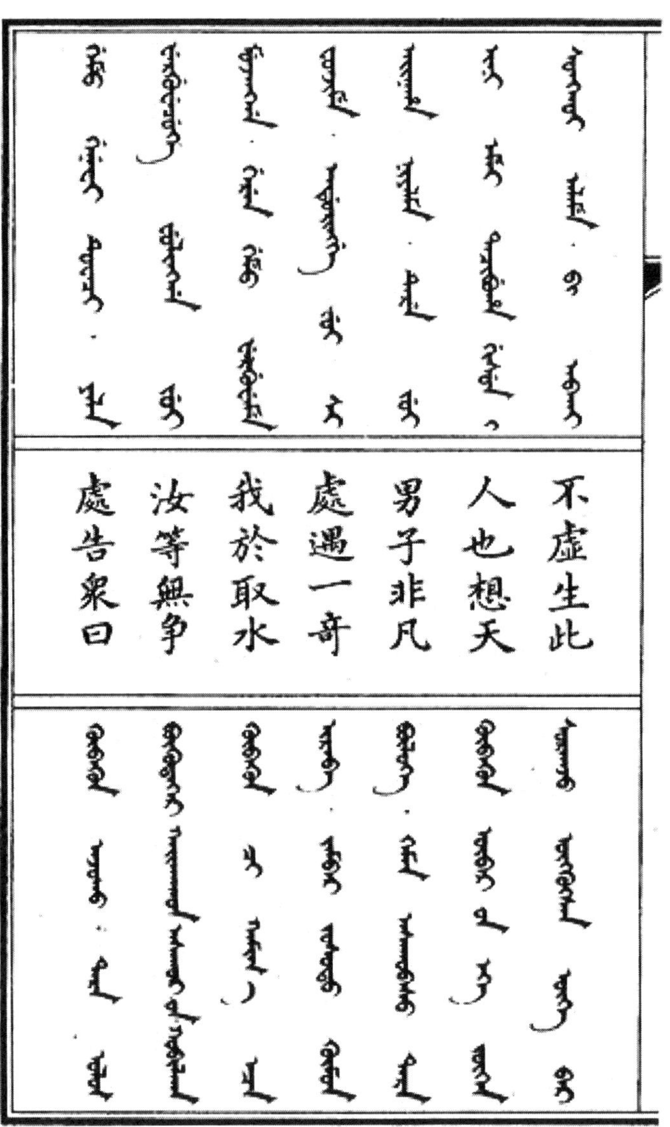
不虛生此
人也想天
男子非凡
處遇一奇
我於取水
汝等無爭
處告衆曰

〔23〕

gemu genefi tuwaci yala
모두 가서 보니 과연

ferguwecuke fulingga jui
기이한 천명의 아이

mujangga. geren gemu ferguweme
확실하구나. 여럿 모두 놀라서

fonjime enduringge jui si
묻되 신성한 아이 너

ainaha niyalma, tere jui
어떤 사람이냐. 그 아이

ini emei tacibuha gisun i
그의 어머니의 가르쳐 준 말 의

songkoi alame bi abkai
대로 아뢰되 나 하늘의

[한문]

罷戰, 同衆往觀, 及見果非常人, 異而詰之. 答曰, 我乃天女

—— ◦ —— ◦ —— ◦ ——

모두 가서 보니, 정말로 천명으로 태어난 기이한 아이가 있었다. 사람들이 모두 놀라서 물었다.

"신성한 아이야, 너는 누구니?"

그 아이는 자신의 어머니가 가르쳐 준 대로 알려 주었다.

"나는 하늘의

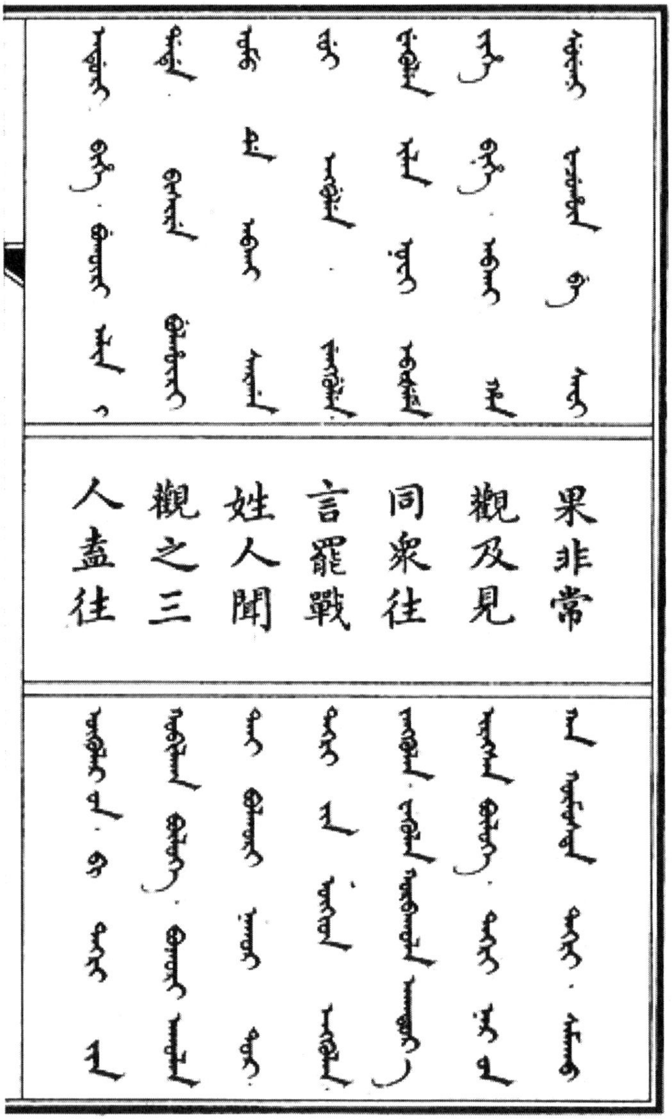

果非常
觀及見
同衆往
言罷戰
姓人聞
觀之三
人盡往

〔24〕

enduri bihe. bukūri alin i
신 이었다. bukūri 산 의

dade bisire bulhūri
아래에 있는 bulhūri

omo de abkai sargan
호수 에서 하늘의 딸

jui enggulen, jenggulen,
enggulen, jenggulen,

fekulen ilan nofi ebišeme
fekulen 세 명 목욕하러

jihe bihe. abkai han
왔었다. 하늘의 왕

suweni facuhūn be safi
너희들의 어지러움 을 알고서

[한문]

佛庫倫所生. 姓愛新覺羅, 名布庫哩雍順. 天降我, 定汝等之亂,

—— ◦ —— ◦ —— ◦ ——

신이었다. 부쿠리(bukūri) 산 아래에 있는 불후리(bulhūri) 호수에 하늘의 딸 엉굴런(enggulen), 정굴런(jenggulen), 퍼쿨런(fekulen) 세 명이 목욕하러 왔었는데, 하늘의 왕이 당신들의 혼란을 알고서

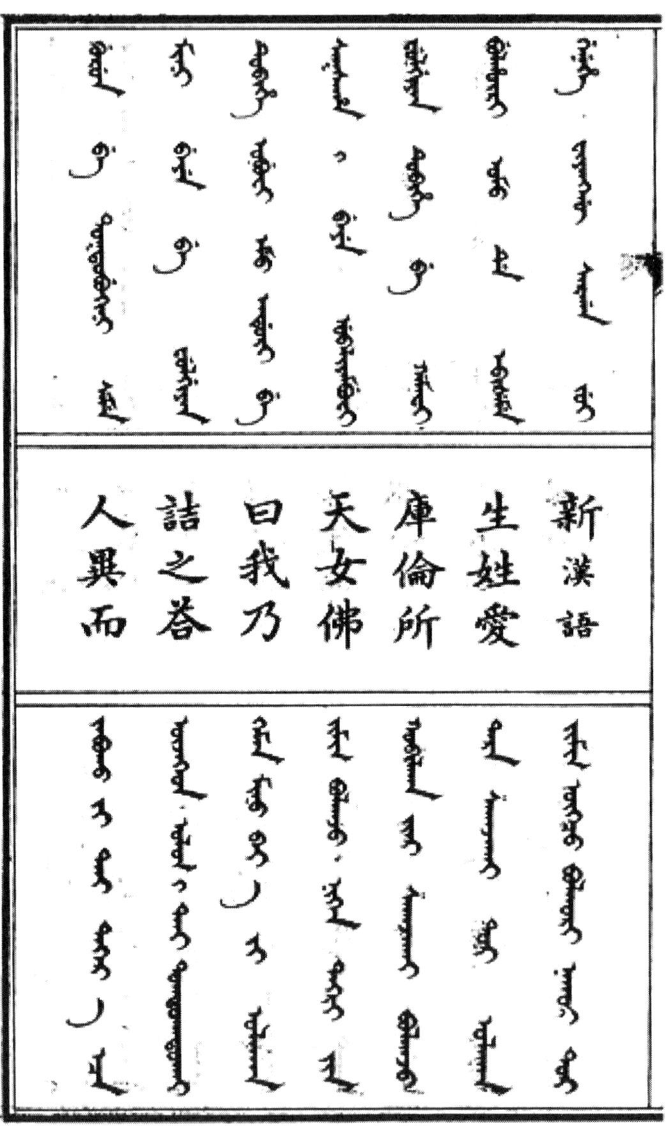
新漢語
生姓愛
庫倫所
天女佛
曰我乃
詰之荅
人異而

[25]

gurun be toktobukini seme
나라 를 안정시키고자 하여

mini beye be fulgiyan
나의 몸 을 붉은

tubihe obufi emu enduri be
과일 되게 하고 한 신 을

saksaha i beye ubaliyambufi
까치 의 몸 변화시켜서

fulgiyan tubihe be gamafi
붉은 과일 을 가져가서

bulhūri omo de ebišeme
bulhūri 호수 에 목욕하러

genehe fiyanggū sargan jui
간 막내 딸

[한문]

因將母所囑之言詳告之.

—— ◦ —— ◦ —— ◦ ——

나라를 안정시키고자 나의 몸을 붉은 과일로 만들고, 한 신을 까치의 몸으로 변신시켰다. 그리고 붉은 과일을 가져다가, 불후리(bulhūri) 호수에 목욕하러 간 막내딸

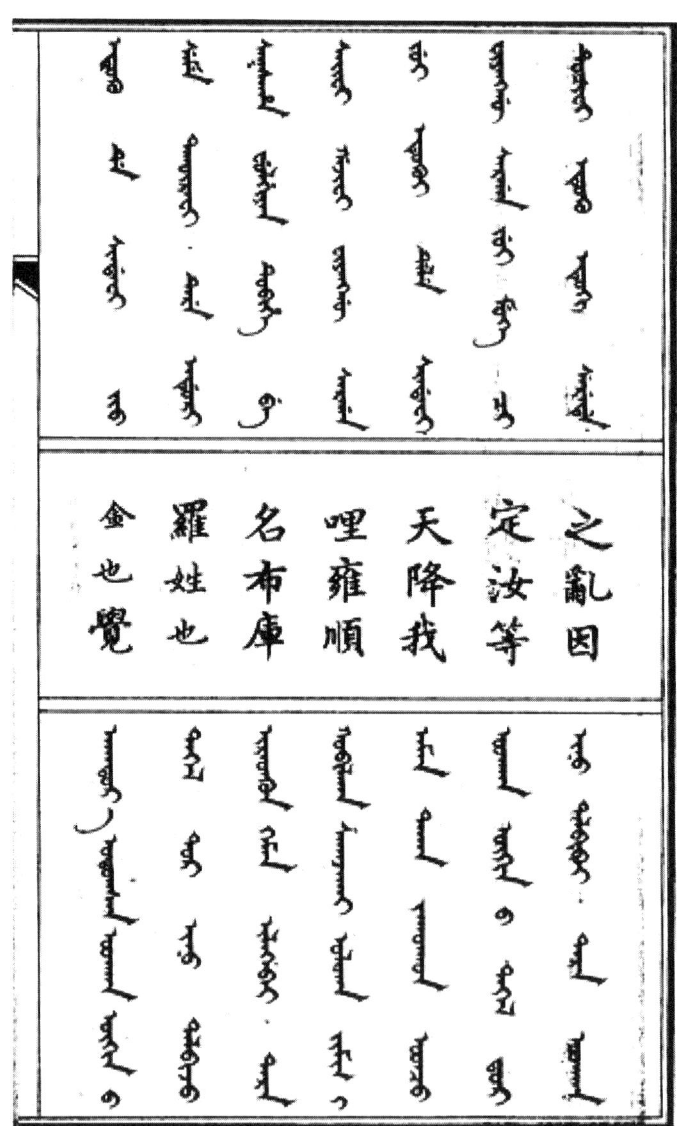

金也覺羅姓也名布庫哩雍順天降我定汝等之亂因

〔26〕

etuku de sindafi jio
옷 에 놓고 오너라.

seme takūrafi tere enduri
하고 지시하여 그 신

saksaha fulgiyan tubihe be
까치 붉은 과일 을

saifi gajifi fiyanggū sargan
물어서 가지고 막내 딸

jui etukui dele sindafi
옷의 위 놓고

fiyanggū sargan jui muke ci
막내 딸 물 에서

tucifi etuku etuki serede
나와서 옷 입고자 함에

옷에 놓고 오라고 명령하였다. 그 까치로 변한 신이 붉은 과일을 물어다가 막내 선녀의 옷 위에 두었다. 막내 선녀가 물에서 나와서 옷 입으려 할 적에

使之徒
人不可
異曰此
衆皆驚
詳告之
囑之言
将母所

〔27〕

tere tubihe be bahafi
그 과일 을 취하고

na de sindaci hairame
땅 에 놓으면 아까워서

angga de ašufi bilha de
입 에 머금어서 목구멍 에

dosifi bi banjiha. mini
들어가서 나 태어났다. 나의

eme abkai sargan jui
어머니 하늘의 딸

gebu fekulen, mini hala
이름 fekulen 나의 성

abka ci wasika aisin gioro,
하늘 에서 내려온 aisin gioro,

그 과일을 가지고는 땅에 두기 아까워 입에 물었다. 그러다가 그 과일이 목구멍으로 넘어가 버려 내가 태어나게 되었다. 나의 어머니는 바로 하늘의 딸이니, 이름은 퍼쿨런(fekulen)이다. 내 성은 하늘에서 내린 아이신 교로(aisin gioro)이고,

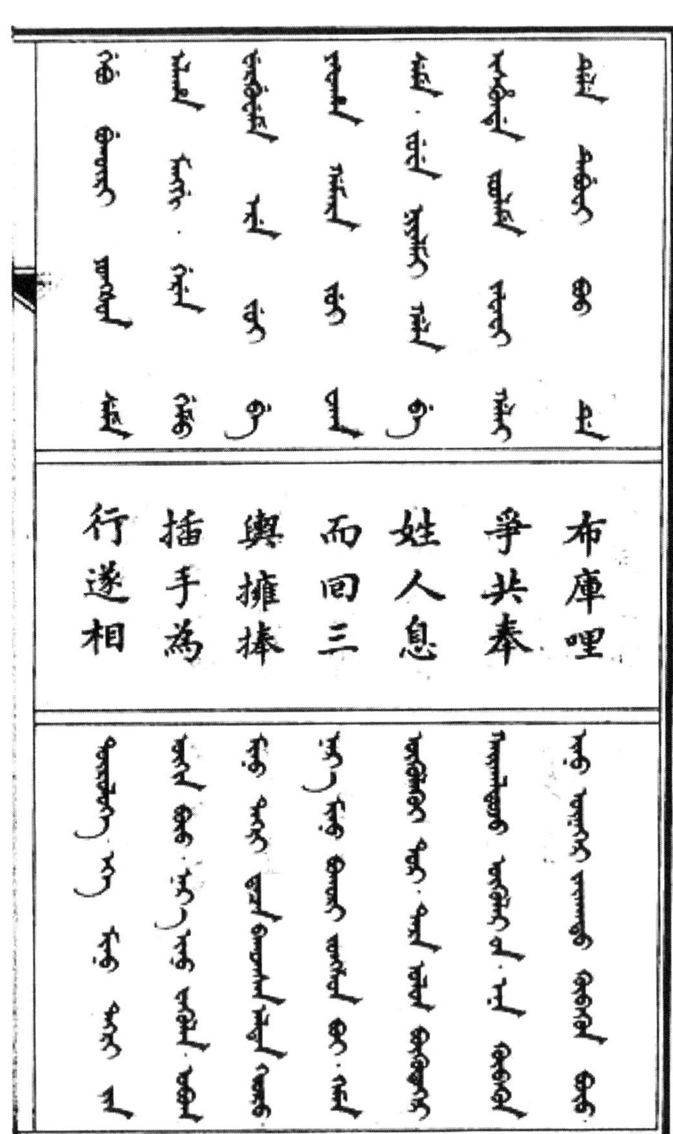

布庫哩
爭共奉
姓人息
而回三
輿擁捧
插手為
行遂相

(28)

gebu bukūri yongšun. seme
이름 bukūri yongšun. 하고

alaha manggi, geren gemu
아뢴 후 여럿 모두

ferguweme ere jui be
놀라서 이 아이 를

yafahan gamara jui waka.
걸어서 데려갈 아이 아니다.

seme juwe niyalmai gala be
하고 두 사람의 손 을

ishunde joolame jafafi galai
서로 교차하여 잡고 손의

dele tebufi boo de
위에 앉혀서 집 에

[한문]

衆皆驚異曰, 此人不可使之徒行, 遂相插手為輿, 擁捧而回.

—— ◦ —— ◦ —— ◦ ——

이름은 부쿠리 용순(bukūri youngšun)이다."

사람들이 모두 놀라 말하였다.

"이 아이는 걷게 하여 데려갈 아이가 아니다."

두 사람이 손을 서로 교차하여 잡고, 손 위에 아이를 앉혀서 집에

雍順為主以百里女妻之其國定號滿洲乃其始祖也

[29]

gamafi ilan halai niyalma
데려가서 세 姓의 사람

acafi hebdeme muse gurun de
만나 상의하되 우리 나라 에

ejen ojoro be temšerengge
왕 되기 를 경쟁하는 것

nakaki. ere jui be tukiyefi
멈추자. 이 아이 를 천거하여서

musei gurun de beile
우리 나라 에 beile

obufi beri gege be
되게 하고 beri 아가씨 를

sargan buki seme gisurefi
부인 주자 하고 말하고서

[한문]

三姓人息爭，共奉布庫哩雍順爲主，以百里女妻之.

—— ◦ —— ◦ —— ◦ ——

데려갔다. 성이 다른 세 사람이 만나서 상의하였다.

"우리 이 나라의 왕이 되기 위한 싸움을 멈추자. 대신에 이 아이를 천거하여서 우리나라의 버일러(beile)로 삼고, 버리(beri) 아가씨를 아내로 주자."

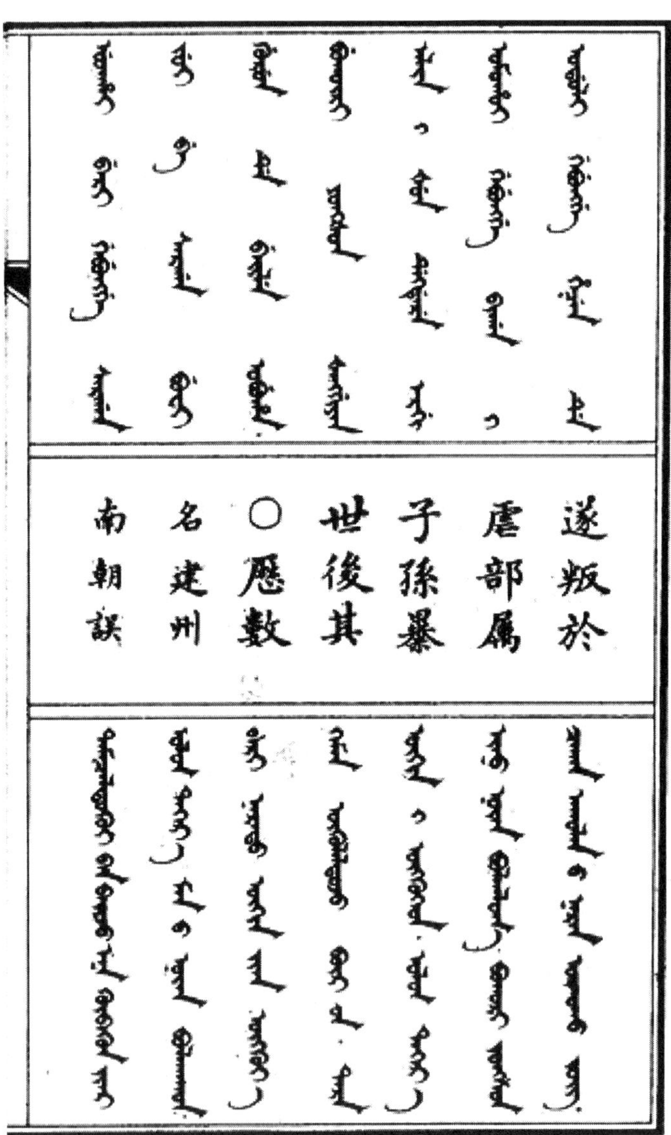
南朝誤名建州○歷數世後其子孫暴虐部屬遂叛於

〔30〕

uthai beri gebungge sargan
즉시 beri 이름의 여자

jui be sargan bufi
아이 를 부인 주어서

gurun de beile obuha,
나라 에 beile 되게 했다.

bukūri yongšun šanggiyan
bukūri yongšun 흰

alin i šun dekdere ergi
산 의 해 뜨는 쪽

omohoi gebungge bigan i
omohoi 이름의 들 의

odoli gebungge hecen de
odoli 이름의 성 에

—— ◦ —— ◦ —— ◦ ——

그들은 즉시 버리(beri)라는 이름의 여자 아이를 아내로 주고 그를 버일러(beile)로 삼았다. 부쿠리 용순(bukūri youngšun)은 백산(白山)의 해 뜨는 쪽에 있는 오모호(omoho)라는 이름의 평원 오도리(odoli)라는 성에 살면서,

一幼兒
孫内有
闔族子
盡殺其
理攻破
将鄂多
六月間

〔31〕

tefi facuhūn be toktobufi
살고 혼란 을 안정시키고

gurun i gebu be
나라 의 이름 을

manju sehe. tere manju
만주 하였다. 그 만주

gurun i da mafa inu.
나라 의 原 祖 이다.

[한문]

其國定號滿洲, 乃其始祖也.

—— ◦ —— ◦ —— ◦ ——

나라의 혼란을 안정시키고 그 나라의 이름을 만주라고 하였다. 그가 바로 만주국의 시조이다.

1.6. 삼선녀(三仙女) 전설

-『만주원류고(滿洲原流考)』-

〔상4a〕

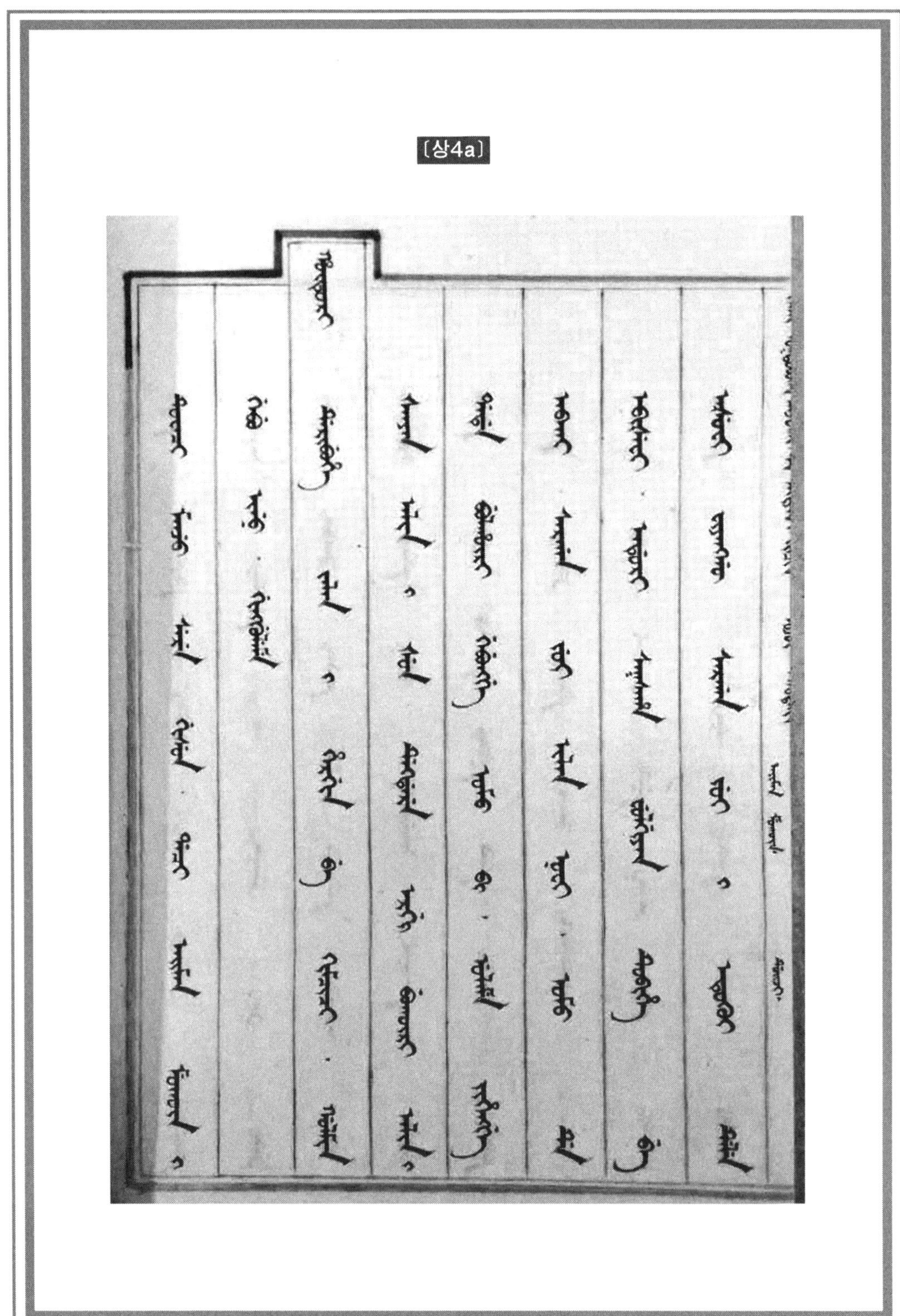

manju
만주

tuwaci manju sere gisun daci aiman mukūn i
보니 만주 하는 말 원래 종족 의

gebu inu. gingguleme
이름 이다. 존중하여

deribuhe jalan i hergen be kimcici. golmin
시작한 시대 의 말 을 고찰하니 길고

šanyan alin i šun dekdere ergi bukūri alin i
흰 산 의 해 뜨는 쪽 bukūri 산 의

dade bulhūri gebungge omo bi. ulame jihengge
아래에 bulhūri 이름의 호수 있다. 전하여 온 것

abkai sargan jui ilan nofi omo de
하늘의 딸 세 사람 호수 에

ebišefi enduri saksaha fulgiyan bithe be
목욕하고 신 까치 붉은 과일 을

ašufi fiyanggū sargan jui i etukui dele
머금고 막내 딸 의 옷의 위에

만주라는 말은 원래 종족의 이름이다. 삼가 시작한 시대의 말을 고찰해보니 장백산(長白山)의 해 뜨는 쪽 부쿠리(bukūri) 산 아래에 불후리(bulhūri)라는 호수가 있다. 전해오기를 하늘의 딸 세 명이 호수에서 목욕하는데 신 까치[神鵲]가 붉은 과일을 머금고 막내딸 옷 위에

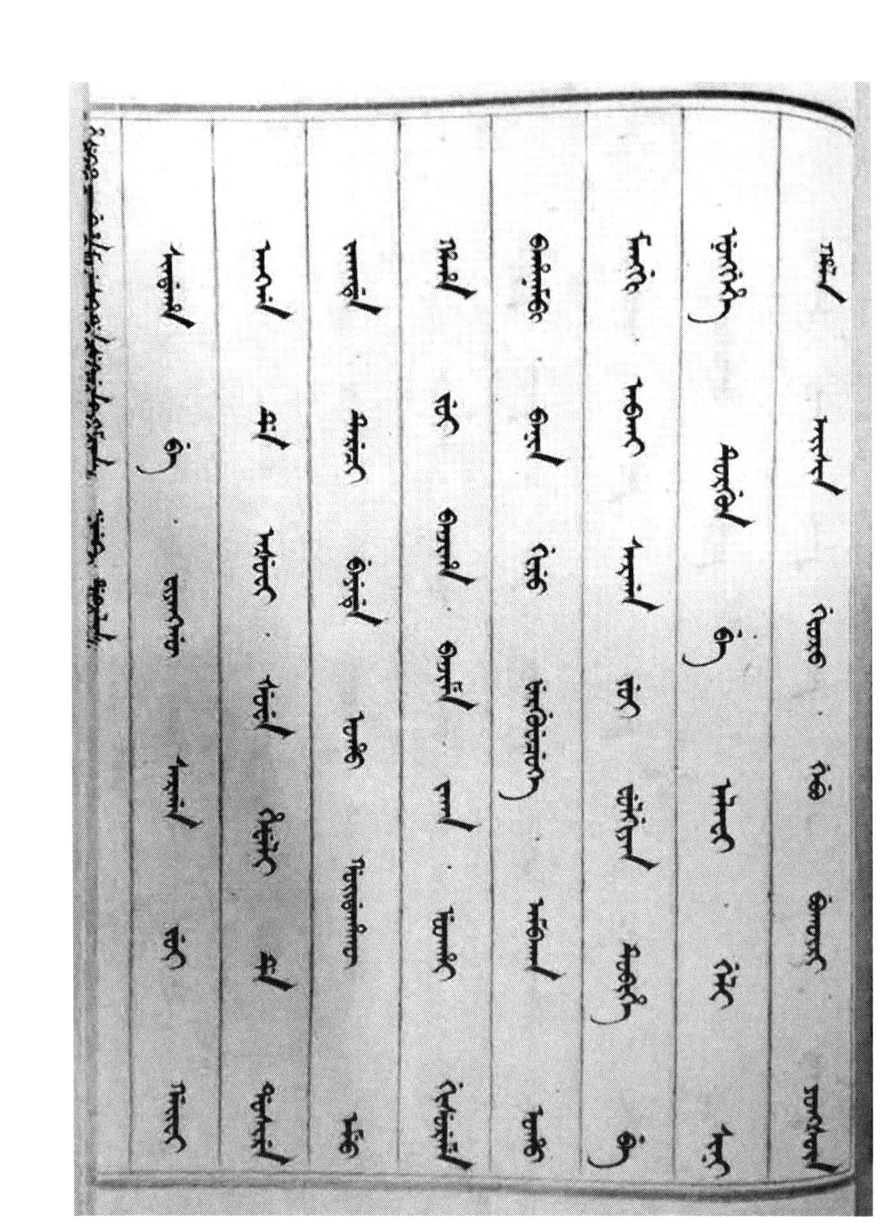

〔상4b〕

sindaha be fiyanggū sargan jui gaifi
놓음 을 막내 딸 가지고

angga de ašufi šuwe hefeli de dosire
입 에 머금고 곧장 배 에 들어갈

jakade tereci beyede oho. goidahakū emu
적에 그로부터 임신했다. 오래지 않아 한

haha jui banjiha. banjime jaka. uthai gisureme
남자 아이 태어났다. 태어나자 마자 바로 말할 수

bahanambi. banin giru ferguwecuke. ambaka oho
있다. 생김새 기이하다. 크게 된

manggi abkai sargan jui fulgiyan tubihe be
후 하늘의 딸 붉은 과일 을

nunggehe turgun be alafi geli sini
삼킨 까닭 을 알리고 또 너의

hala aisin gioro gebu bukūri yongšūn
姓 aisin gioro 이름 bukūri yongšūn

놓아둔 것을 막내딸이 주워 입에 머금자 곧장 뱃속으로 들어가 임신하게 되었다. 오래지 않아 한 남자 아이가 태어났는데 태어나자마자 바로 말을 할 수 있고 생김새도 기이하다. 다 자란 후 하늘의 딸이 붉은 과일을 삼킨 이유를 알려주었다. 또 너의 성(姓)은 아이신 교로(aisin gioro)이고 이름은 부쿠리 용순(bukūri yongšūn)이라고

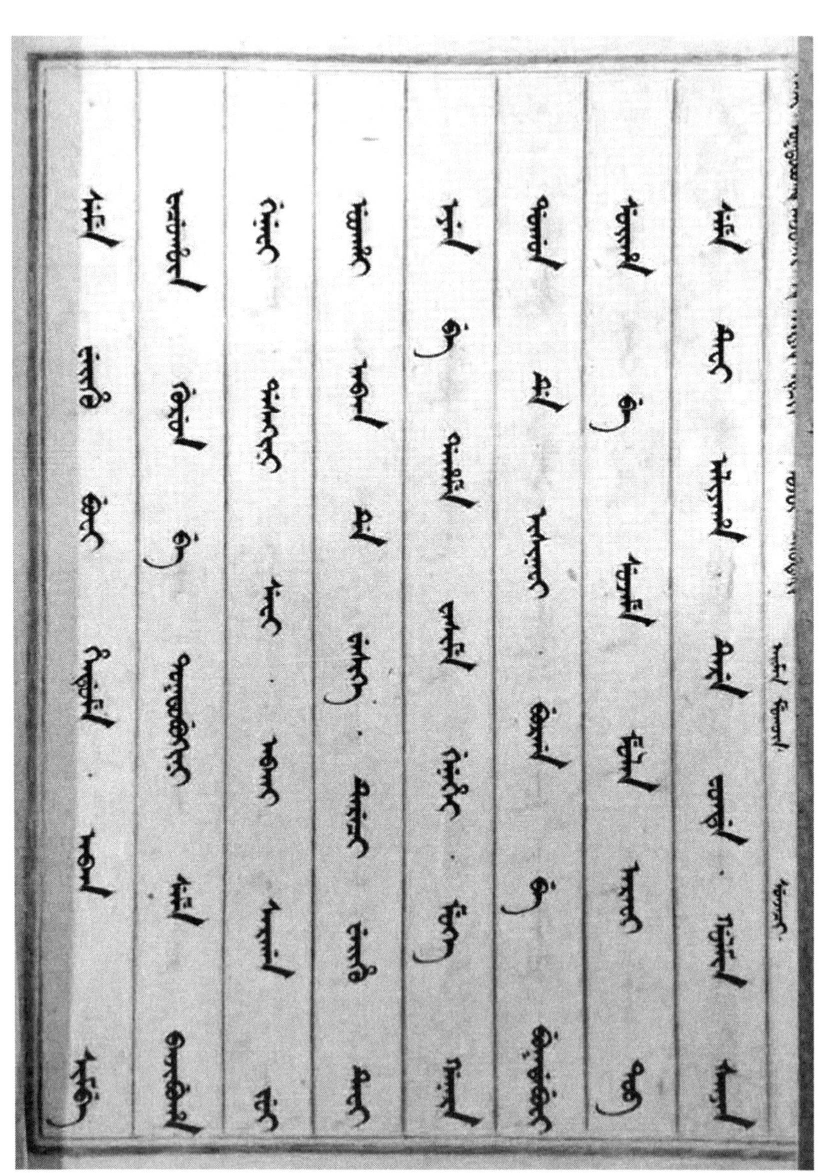

[상5a]

seme weihu bufi hendume abka simbe
하고 배 주고 말하되 하늘 너를

facuhūn gurun be toktobukini seme banjibuha.
혼란한 나라 를 안정시키고자 하여 태어나게 했다.

genefi dasakini sefi abkai sargan jui
가서 다스리게 하자 하고 하늘의 딸

uthai abka de wesike. tereci weihu tefi
바로 하늘 에 올라갔다. 그로부터 배 타고

eyen be dahame wasime genehei muke ganara
흐름 을 따라 내려 가서 물 긷는

dogon de isinafi burga be buktabufi
나루 에 이르러서 버드나무 를 구부리고

suiha be sujame mulan arafi tob
쑥 을 괴어 의자 만들고 바르게

seme tefi aliyaha. tere fonde golmin šayan
앉아서 기다렸다. 그 때에 길고 흰

—— ◦ —— ◦ —— ◦ ——

알려주었다. 배를 주고서 말하기를,

"하늘이 너를 어지러운 나라를 안정시키려고 태어나게 하였다. 가서 잘 다스려라."

하고 하늘의 딸 바로 하늘로 올라갔다. 그로부터 배를 타고 강물을 따라 내려가서 물 긷는 나루에 이르러 버드나무를 구부리고 쑥을 괴어 의자를 만들고 바르게 앉아서 기다렸다. 그 때에 장백산(長白山)의

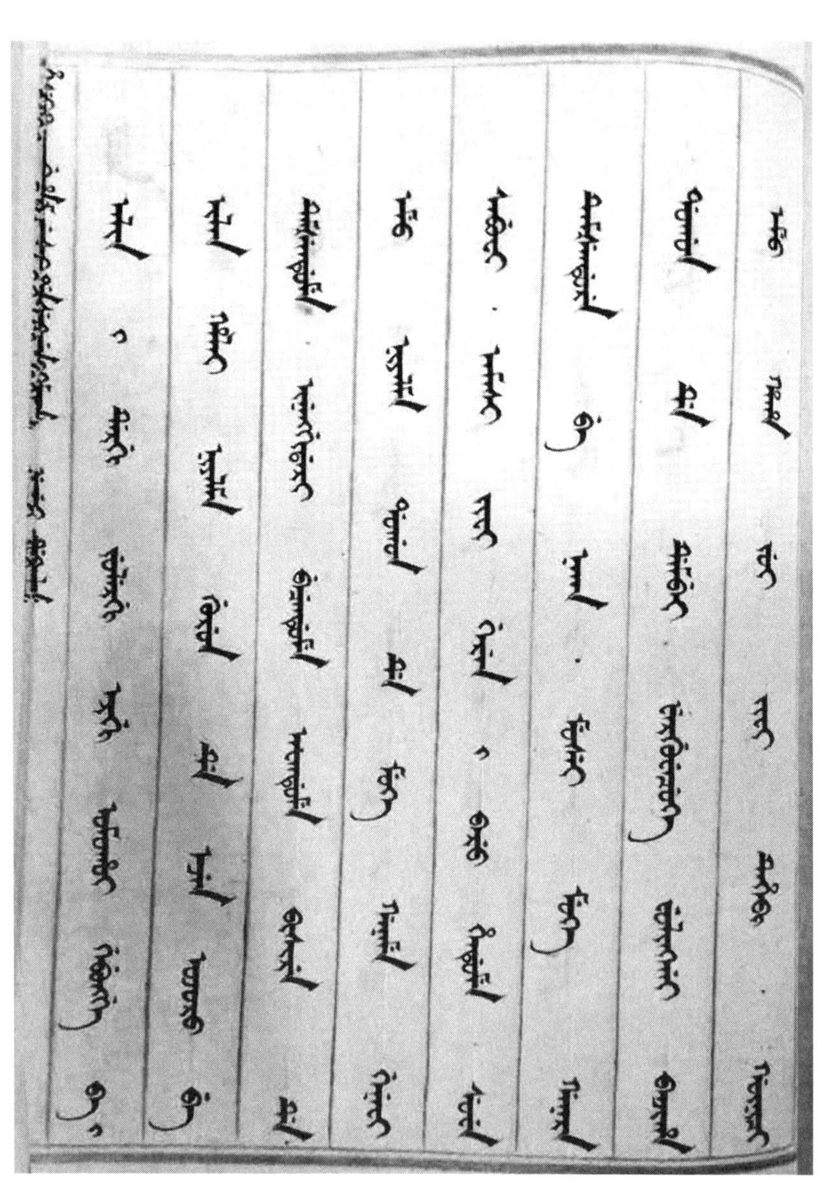

[상5b]

alin i dergi julergi ergi omohoi gebungge ba i
산 의 동 남 쪽 omohoi 이름의 땅 의

ilan halai niyalma gurun de ejen ojoro be
三 姓의 사람 나라 에 왕 되기 를

temšendume inenggidari becudume afanduha bisire de
서로 다투며 매일 서로 말씨름하여 서로 싸우며 있음 에

emu niyalma dogon de muke ganame genefi
한 사람 나루 에 물 길러 가서

sabufi amasi jifi geren i baru hendume suwe
보고 돌아 와서 여럿 의 쪽 말하되 너희

temšendure be naka. musei muke ganara
서로 다투기 를 멈춰라. 우리 물 긷는

dogon de dembei ferguwecuke fulgiyanggai banjiha
나루 에 매우 기이한 천명으로 태어난

emu haha jui jifi tehebi. gūnici
한 남자 아이 와서 앉았다. 생각하니

동남쪽 오모호(omoho)라는 땅의 세 성(姓)의 사람이 나라의 왕이 되려고 서로 다투며 매일 말다툼하고 있을 때에 한 사람이 나루에 물 길러 가서 보고 돌아와서 여럿에게 말하였다.

"너희 서로 다투지 마라. 우리가 물 긷는 나루에 매우 기이한 천명으로 태어난 한 남자 아이가 와서 앉아 있다. 생각하니

[상6a]

abka ere niyalma be baibi banjibuhakūbi seme
하늘 이 사람 을 단지 태어나게 하지 않았다 하고

alaha manggi geren niyalma gemu
아뢴 후 여러 사람 모두

ekšeme genefi fonjici jabume abkai sargan
급하게 가서 물으니 대답하되 하늘의 딸

jui mimbe suweni facuhūn be toktobukini
나를 너희의 혼란 을 안정시키고자

seme banjibuhangge sefi geli gebu hala be
하여 태어나게 한 것이다 하고 또 이름 성 을

alaha. geren niyalma hendume ere abkai
알렸다. 여러 사람 말하되 이 하늘의

salgabuha enduringge niyalma kai. erebe yafahalabuci
정해준 聖 人 이니라. 이를 걸어가게 하면

ojorakū seme juwe niyalmai gala be
안된다 하고 두 사람의 손 을

하늘이 이 사람을 이유 없이 태어나게 하지 않았다."

하고 말하니 여러 사람이 모두 급히 가서 물으니 대답하기를

"하늘의 딸이 나를 너희가 혼란스러운 것을 안정시키고자 태어나게 한 것이다."

하고 또 이름과 성을 알려주었다. 여러 사람이 말하되

"이 사람은 하늘이 정해준 신령한 사람이구나. 이 사람을 걸어가게 하면 안 된다."

하고 두 사람의 손을

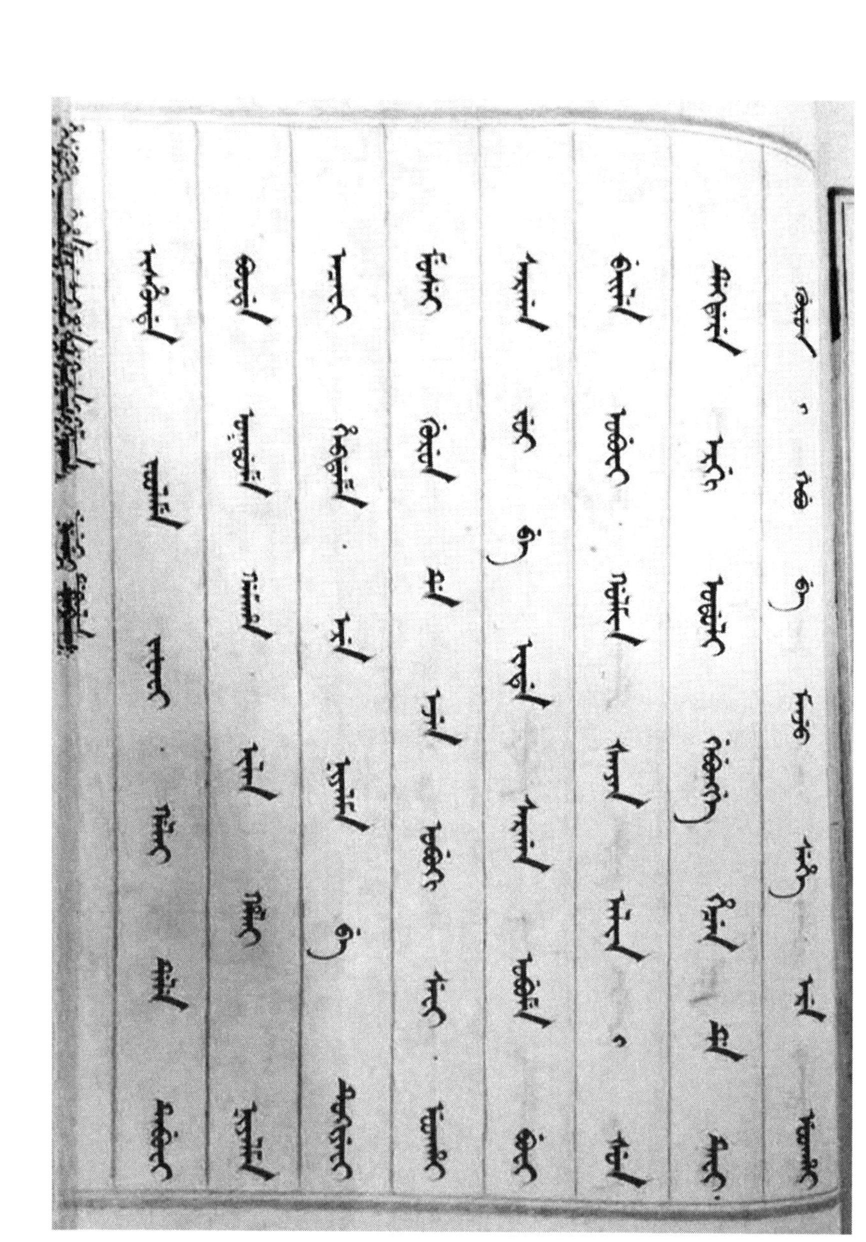

[상6b]

ishunde joolame jafafi galai dele tebufi
서로 맞잡아 잡고 손의 위에 앉히고

boode okdome ganaha. ilan halai niyalma
집에 맞아 데려갔다. 三 姓 사람

acafi hebdeme ere niyalma be tukiyefi
만나서 의논하여 이 사람 을 천거해서

musei gurun de ejen obuki sefi. uthai
우리의 나라 에 왕 삼자 하고 즉시

sargan jui be inde sargan obume bufi
계집 아이 를 그에게 부인 삼게 하여 주고

beile obufi golmin šanyan alin i šun
beile 삼고 길고 흰 산 의 해

dekdere ergi odori gebungge hecen de tefi
뜨는 쪽 odori 이름의 성 에 살고

gurun i gebu be maju sehe. ere uthai
나라 의 이름 을 manju 했다. 이것 바로

—— ◦ —— ◦ —— ◦ ——

서로 맞잡고 손 위에 앉혀서 집에 맞아 데려갔다. 세 성(姓)의 사람이 만나서 의논하여

"이 사람을 추대해서 우리 나라의 왕으로 삼자."

하고 즉시 그에게 여자 아이를 부인으로 주고 버일러(beile) 삼아서 장백산(長白山)의 해 뜨는 쪽 오도리(odori) 성에 살며 나라 이름을 만주(manju)라 했다. 이것이 바로

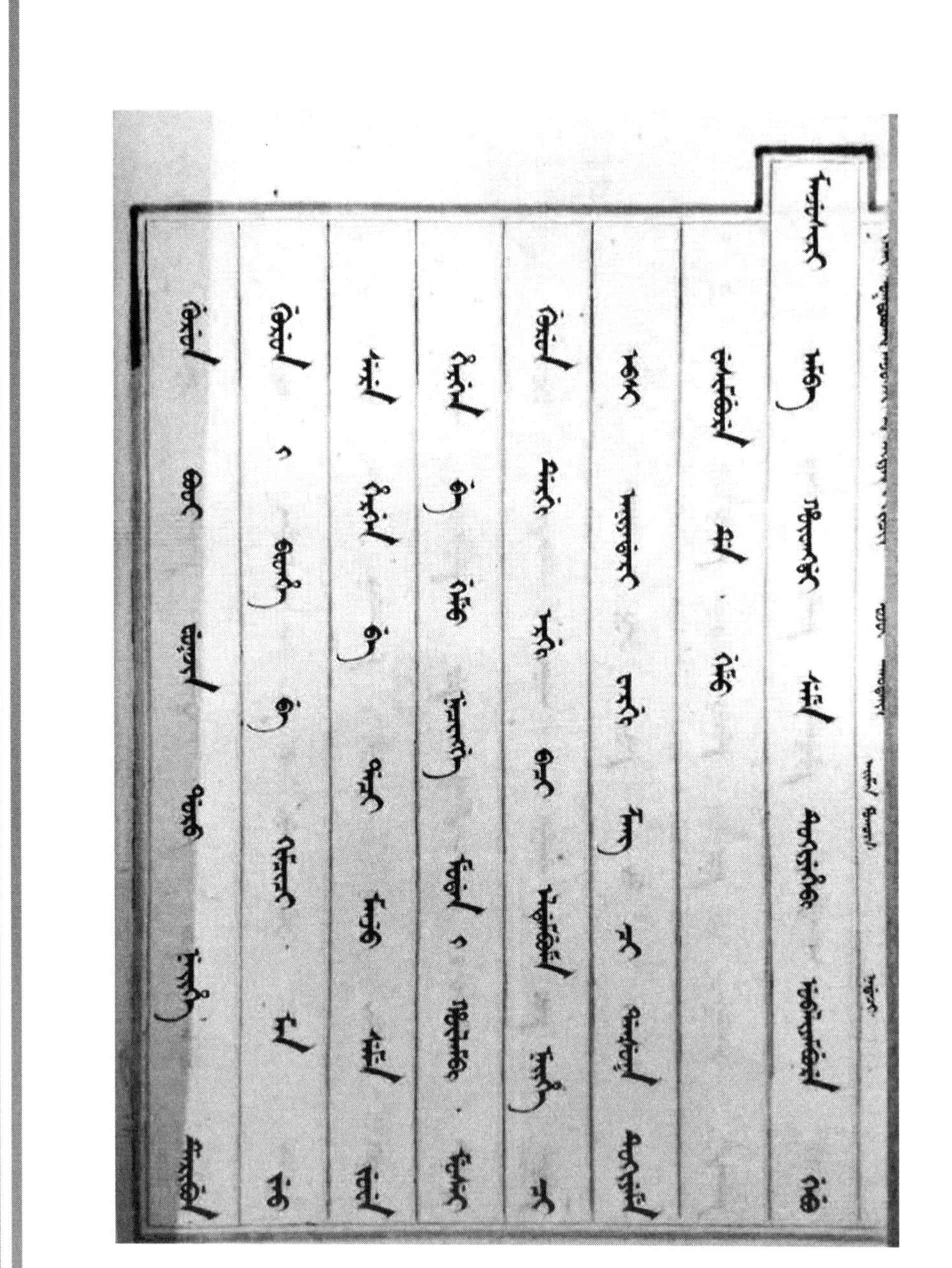

[상7a]

gurun booi fukjin doro neihe deribun.
국가의 창업한 시초이다.

—— ◦ —— ◦ —— ◦ ——

나라가 창업한 시초이다.

1.7. 삼선녀(三仙女) 전설

-『황청개국방략(皇清開國方略)』-

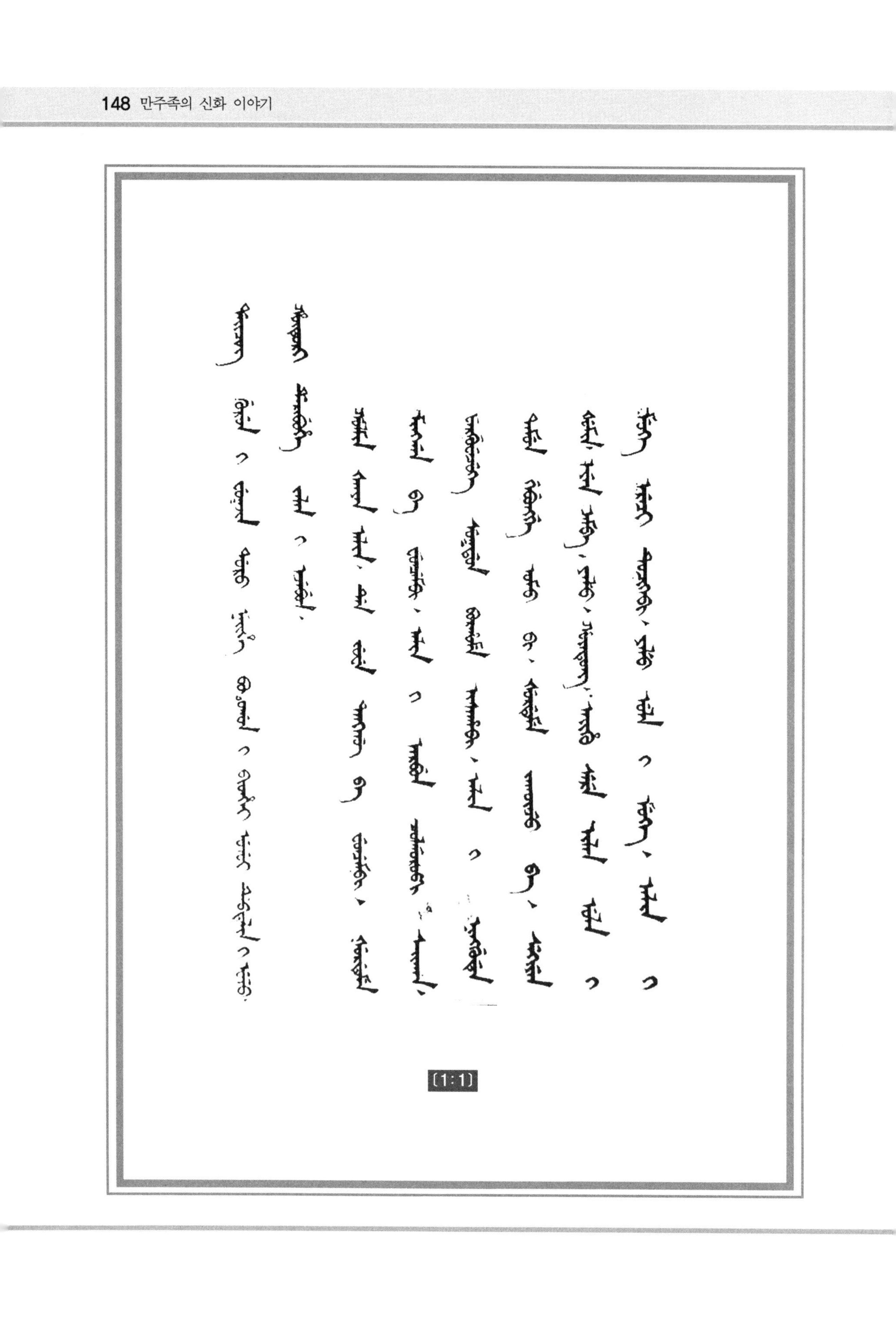

〔1:1〕

daicing gurun i fukjin doro neihe bodogon i bithe uju debtelin i uju
大淸 國 의 創業 연 方略 제일 권 의 첫 번째

hūturi deribuhe jalan i ejebun
福 생긴 시대 의 記

golmin šanyan alin. den juwe tanggū ba funcembi. šurdeme
길고 흰 산 높이 二 百 里 넘는다. 둘레

minggan ba funcembi. alin i arbun colgoropi saikan
千 里 넘는다. 산 의 모습 우뚝솟아 아름답고

ferguwecuke sukdun borhome isahabi. alin i ninggude
기이한 기운 쌓이고 모였다. 산 의 위에

tamun gebungge omo bi. šurdeme jakūnju ba. sekiyen
tamun 이름의 호수 있다. 둘레 八十 里이다. 근원

šumin. eyen amba. yalu hūntung aihu sere ilan ula i
깊고 흐름 크다. yalu hūntung aihu 하는 세 강 의

muke ereci tucikebi. yalu ula i muke. alin i
물 이곳에서 나왔다. yalu 강 의 물 산 의

[한문]

皇續開國方略卷首發祥世紀
長白山高二百餘裏綿亘千餘里雄觀峻極扶與靈氣所鍾山之上有潭曰闥門周八十里源深流廣鴨綠混同愛滹三江之水出焉鴨綠江自山

—— ◦ —— ◦ —— ◦ ——

大淸國 開國方略 卷首 제1

발상세기(發祥世紀)

장백산(長白山) 높이 200 리(里) 넘고 둘레 1,000 리(里) 넘는다. 산의 모습 우뚝 솟아 아름답고 기이한 기운이 쌓이고 모였다. 산 위에 타문(tamun)이라는 호수가 있다. 둘레 80 리(里)이다. 근원이 깊고 흐름이 빠르다. 얄루(yalu, 鴨綠), 훈퉁(hūtung, 混同), 아이후(aihu, 愛滹)라는 세 강물이 이곳에서 발원하였다. 얄루(yalu, 鴨綠) 강은 산의

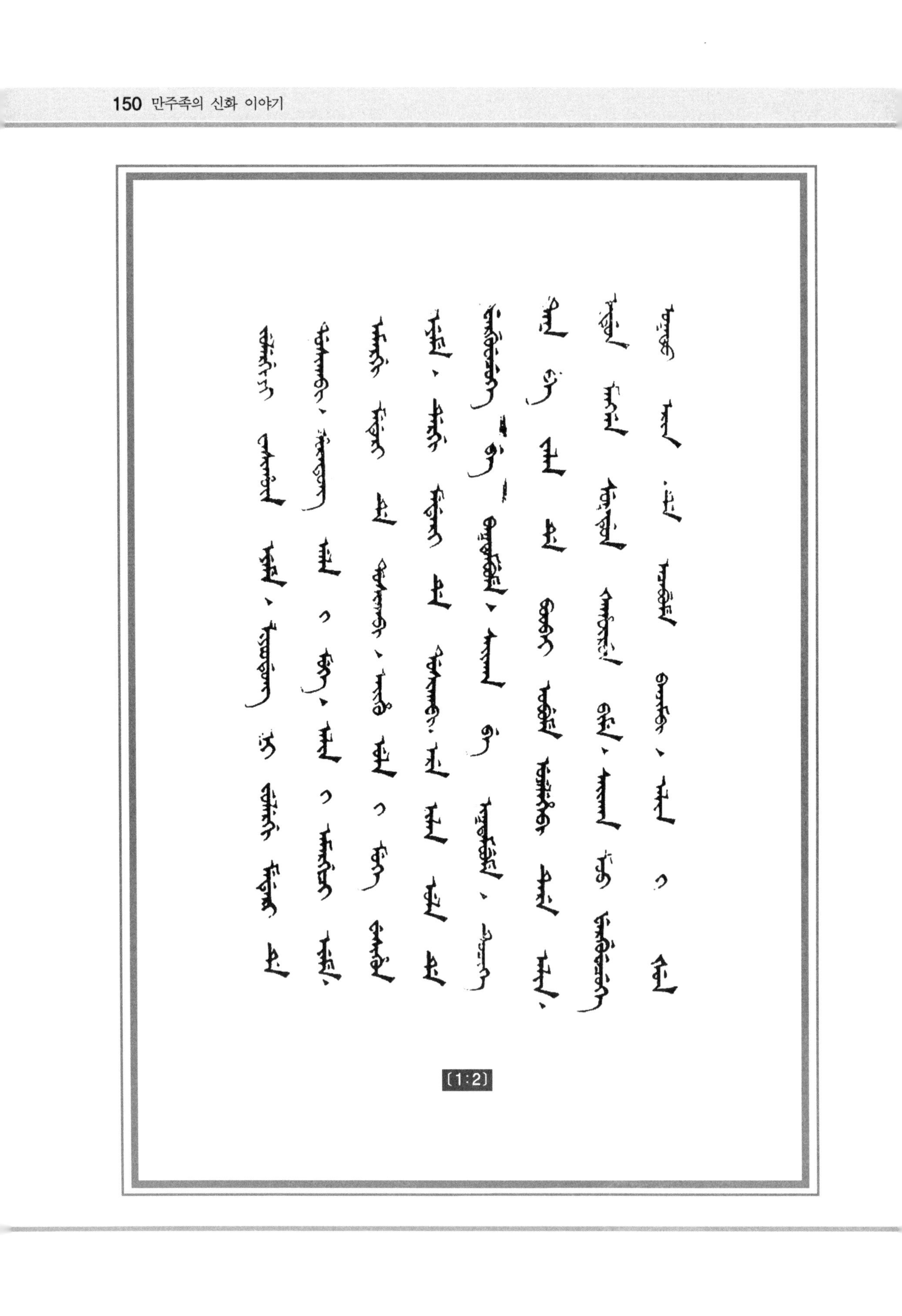

[1:2]

julergici wasihūn eyeme. liyoodong ni julergi mederi de
남쪽에서 서쪽으로 흘러 遼東 의 남쪽 바다 에

dosikabi. hūntung ula i muke. alin i amargici eyeme.
들어갔다. hūntung 강 의 물 산 의 북쪽에서 흘러

amargi mederi de dosikabi. aihu ula i muke wesihun
북쪽 바다 에 들어갔다. aihu 강 의 물 동쪽으로

eyeme dergi mederi de dosikabi. ere ilan ulade
흘러 동쪽 바다 에 들어갔다. 이 세 강에

ferguwecuke be baktambume. saikan be iktambume tucike
진기함 을 받아들이고 좋음 을 쌓게 하여 나온

tana be jalan de boobai obume ujelehebi. tere alin
東珠 를 세상 에 보배 삼아 중시하였다. 그 산

edun mangga sukdun šahūrun bime saikan moo ferguwecuke
바람 세고 대기 차고 아름다운 나무 기이한

okto erin de acabume banjimbi. alin i šun
약 때 에 맞추어 난다. 산 의 해

[한문]

南西流入遼東之南海混同江自山北流入北海愛滹江東流入東海三江孕奇毓異産珠爲世寶重其山風勁氣寒奇木靈藥應候挺生山之東

—— ◦ —— ◦ —— ◦ ——

남쪽에서 서쪽으로 흘러나와 료동(liyoodong, 遼東)의 남쪽 바다로 흘러들어갔다. 훈퉁(hūtung, 混同) 강은 산의 북쪽에서 흘러나와 북쪽 바다로 흘러들어갔다. 아이후(aihu, 愛滹) 강은 동쪽으로 흘러 동쪽 바다로 흘러들어갔다.

이 세 강에 진기하고 좋은 것을 모으고 쌓아 나온 동주(東珠)를 세상에서 보배 삼아 중시하였다. 그 산은 바람이 세고 대기가 차가우며, 아름다운 나무와 기이한 약이 때 맞춰 난다. 산의 해

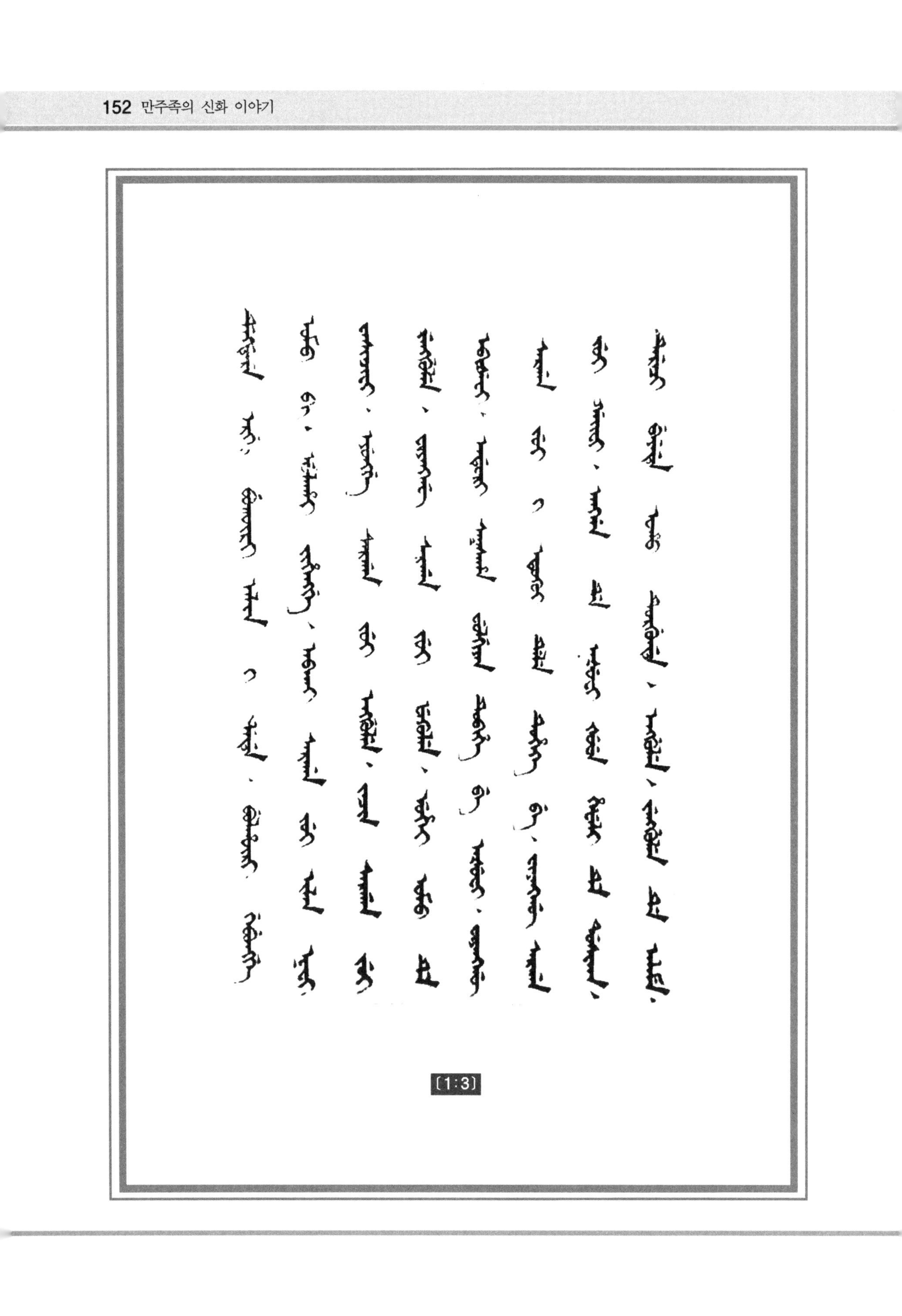

[1:3]

dekdere ergi bukūri alin i dade bulhūri gebungge
뜨는 쪽 bukūri 산 의 아래에 bulhūri 이름의

omo bi. ulahai jihengge abkai sargan jui ilan nofi
호수 있다. 전해서 온 것 하늘의 딸 세 사람

wasinjifi eyungge sargan jui enggulen jacin sargan jui
내려와서 맏 딸 enggulen 둘째 딸

jenggulen. fiyanggū sargan jui fekulen. uhei omode
jenggulen, 막내 딸 fekulen 모두 호수에

ebišefi. enduri saksaha fulgiyan tubihe be ašufi fiyanggū
목욕하고 신 까치 붉은 과일 을 머금고 막내

sargan jui i etukui dele tuheke be fiyanggū sargan
딸 의 옷의 위에 둔 것 을 막내 딸

jui gaifi angga de ašufi šuwe hefeli de dosika.
가지고 입 에 머금고 곧장 배 에 들어갔다.

tereci beyede oho turgunde. enggulen. jenggulen de alame
그로부터 임신한 까닭에 enggulen jenggulen 에게 아뢰되

[한문]

有布庫哩山其下有池曰布勒瑚里相傳有天女三長曰恩古倫次曰正古倫季曰佛庫倫浴于池有神鵲銜朱果置季女衣季女含口中忽已入腹遂有身告恩古倫正古倫曰

—— ◦ —— ◦ —— ◦ ——

뜨는 쪽 부쿠리(bukūri) 산 아래에 불후리(bulhūri)라는 호수가 있다. 전하기를 하늘의 딸 셋이 내려와서 맏딸 엉굴런(enggulen), 둘째딸 정굴런(jenggulen), 막내딸 퍼쿨런(fekulen)이 함께 호수에서 목욕하는데 신령한 까치[神鵲]가 붉은 과일을 머금고 막내딸의 옷 위에 놓아둔 것을 막내딸이 주워서 입에 머금었는데, 곧장 뱃속에 들어갔다. 그로부터 임신하게 되었으므로 엉굴런(enggulen), 정굴런(jenggulen) 에게 말하였다.

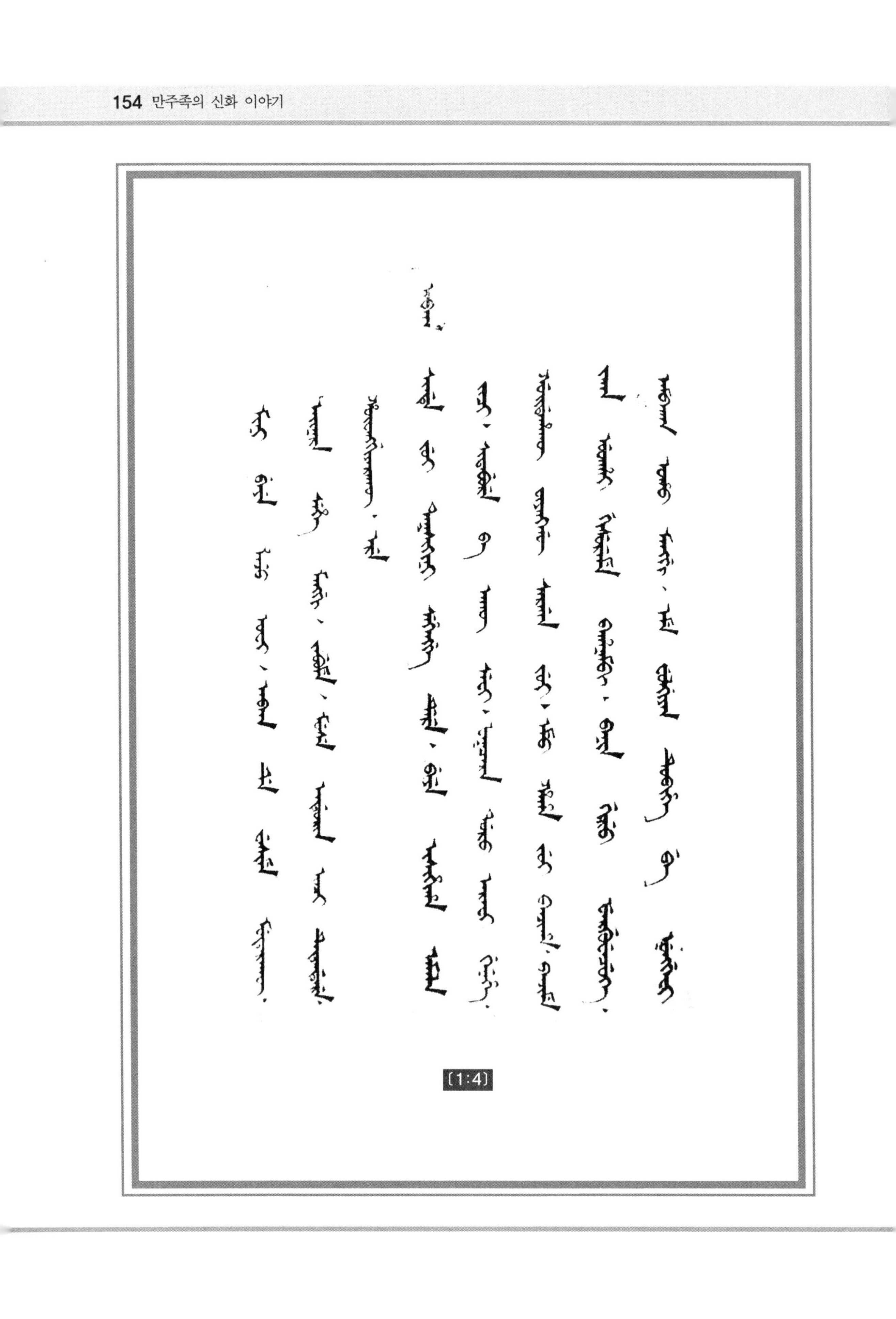

[1:4]

mini beye laju ofi abka de wesime muterakū.
내 몸 둔하게 되서 하늘 에 올라 갈 수 없다.

ainara sehe manggi jabume muse endurin oci tetendere
어찌하느냐 한 후 대답하되 우리 신선 이니

hūwanggiyarakū. ere
막지 못한다. 이

sinde jui taksikini sehengge dere. beye isihiha amala
너에게 임신시키고자 한 것이니라. 몸 가볍게 된 후

jici sitabure ba akū sefi nakcara doro arafi genehe.
오면 그르치게 될 바 없다 하고 헤어지는 예 하고 갔다.

goidahakū fiyanggū sargan jui. emu haha jui banjiha. banjime
오래지 않아 막내 딸 한 남자 아이 낳았다. 낳자

jaka uthai gisureme bahanambi. banin giru ferguwecuke.
마자 즉시 말할 수 있다. 생김새 기이하다.

ambakan oho manggi eme fulgiyan tubihe be nunggefi
크게 된 후 어머니 붉은 과일 을 삼키고

[한문]

吾身重不能飛昇奈何答曰吾等列仙籍無他虞也此天授爾娠俟免身來未晚言已別去季女尋産一男生而能言體貌奇異及長母告以呑朱果

—— ◦ —— ◦ —— ◦ ——

"내 몸 둔하게 되서 하늘에 올라 갈 수 없다. 어찌하느냐"

하니 대답하기를

"우리 신선이라서 막지 못한다. 이 너에게 임신시키고자 한 것이니라. 몸 가벼워진 후 오면 그르칠 것이 없다."

하고 헤어지는 예 하고 갔다. 오래지 않아 막내딸이 한 남자 아이를 낳았다. 낳자마자 즉시 말을 할 수 있고 생김새 기이하다. 다 자란 후 어머니가 붉은 과일을 삼켜

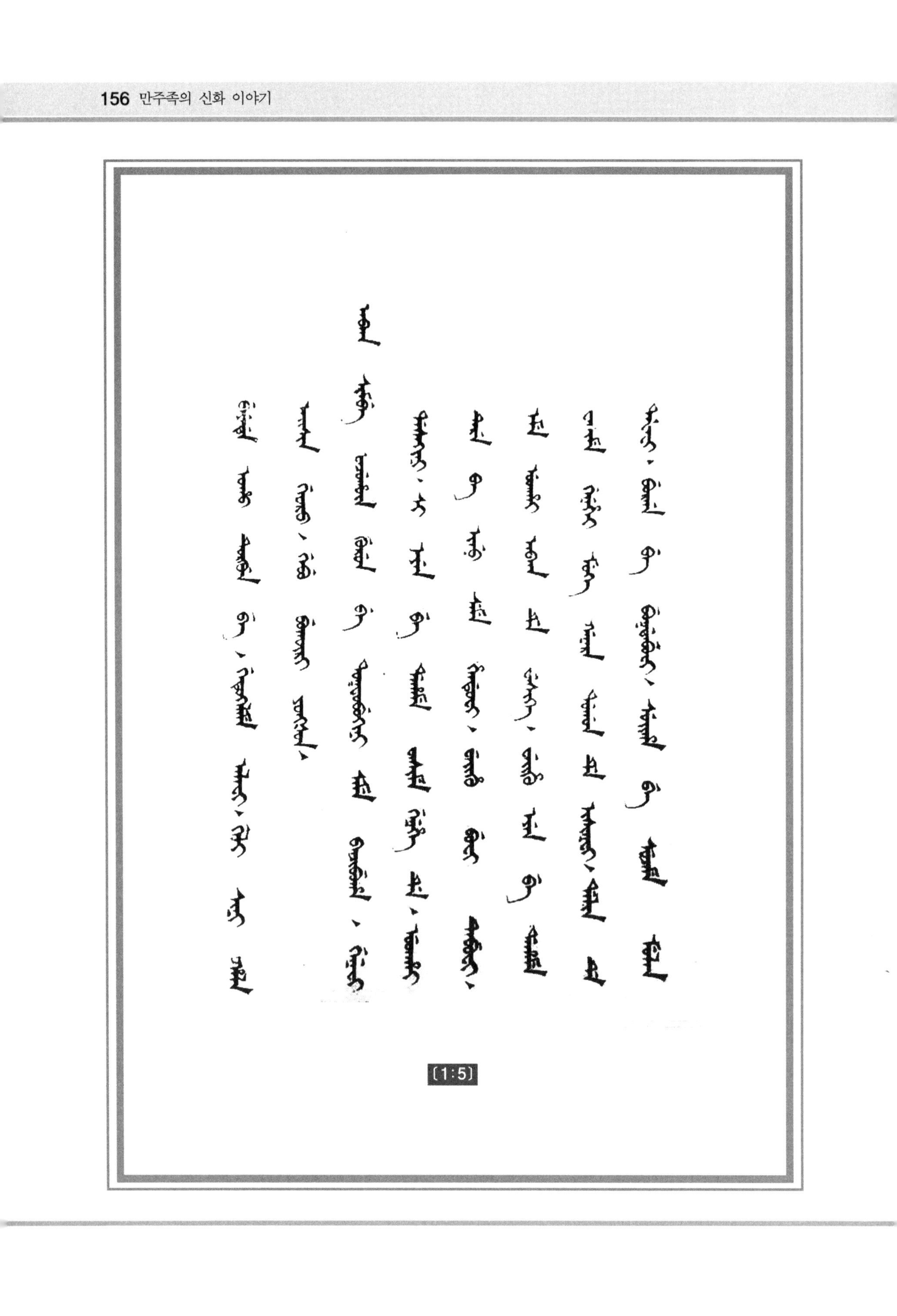

[1:5]

beyede oho turgun be getukeleme alafi geli sini haha
임신한 까닭 을 명백하게 알리고 또 네 姓

aisin gioro. gebu bukūri yongšon.
aisin gioro 이름 bukūri yongšon이다.

abka simbe facuhūn gurun be toktobukini seme banjibuha. genefi
하늘 너를 혼란한 나라 를 안정시키고자 하여 태어나게 했다. 가서

dasakini. si eyen be dahame wasime genehe de. uthai
다스리게 하자. 너 흐름 을 따라 내려 감 에 바로

tere ba inu seme hendufi. weihu bufi tebufi.
그 곳 이다 하고 말하고 배 주어서 앉히고

eme uthai abka de wesike. weihu eyen be dahame
머니 즉시 하늘 에 올라갔다. 배 흐름 을 따라

wa[illegible]e genehei muke ganara dogon de isinafi. dalin de
내려 가서 물 긷는 나루 에 이르러서 강가 에

tafafi. burga be bukdabufi. suiha be sujame mulan
올라서 버드나무 를 구부리고 쑥 을 괴어서 의자

[한문]

有身之故因命之曰汝姓愛新覺羅名布庫哩雍順天生汝以定亂國其往治之汝順流而往即其地也與小舠乘之母遂凌空去舠順流至河步乃登岸折柳及蒿爲坐具

—— ◦ —— ◦ —— ◦ ——

임신한 까닭을 자세히 알리기를

"네 성(姓)은 아이신 교로(aisin gioro)이고, 이름은 부쿠리 용숀(bukūri yongšon)이다. 하늘이 너를 어지러운 나라를 안정시키고자 하여 태어나게 하였다. 가서 다스려라. 너 강물을 따라 내려가면 바로 그곳이다."

하고 말하고 배를 주어 앉히고 어머니 즉시 하늘로 올라갔다. 배가 강물을 따라 내려가서 물 긷는 나루에 이르러서 강가에 올라가 버드나무를 구부리고 쑥을 괴어서 의자

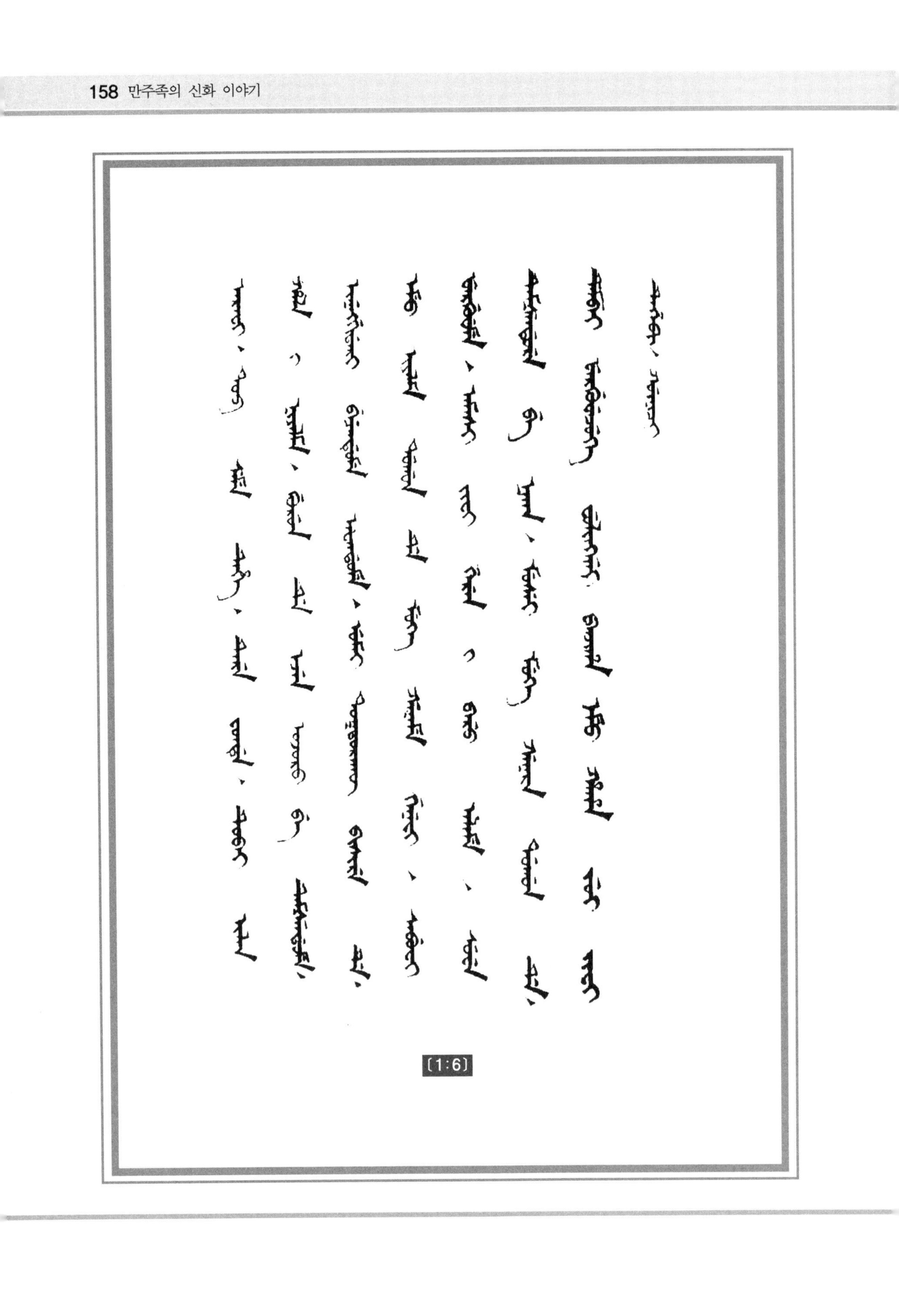

[1:6]

arafi. tob seme tehe. tere fonde. tubai ilan
만들고 바르게 앉았다. 그 때에 그곳의 三

hala i niyalma. gurun de ejen ojoro be temšendume.
姓 의 사람 나라 에 왕 되기 를 서로 다투며

inenggidari becendume afandume umai toktorakū bisirede
매일 서로 말다툼하며 서로 싸우며 결코 안정되지 않고 있음에

emu niyalma dogon de muke ganame genefi. sabufi
한 사람 나루 에 물 길러 가서 보고

ferguweme. amasi jifi geren i baru alame. suwe
놀라 돌아 와서 여럿 의 쪽 아뢰되 너희

temšendure be naka. musei muke ganara dogon de
서로 다투기 를 멈추어라. 우리의 물 긷는 나루 에

dembei ferguwecuke fulinggai banjiha emu haha jui jifi
매우 기이한 천명으로 태어난 한 남자 아이 와서

tehebi. gūnici
앉았다. 생각하니

[한문]

端坐其上是時其地有三姓爭爲雄長日構兵相讐殺亂靡由定有取水河步者見而異之歸語人曰汝等勿爭吾取水河步見一男子察其貌非常人也

만들고 바르게 앉았다. 그 때에 그곳의 세 성(姓)의 사람이 나라의 왕이 되려고 서로 다투며 매일 말다툼하며 싸우며 결코 안정되지 않고 있었다. 한 사람이 나루에 물 길러 가서 보고 놀라서 돌아와 여럿에게 말하였다.

"너희는 서로 다투지 마라. 우리가 물 긷는 나루에 매우 기이한 천명을 가진 한 사내아이가 와서 앉아있다. 생각해 보면

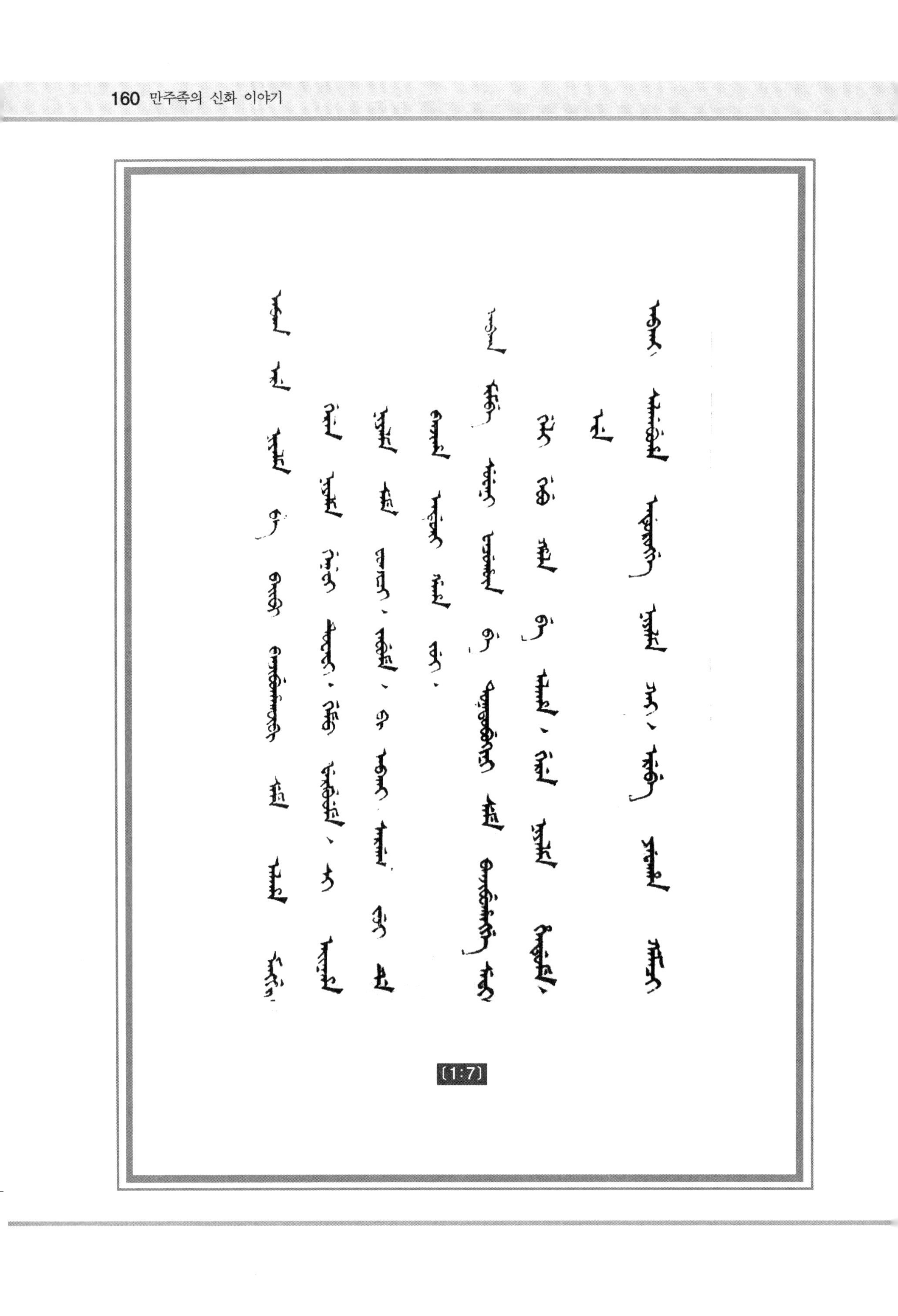

[1:7]

abka ere niyalma be baibi banjibuhakūbi seme alaha manggi.
하늘 이 사람 을 단지 태어나게 하지 않았다 하고 아뢴 후

geren niyalma genefi tuwafi gemu ferguweme. si ainaha
여러 사람 가서 보고 모두 놀라 너 어떤

niyalma seme fonjici. jabume bi abkai sargan jui de
사람이냐 하고 물으니 대답하되 나 하늘의 딸 에게

banjiha enduri haha jui.
태어난 신 남자 아이이다.

mimbe suweni facuhūn be tokotobukini seme banjibuhagge sefi.
나를 너희의 혼란 을 안정시키고자 하여 태어나게 한 것이다 하고

geli gebu haha be alaha. geren niyalma hendume
또 이름 성 을 알렸다. 여러 사람 말하되

ere
이

abkai salgabuha enduringge niyalma kai. erebe yafahan gamaci
하늘의 정해준 聖 人이니라. 이를 걸어서 데려가면

[한문] ————————

天必不虛生此人衆往觀皆以爲異因詰所由來答曰我天女所生天男天生我以定汝等之亂者且告以姓名衆曰此天生聖人也不可使之徒行

—— ◦ —— ◦ —— ◦ ——

하늘이 이 사람을 헛되이 태어나게 하지 않았을 것이다."

하고 말하니 여러 사람이 가서 보고 모두 놀라

"너 어떤 사람이냐"

하고 물으니 대답하되

"나 하늘의 딸에게서 태어난 신(神)의 남자 아이이다. 너희가 혼란스러운 것을 안정시키고자 하여 나를 태어나게 한 것이다."

하고 또 이름과 성을 알려주었다. 여러 사람이 말하되

"이 사람은 하늘이 정해준 신령한 사람이니라. 이 사람을 걸어서 데려가면

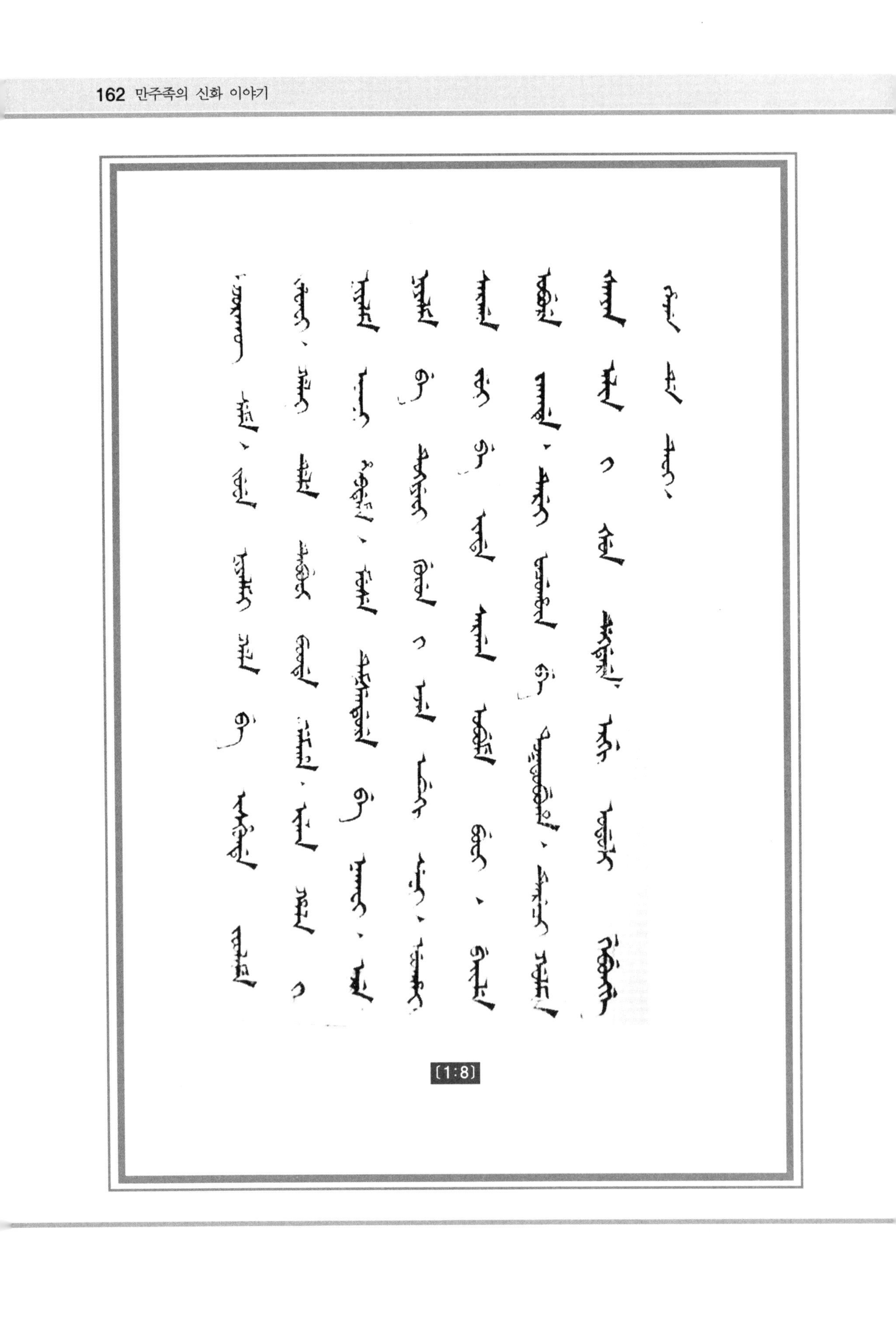

(1:8)

ojorakū seme. juwe niyalmai gala be ishunde joolame
안 된다 하고 두 사람의 손 을 서로 맞잡아

jafafi. galai dele tebufi boode gamaha. ilan haha
잡고 손 위에 앉히고 집에 데려갔다. 三 姓

niyalma acaci hebdeme. muse temšendure be nakafi. ere
사람 만나 의논하되 우리 서로 싸우기 를 멈추고 이

niyalma be tukiyefi gurun i ejen obuki sefi uthai
사람 을 천거해서 나라 의 왕 삼자 하고 즉시

sargan jui be inde sargan obume bufi. beile
딸 을 그에게 부인 삼게 주고 beile

obure jakade terei facuhūn be toktobuha. tereci golmin
삼을 적에 그의 혼란 을 안정시켰다. 그로부터 길고

šanyan alin i šun dekdere ergi odoli gebungge
흰 산 의 해 뜨는 쪽 odoli 이름의

hecen de tefi.
성 에 머물고

[한문]

遂交手爲舁迎至家三姓者議曰我等盍息爭推此人爲國主于是妻以女奉爲貝勒其亂乃定遂居長白山北之俄朶理城

—— ∘ —— ∘ —— ∘ ——

안 된다."

하고 두 사람의 손을 서로 맞잡아 잡고 손 위에 앉혀 집에 데려갔다. 세 성(姓)의 사람이 만나서 의논하기를

"우리 서로 싸우지 말자. 이 사람을 추대해서 나라의 왕으로 삼자."

하고 즉시 딸을 그에게 부인 삼도록 주고 버일러(beile)로 삼으니 그가 혼란을 안정시켰다. 그로부터 장백산(長白山)의 해 뜨는 쪽 오도리(odoli)라는 성에 머물고

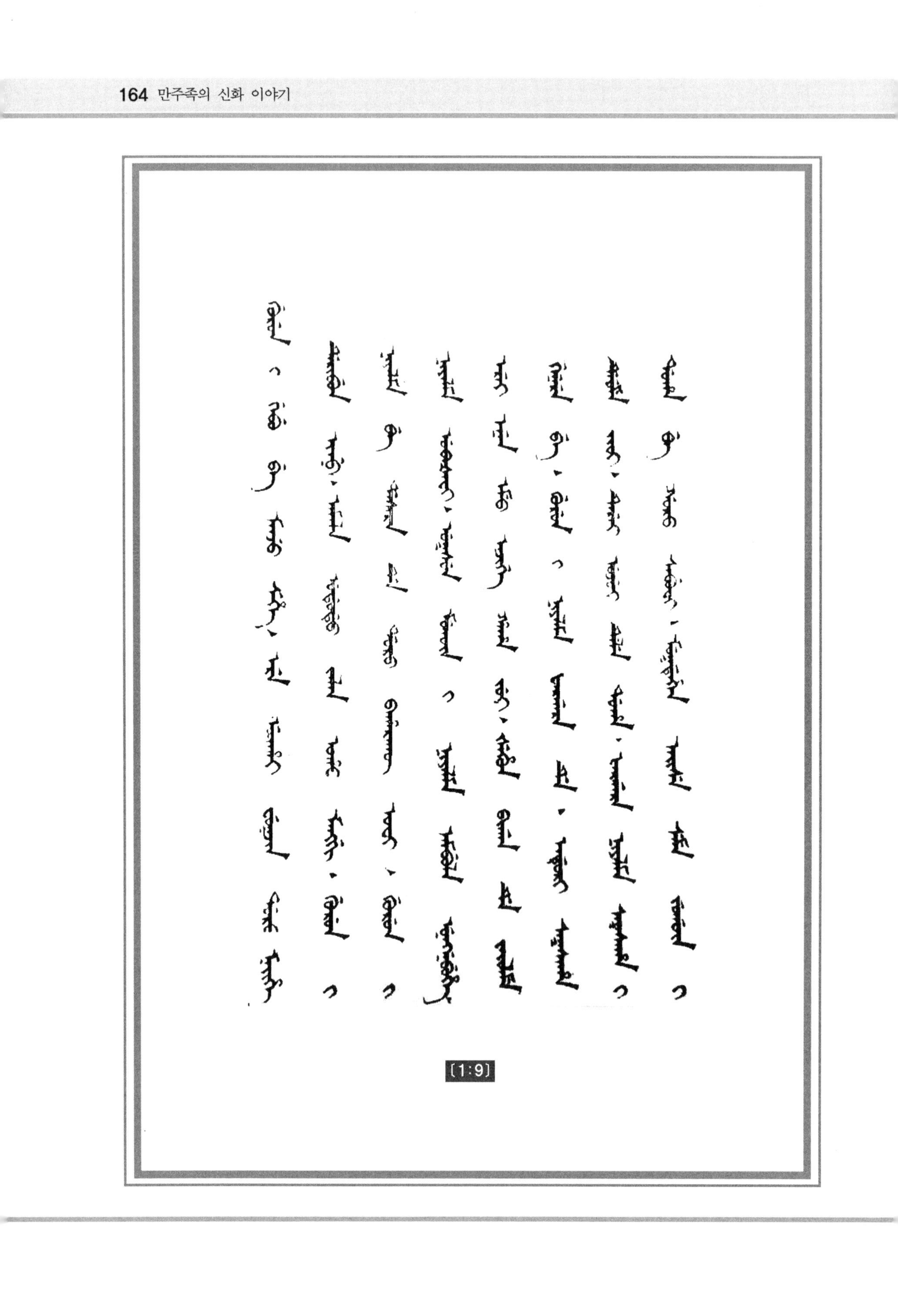

[1:9]

gurun i gebu be manju sehe. ere uthai fukjin doro neihe
나라 의 이름 을 만주 했다. 이 바로 창업한

deribun inu. amala ududu jalan oho manggi. gurun i
시작 이다. 후에 여러 세대 된 후 나라 의

niyalma be dasara de doro baharakū ofi. gurun i
사람 을 다스림 에 도리 얻지 못해서 나라 의

niyalma ubašafi. uksun mukūn i niyalma ambula nungnebuhe.
사람 모반하고 종족 의 사람 매우 침해당했다.

erei enen emu ajige haha jui. šehun bigan de jailame
이의 후손 한 작은 남자 아이 황야 에 피하여

genere be. gurun i niyalma fargara de. enduri saksaha
감 을 나라 의 사람 뒤쫓음 에 신 까치

deyeme jifi terei ujui dele doha. fargara niyalma saksaha i
날라 와서 그의 머리의 위에 앉았다. 뒤쫓는 사람 까치 의

doha be goro sabufi mukdehen aise seme jugūn i
앉음 을 멀리 보고 나뭇등걸 이리라 하고 길 의

[한문]

國號曰滿洲是爲開基之始越數世以後不善撫其衆國人叛戕害宗族有幼子遁于荒野國人追之會有神鵲止其首追者遙望鵲棲處疑爲枯木

—— ◦ —— ◦ —— ◦ ——

나라의 이름을 만주라 했다.

이것이 바로 창업한 시작이다. 여러 세대 지난 후 백성을 다스리는데 도리 얻지 못해서 백성들이 모반하고 종족의 사람이 매우 침해당했다.

후손인 한 작은 남자 아이가 황야로 피하여 가는 것을 백성들이 뒤쫓아 가자 신령한 까치[神鵲]가 날라 와서 그의 머리의 위에 앉았다. 뒤쫓던 사람들이 까치가 앉은 것을 멀리서 보고 나뭇등걸이리라 하고 도중에

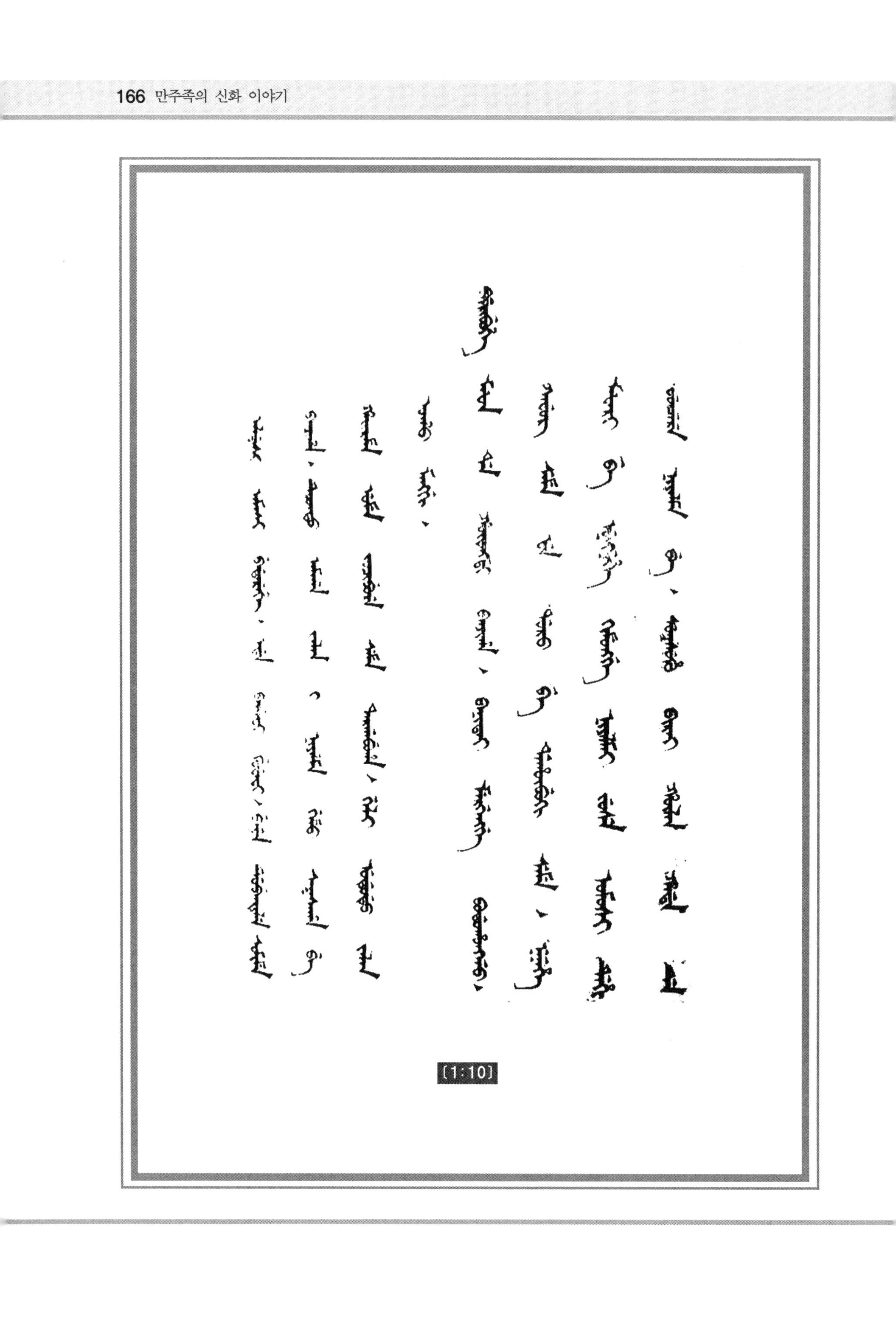

[1:10]

aldasi amasi bederehe. ede bahafi guwefi. beye dubentule somime
중간에 뒤로 돌아갔다. 이에 능히 피해서 몸 죽도록 숨어

banjiha. tuttu amaga jalan i niyalma gemu saksaha be
살았다. 그런 후 세상 의 사람 모두 까치 를

hairame ume jocibure seme targabuha.
흠향하여 해치지 마라 하고 금지하였다.

[한문]

中道而返乃得免隱其身以終自此後世俱德鵲誡勿加害

—— ◦ —— ◦ —— ◦ ——

뒤로 돌아갔다. 그래서 피할 수 있어서 죽을 때까지 숨어 살았다. 그 후로 세상 사람이 모두 까치를 흠향하며, 해치지 말라고 금지하였다.

1.8. 삼선녀(三仙女) 전설

-아이신교로 울희춘(愛新覺羅 烏拉希春)-

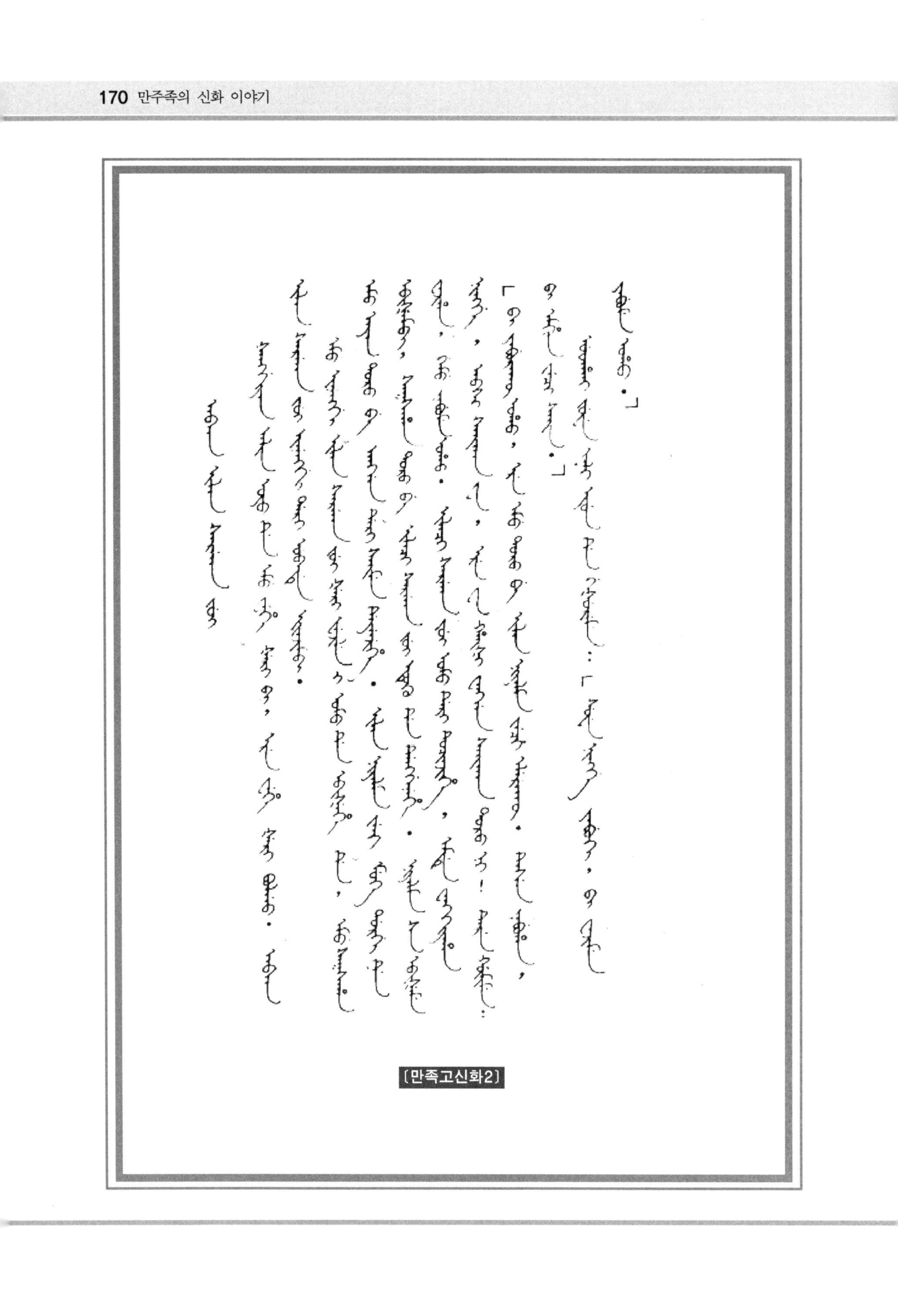

〔만족고신화2〕

abka ilan sargan jui
하늘 3 여자 아이

šanggiyan alin oyo de emu wehe šeri bi. ere wehe šeri bolgo. abka ilan sargan jui
하얀 산 꼭대기 에 한 돌 샘 있다. 이 돌 샘 맑다. 하늘 3 여자 아이

aniyadari ubade efinjimbi. emu inenggi ilan sargan jui šeri fejile i omo de ebišehe de,
해마다 이곳에 놀러온다. 한 날 세 여자 아이 샘 아래 의 호수 에서 목욕함 에

emu saksaha emu ayan toro be angga deri saime deyenjihe. ilan niyalma jeng[16] muke dorgi
한 까치 한 큰 복숭아 를 입 으로 물고 날아왔다. 3 사람 마침 물 속

de ebišembi. saksaha toro be ilaci sargan jui etuku de denggenehe. niyalma sa ebišeme
에서 목욕한다. 까치 복숭아 를 셋째 여자 아이 옷 에 던져 넣었다. 사람 들이 목욕하여

wajiha, gemu yabume oho. ilaci sargan jui omo deri tucinjihe. emde wangkiyaha ningge,
마쳤다, 모두 가게 되었다. 셋째 여자 아이 호수 로부터 나왔다. 한번 냄새 맡은 것

absi saikan wa? ere wa haiši[17] wangga saikan toro ni. tere gūnime
얼마나 좋은 냄새냐? 이 냄새 이처럼 향기로운 좋은 복숭아 구나. 그 생각하되

bi yaburakū oho. ere emu toro be ilan niyalma jeci elerakū. tese yabuha.
나 가지 않게 되었다. 이 한 복숭아 를 세 사람 먹으면 충분하지 않다. 그들 갔다.

bi emhun jeci sain.
나 혼자 먹으면 좋다.

uthai juwe fali eyun de gisureme suwe ningge yabuki. bi wajime yabume oho.
곧 2 명 언니 에게 말하되 너희들 가라. 나 마치고 가게 되었다.

—— ◦ —— ◦ —— ◦ ——

하늘의 세 선녀

장백산 꼭대기에 돌샘 하나가 있는데, 이 돌샘은 맑아서 하늘의 세 선녀가 해마다 이곳에 놀러온다. 하루는 세 선녀가 샘의 아래에 있는 호수에서 목욕을 하였는데, 까치 한 마리가 큰 복숭아 하나를 입에 물고 날아왔다. 까치가 복숭아를 셋째 선녀의 옷에 던져 넣었다. 세 사람이 모두 목욕을 마치고 돌아가려 하였다. 셋째 선녀가 호수에서 단번에 알아채고는 말하였다.

"이게 무슨 좋은 냄새지? 이것은 정말 향기로운 복숭아 냄새로구나!"

'돌아가지 말아야겠다. 복숭아 하나를 세 사람이 먹기엔 충분하지 않지. 언니들이 돌아간 후 나 혼자 먹는 게 좋겠다.' 그녀는 이렇게 생각하고는 곧 두 언니에게 말하였다.

"언니들은 먼저 돌아가. 나는 목욕을 마치고 갈게."

16) jeng: 중국어 '正'의 차용어로 '마침'의 뜻이다.
17) haiši: 중국어 '還是'의 차용어로 '이처럼, 이렇게도'의 뜻으로 의외라는 어감을 더욱 두드러지게 한다.

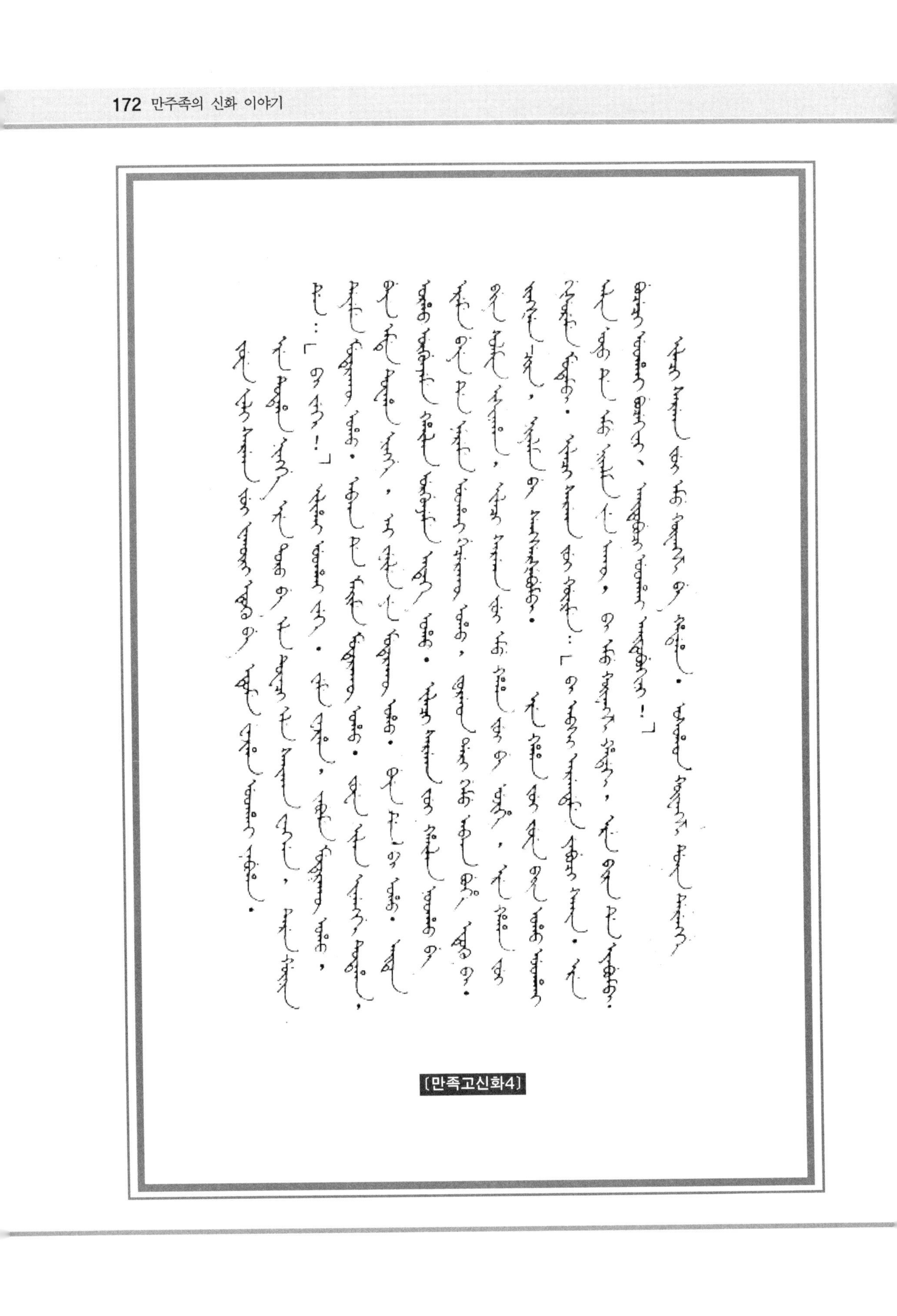

[illegible]

[만족고신화4]

juwe fali sargan jui fakūri etuku be etume wajiha uthai yabuha. ere tutaha ningge ere
두 명 여자 아이 바지 옷 을 입기 마치고 즉시 떠났다. 이 남겨진 이 이

toro be ele tuwaci ele saikan wangga. tere gūnin de bi jeki. ilihai uthai jeke.
복숭아 를 더욱 보니 더욱 좋고 향기롭다. 그 생각 에 나 먹자. 즉시 곧 먹었다

jeme wajiha. yabume muterakū oho. deyeme muterakū oho. abka de marime muterakū
먹어 마쳤다. 갈 수 없게 되었다. 날 수 없게 되었다. 하늘 에 돌아갈 수 없게

oho. juwe ilan inenggi tutaha. beye emde tuwaha ningge ai weile ye[18] muterakū
되었다. 두 세 날 남았다. 몸 한번 본 것 아무 일 也 할 수 없게

oho. beye de bi oho.[19] eiten orho urgunjeme hailan urgunjeme enteke oho. ilaci
되었다. 몸 에 있게 되었다. 모든 풀 기뻐하고 느릅나무 기뻐하기 이처럼 되었다. 셋째

sargan jui hailan notho be ereme beye de nereme uthai gecerakū oho. forgon dari
여자 아이 느릅나무 껍질 을 벗겨 몸 에 걸쳐 입어 곧 얼지 않게 되었다. 계절 마다

gemu abka buhe etuku bi. biya solmin isinaha.[20] ilaci sargan jui emu haha jui be ujihe.
모두 하늘 준 옷 있다. 달 끝 이르렀다. 셋째 여자 아이 한 남자 아이 를 길렀다.

ere haha jui jingšen[21] cira, niyalma be sengseršebumbi. ere haha jui juwe biya oho.
이 남자 아이 精神 강하고, 사람 을 매우 사랑하게 한다. 이 남자 아이 두 달 되었다.

uthai gisureme mutembi. ilaci sargan jui gūnime bi absi argadame yabuci sain? ere
즉시 말할 수 있다. 셋째 여자 아이 생각하되 나 어찌 꾀를 내어 행하면 좋을까? 이

alin oyo de emu niyalma ye akū. bi emu kūwangdzi hadaki. ere bira de eyebumbi.
산 꼭대기 에 한 사람 也 없다. 나 한 筐子 짜자. 이 강 에 흘려보내겠다.

buceci uthai bucekini. aitubuci uthai aitubukini.
죽으면 곧 죽게 하자. 살아나면 곧 살아나게 하자.

ilaci sargan jui emu kūwangdzi be hadaha. osohon kūwangdzi duin derengge
셋째 여자 아이 한 筐子 를 짰다. 작은 筐子 네 모서리

—— ◦ —— ◦ —— ◦ ——

두 선녀는 옷을 입고 나서 바로 떠났다. 그 자리에 남은 셋째 선녀가 이 복숭아를 다시 보니 복숭아에서 더욱 좋은 냄새가 났다. 그녀는 '먹어야지' 하고 생각하고는 곧바로 복숭아를 먹어버렸다. 먹고 나니 움직일 수 없고 날지도 못하게 되어 하늘로 돌아가지 못하게 되었다.

이삼 일이 지났다. 자신을 보니, 아무 일도 할 수 없었다. 아이가 들어선 것이다. 모든 초목과 느릅나무가 크게 기뻐하였다. 셋째 선녀는 느릅나무 껍질을 벗겨 옷을 만들어 입어 얼어 죽지 않을 수 있었다. 계절마다 모두 하늘이 준 옷이 있었다. 달이 차서 셋째 선녀는 사내아이를 낳았다. 이 사내아이는 정신이 강하고 사람을 매료시킬 만했다. 이 사내아이는 두 달이 되자 말을 할 수 있었다.

'내가 어떻게 하면 좋을까? 이 산 꼭대기에는 사람이 하나도 없어. 광주리 하나를 짜 아이를 넣어 이 강에 흘려보내자. 죽으면 죽는 것이고 살아나면 사는 것이야.'
하고 셋째 선녀는 생각하였다.

셋째 선녀는 작은 네모난 광주리 하나를 짰다.

18) ye : 중국어 '也'의 차용어로 '역시'의 뜻이다.
19) beye de bi : '임신하다'의 관용구로서 만주 문어에서는 보통 beye de ombi로 쓰인다.
20) biya solmin isinaha : '출산이 임박했다'는 뜻이다.
21) jingšen : 중국어 '精神'의 차용어이다.

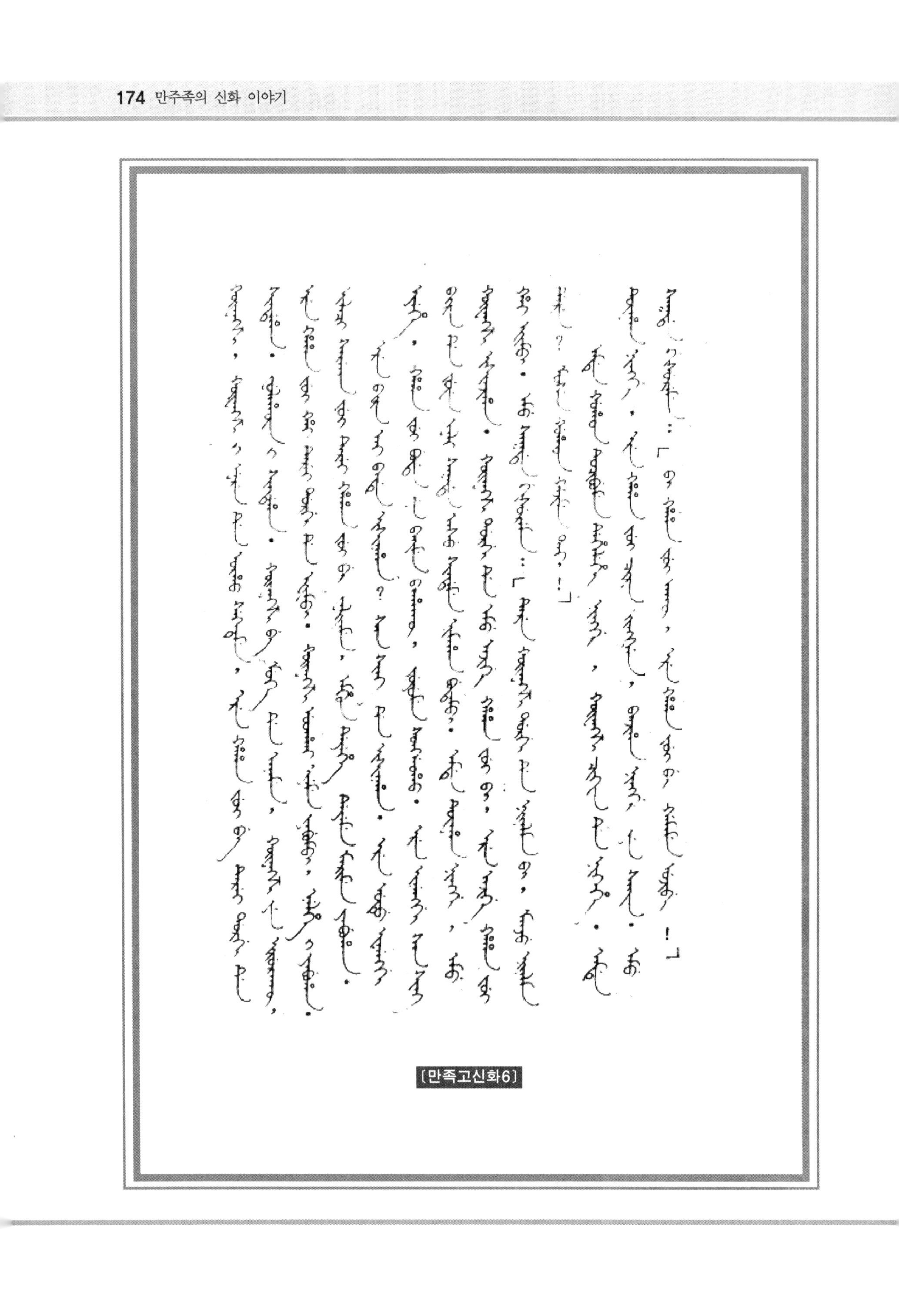

[만족고신화6]

kūwangdzi. kūwangdzi i fere de orho sekteme ere haha jui be terei dorgi de sindaha.
筐子. 筐子 의 바닥 에 풀 깔고 이 남자 아이 를 그의 안쪽 에 두었다.

fulahūn i sindaha. kūwangdzi be muke de aname kūwangdzi ye irurakū. ere haha
벌거숭이 로 두었다. 筐子 를 물 에 밀어도 筐子 也 빠지지 않는다. 이 남자

jui hai[22] ere dorgi de efimbi. kūwangdzi uthai eyeme yabumbi. nelhe i yabuha. ilaci
아이 還 그 안 에서 논다. 筐子 곧 흘러 간다. 평온히 갔다. 셋째

sargan jui terei haha jui be waliyame emhun deyehe. deyeme marime yabuha.
여자 아이 그의 사내 아이 를 버리고 혼자 날았다. 날아 돌아 갔다.

ere bira ai bade isinaha? san sing[23] de isinaha. ere udu inenggi eyehe. haha jui
이 강 어느 곳에 다다랐느냐? 三 姓 에 다다랐다. 이 몇 날 흘러갔다. 사내 아이

buda ye baime bahakū. yuyume songgoho. ere inenggi san sing bira de juwe fali sakda asu
밥 也 구하지 못했다. 굶어 울었다. 이 날 三 姓 강 에 두 명 노인 그물

sindame nimaha butambi. emde tuwaha ningge emu kūwangdzi isinjiha. kūwangdzi dorgi de
놓으며 물고기 낚는다. 한번 본 것 한 筐子 다가왔다. 筐子 안 에

emu ajige haha jui bi. ere ajige haha jui hai efimbi. emu sakda gisūreme
한 작은 사내 아이 있다, 이 작은 사내 아이 還 논다. 한 노인 말하되

tere kūwangdzi dorgi de niyalma bi. manju niyalma dere. muse gohon gajime taki.
그 筐子 안 에 사람 있다. 만주 사람이리라. 우리 갈고리 가져와 걸자.

emde gohon tucibume dehelehe ningge kūwangdzi cikin de nikehe. emde tuwaha ningge
한번 갈고리 꺼내어 걸어당긴 것 筐子 언덕 에 접했다. 한번 본 것

ere haha jui cira jingšen, banjiha ningge ye sain. emu sakda gisureme
이 사내 아이 강한 精神, 생긴 것 也 좋다. 한 노인 말하되

bi haha jui akū. ere haha jui be gamame ujiki.
나 사내 아이 없다, 이 사내 아이 를 데려가 기르자.

—— ◦ —— ◦ —— ◦ ——

광주리의 바닥에 풀을 깔고 사내아이를 그 안에 알몸인 채로 놓았다. 광주리를 물에 밀어 넣어도 광주리는 물에 잠기지 않았다. 사내아이는 오히려 그 안에서 놀고 있었다. 광주리는 곧 유유히 흘러갔다. 셋째 선녀는 자신의 아들을 버리고 혼자 하늘로 날아 돌아갔다. 이 강은 삼성(三姓)에 닿아 있었다.

며칠이 흘렀다. 사내아이는 밥도 먹지 못하고 굶어서 울고 있었다. 이 날 삼성의 강에서는 두 노인이 그물을 놓으며 물고기를 잡고 있었는데, 광주리 하나가 다가오는 것을 보았다. 광주리 안에 작은 사내아이 한 명이 있었다. 이 작은 사내아이는 여전히 놀고 있었다. 한 노인이 말하였다.

"광주리 안에 사람이 있다. 만주 사람일 것이다. 우리 갈고리를 가져와서 광주리에 걸어 당겨보자!"

단번에 갈고리를 꺼내어 끌어 당기니 광주리가 언덕에 닿았다. 한번 보니, 이 사내아이는 강한 정신력을 지녔고 생긴 것도 잘 생겼다.

"내가 아들이 없으니, 이 사내아이를 데려가 기르겠다!"

---

22) hai : 중국어 '還'의 차용어로 '여전히'의 뜻이다.
23) 三姓 : 청나라 초기 만주 지역의 중요 요충지 중 하나로 현재의 흑룡강성(黑龍江省) 의난현(依蘭縣)이다.

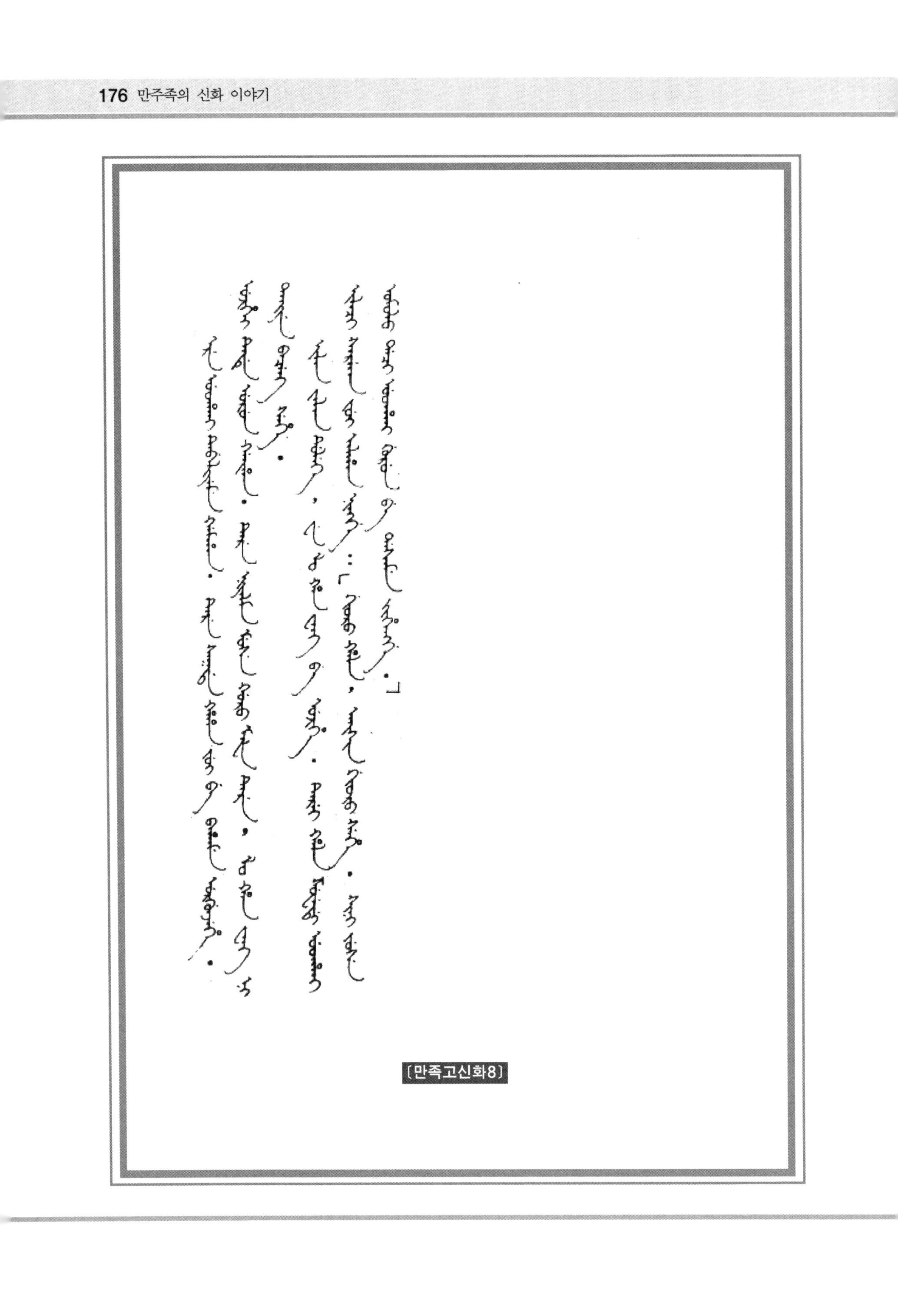

〔만족고신화8〕

ere uthai tebeliyeme gamaha. tere sakda haha jui be bahame urgunjehe. ujihei tede
이 즉시 안고 데려갔다. 그 노인 남자 아이 를 얻어 기뻐하였다. 길러서 그에게

urun gaiha. tere niyalma muse goro mafa dere. lo han wang ni taiye[24] bacang[25]
며느리 얻었다. 그 사람 우리 먼 조상 이니라. 老 罕 王 의 太爺 八成

sehe.
하였다.

ilan jalan duleke. we lo han wang be ujihe?
세 세대 지나갔다. 누가 老 罕 王 을 길렀는가?

terei hala dzuwedi[26] uthai ilaci sargan jui alaha ningge
그의 성 坐地 곧 셋째 여자 아이 알려준 것

gioro hala[27], aisin gioro sehe. sini juse omolo daci uthai gurun be dasame
覺羅 姓 愛新 覺羅 하였다. 너의 아이들 손자 본래부터 곧 나라 를 다스리러

jihengge.
온 이다.

한 노인이 이렇게 말하고는 아이를 안고 데려갔다. 그는 아들을 얻어 기뻤다. 아들을 기르면서 그곳에서 며느리를 얻었다. 그 사람이 바로 우리의 먼 조상이다. 그는 노한왕(老罕王)의 조상으로 추측된다. 세 세대가 지나갔다. 누가 노한왕(老罕王)을 길렀는가? 그의 성씨는 태어나자마자 곧 셋째 선녀가 알려준 것으로, 셋째 선녀는 다음과 같이 말하였다.

"너의 성씨는 아이신 교로(aisin gioro, 愛新 覺羅)이다. 너의 자손은 본래부터 나라를 다스리러 온 사람이다."

24) taiye : 중국어 '太爺'의 차용어로 '조상'의 뜻이다.
25) bacang : 중국어 '八成'의 차용어로 '추측'의 뜻이다.
26) zuwedi : 중국어 '坐地'의 차용어로 '그 자리에서, 즉시'의 뜻이다.
27) gioro hala : gioro는 '族', hala는 '氏'를 뜻하는 것으로 gioro hala와 같이 함께 쓰여 '성씨'를 뜻한다.

2

노한왕(老罕王)

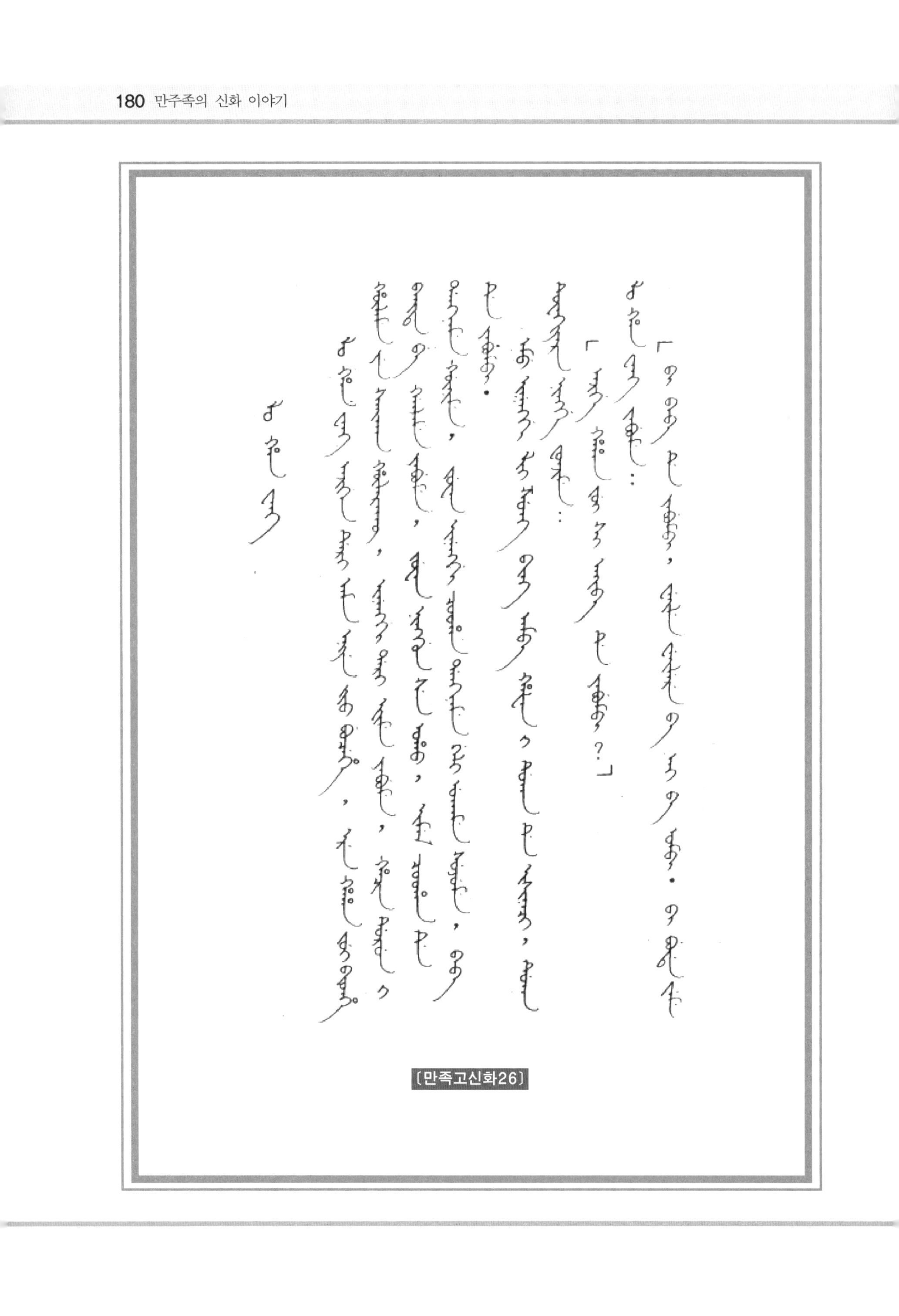

〔만족고신화26〕

lo han wang
老 罕 王

lo han wang ajigen deri ama eniye jio[28] bucehe. ere haha jui bithe hūlaci ye saikan
老 罕 王 어린시절 부터 父 母 就 죽었다. 이 남자 아이 글 읽어도 也 잘

hūlarakū. inenggi dari efime yabume hacin durun i baita be ganlame[29] yabume juwan
읽지 않는다. 날 마다 놀러 다니며 온갖 종류 의 일 을 하며 다니며 10

ninggun se oho. imel[30] cooha de dangname[31] gūnime juwan inenggi cooha dangname
6 세 되었다. 一心 군대 에 當하여 생각하되 10 일 군대 當하여

geli ukame sujume, baba de yabunaha.[32]
또 도망해 달려서 곳곳 에 다녔다.

emu inenggi lii dzung bing[33] amba hafan i duka de isinaci, duka tuwakiyara ningge fonjime,
한 날 李 摠 兵 大 官 의 문 에 이르니 문 지키는 이 묻되

ajige haha jui si aiba de yabumbi? lo han wang jabume,
작은 남자 아이 너 어디 에 가느냐? 老 罕 王 대답하되

bi baba de yabumbi, weile weilere ba ai ba ombi? bi buda jeme
나 곳곳 에 다닌다. 일 일할 곳 어느 곳 되느냐? 나 밥 먹지

—— ◦ —— ◦ —— ◦ ——

노한왕은 어려서 부모가 일찍 죽었다. 그는 글 읽기도 즐겨 하지 않고, 날마다 놀러 다니면서 온갖 일을 하며 다녔다. 16세가 되어 진심으로 군대에 가기로 생각했지만, 군대 간 지 열흘 만에 도망가서 여기저기 돌아다녔다. 어느 날 이총병(李摠兵) 대관(大官)의 집에 이르니, 문지기가 물었다.

"얘야, 너는 어디로 가느냐?"

노한왕이 대답하였다.

"저는 여기저기에 돌아다닙니다. 어디 일할 곳이 있습니까? 저는 밥을 먹지

28) jio : 중국어 '就'의 차용어로 '일찍이'의 뜻이다.
29) ganlame : 중국어 차용어 gan(干)에 접사 -la가 결합한 ganlambi의 활용형으로 '일을 맡아'의 뜻이다.
30) imel : '一心으로, 진심으로'라는 뜻을 지니고 있다.
31) dangname : 중국어 차용어 dang(當)에 접사 -na가 결합한 dangnambi의 활용형으로 '복무하여'의 뜻이다.
32) yabunaha : 만주 문어 yabu-(가다)에 접사 -na가 결합한 형태로 추정된다.
33) lii dzung bing : 李摠兵. 누구인지 미상이다.

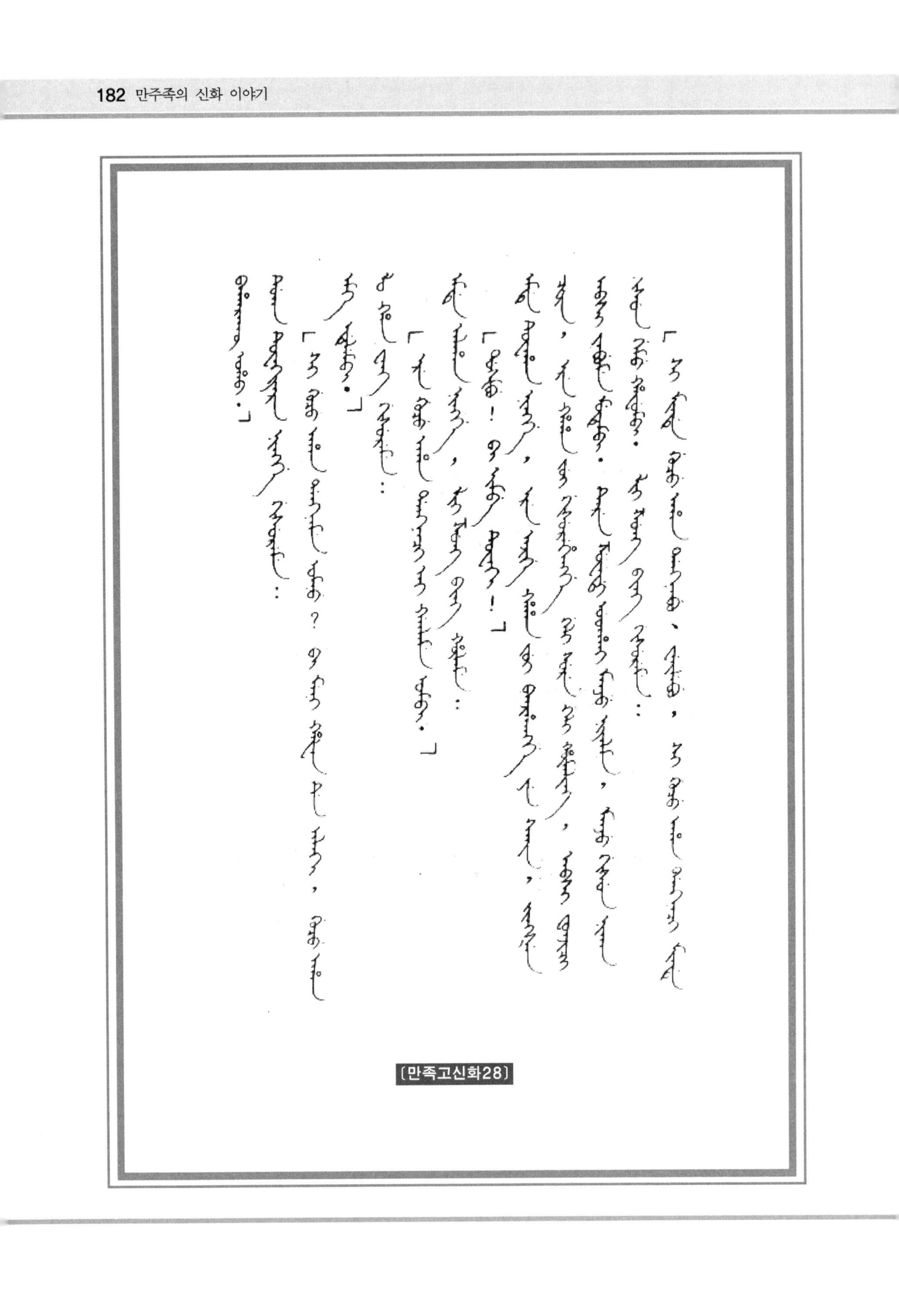

〔만족고신화28〕

baharakū oho. duka tuwakiyara ningge gisureme
못했다. 문 지키는 이 말하되

si gucu aha[34] dangname ombi nio? bi meni hafan de alaki. gucu aha emke edelembi.
너 奴僕 當하여 되겠느냐? 나 나의 관리 에게 아뢰마. 奴僕 하나 부족하다.

lo han wang gisureme
老 罕 王 말하되

ere gucu aha dangnaci ai ganlame ombi?
이 노복 當하면 무슨 일 하게 되느냐?

emde alaha ningge, lii dzung bing hūlame, dosimbu, bi imbe tuwaki.
한번 아뢴 것 李 摠 兵 불러 들게 하라. 나 그를 보자.

emde tuwaha ningge, ere ajige haha jui banjihangge ye sain, jingšen cira. ere haha
한번 본 것 이 작은 남자 아이 생긴 것 也 좋고, 정신 강건하다. 이 남자

jui gisurehengge geli sure geli hūmaling.[35] absi fonjici absi jabume mutembi. tere
아이 말한 것 또 총명하고 또 능력 있다. 어떻게 물어도 어떻게 답할 수 있다. 그

dzuwedi uthai manju niyalma. manju gisun nikan gisun gemu hafumbi. lii dzung bing gisureme
坐地 곧 滿州 사람. 滿州 말 漢 말 모두 통한다. 李 摠 兵 말하되

si minde gucu aha dangnabu, weilebu. si gucu aha dangnaci minde
너 나에게 노복 當하게 하라. 일하게 하라. 너 노복 맡으면 나에게

—— ◦ —— ◦ —— ◦ ——

못했습니다."

문지기가 말하였다.

"네가 아문(衙門)의 노복(奴僕)으로 일을 할 수 있겠느냐? 우리 나리에게 아뢰겠다. 하인이 한 명 부족하던 참이다."

노한왕이 말하였다.

"노복이 된다면, 무슨 일을 하는 것입니까?"

문지기가 아뢰니, 이총병이 불렀다.

"들어오게 하라. 내가 그를 보겠다."

이총병이 한번 보니, 이 작은 사내아이는 잘 생긴데다 정신도 강건하며, 말하는 것이 똑똑하고 영리해서 무엇을 묻더라도 무엇이든지 대답해 냈다. 출신은 만주 사람으로 만주말과 중국말이 모두 능통했다. 이총병이 말하였다.

"너는 나의 노복이 되겠느냐? 네가 노복이 되어서

34) gucu aha : 관아에서 부리던 사환 혹은 노복을 가리키는 어휘로 추정된다.
35) hūmaling : 일반 사전에서는 확인되지 않는 어휘로 '능력'과 '재주'의 뜻을 갖는 hūman의 오기로 판단된다.

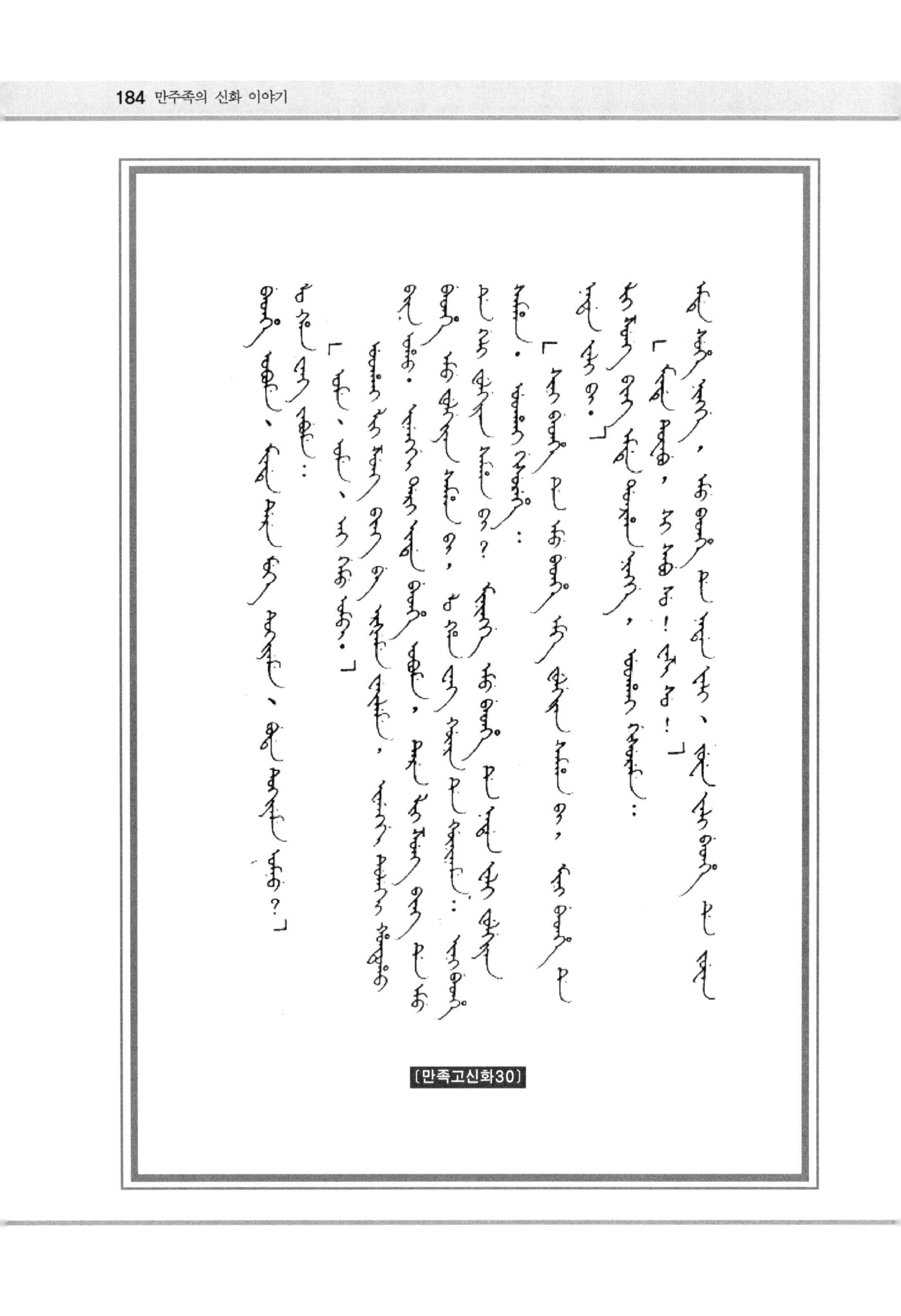

〔만족고신화30〕

bethe obome minde dere muke[36] tukiyeme, buda tukiyeme ombi nio? lo han wang jabume
발 씻고 나에게 얼굴 물 바치고 밥 바칠 수 있겠느냐? 老 罕 王 답하되

ombi. ombi. ai gemu ombi.
된다. 된다. 무엇 모두 된다.

uthai lii dzung bing be eršeme weileme
곧 李 摠 兵 을 모시고 일하여

inenggi dulekei hontoho biya oho. inenggidari inde bethe obome tere lii dzung bing de
날 지나서 반 달 되었다. 날마다 그에게 발 씻으며 그 李 摠 兵 에게

emu bethe emu fulgiyan samha bi. lo han wang gūnin de gūniname ini bethe de geli
한 발 한 붉은 반점 있다. 老 罕 王 마음 에 생각하되 그의 발 에 또

fulgiyan samha bi. miningge emu bethe de nadan fali fulgiyan samha. uthai gisurehe.
붉은 반점 있다. 나의 것 한 발 에 7 개 붉은 반점이다. 곧 말했다.

sini bethe de emu bethe emke fulgiyan samha bi. mini bethe de nadan fali bi.
너의 발 에 한 발 하나씩 붉은 반점 있다. 나의 발 에 7 개 있다.

lii dzung bing emde donjiha ningge uthai gisureme
李 摠 兵 한번 들은 것 곧 말하되

minde tuwabu. si sabu su. wase su.
나에게 보여라. 너 가죽신 벗어라. 버선 벗어라.

emde suhe ningge emu bethe de nadan fali juwe fali bethe juwan
한번 벗은 것 한 발 에 7 개 2 개 발 10

—— ◦ —— ◦ —— ◦ ——

나의 발을 씻기고, 나에게 세숫물과 밥을 바칠 수 있겠느냐?"

노한왕이 대답하였다.

"그럼요, 그럼요. 무엇이든 다 할 수 있습니다."

그가 이총병을 모시고 일하기 시작한 지 거의 반달이 되었다. 날마다 이총병의 발을 씻겨주었는데, 그의 한쪽 발에 붉은 반점이 하나 있었다. 노한왕이 생각하였다.

'이 사람의 발에도 붉은 반점이 있구나! 내 한 쪽 발에는 7개의 붉은 반점이 있다.'

노한왕이 말했다.

"나리의 한쪽 발에는 붉은 반점이 1개 있는데, 제 발에는 7개가 있습니다."

이총병이 이 말을 듣자마자 곧 말하였다.

"한번 보고 싶구나. 네가 신은 가죽신과 버선을 벗어 보아라."

노한왕이 가죽신과 버선을 벗으니, 정말로 한쪽 발에 7개씩 양 쪽 발에

36) dere muke : '세숫물'을 가리키는 것으로 보인다.

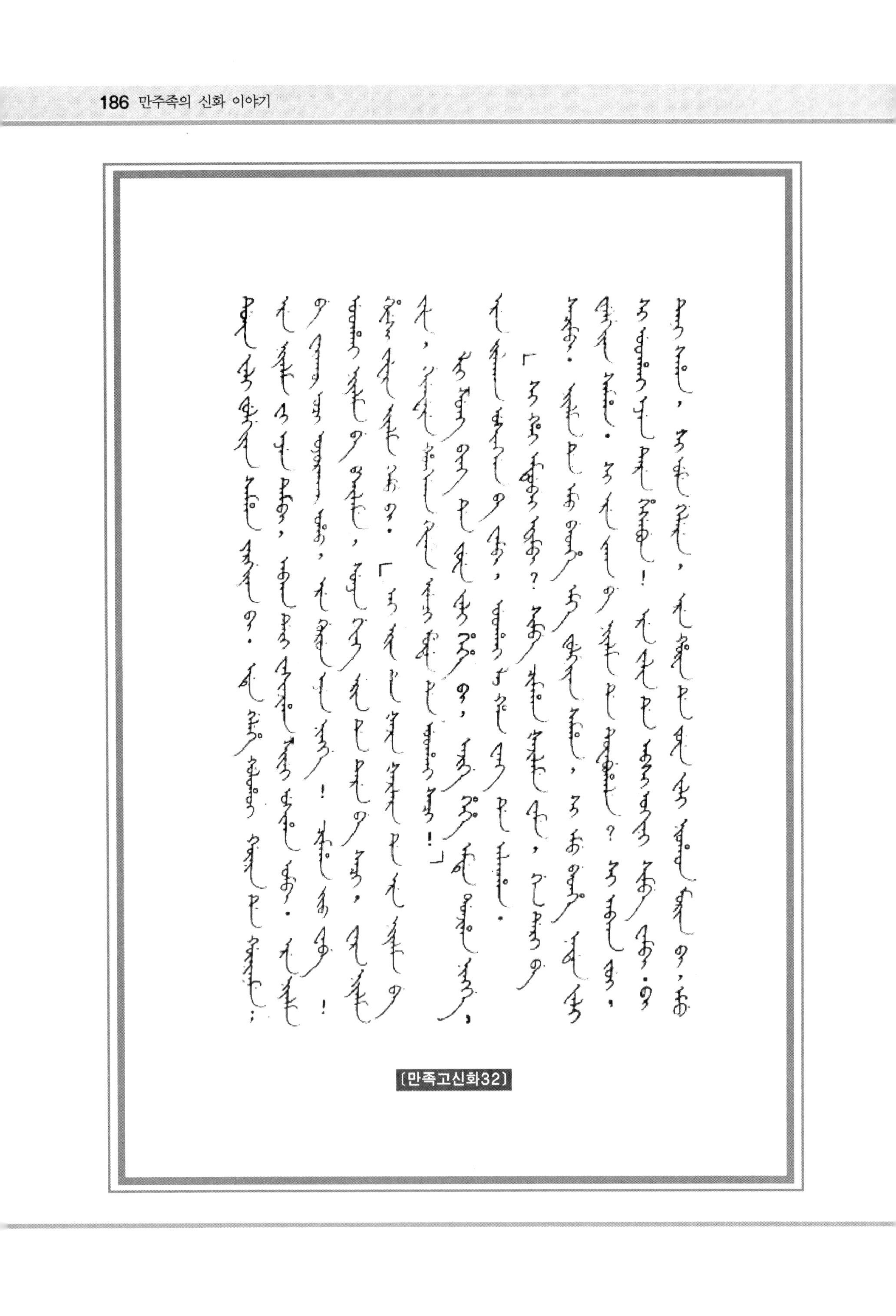

[만족고신화32]

duin fali fulgiyan samha yargiyan bi. ede gelere[37] golohoi gūnin de gūniname ere niyalma
4 개 붉은 반점 정말 있다. 이에 두렵고 놀라서 마음 에 생각하되 이 사람

fi[38] ejen tembi. abka deri wasinjiha. ziwei[39] usiha ombi. ere niyalma be warakū oci
非 왕 맡는다. 하늘 에서 내려왔다. 紫微 星 된다. 이 사람 을 죽이지 않으면

ojorakū oho. ere gurun ejen ningge. cimaha jio waki. uthai niyalma be pailame,[40]
안 된다. 이 나라 왕이다. 내일 就 죽이자. 곧 사람 을 派하여

sunja ging erin de tere be saci. wara niyalma huwesi jafara niyalma gemu bi. ai
5 更 때 에 그 를 베어라. 죽일 사람 칼 잡을 사람 모두 있다. 어느

erin de šajin šajilara de ere niyalma be jafa. gerendere honggon guweme ilaci mudan
때 에 명령 내림 에 이 사람 을 잡아라. 파루 울려 셋째 소리

de uthai saci.
에 곧 베라.

lii dzung bing de juwe fali hehe bi. ajige hehe emde donjiha ningge ere jilakan
李 摠 兵 에게 2 명 부인 있다. 작은 부인 함께 들은 것 이 가련한

usingga be wambi. uthai lo han wang de alanaha.
외로운 이 를 죽인다. 곧 老 罕 王 에게 알리러 갔다.

si hai emdubei efimbi? simbe cimaha šajilame wame gen dere be sacimbi. niyalma de
너 還 오로지 노느냐? 너를 내일 명령 내려 죽이고 목덜미 쪽 을 벤다. 사람 에게

emu bethe emke fulgiyan samha. si emu bethe nadan fali fulgiyan samha. si ere jaka be
한 발 하나씩 붉은 반점. 너 한 발 7 개 붉은 반점. 너 이 것 을

niyalma de tuwabuhao? si abka jui. si uthai ejen tere hesebun. ere jalin de absi okini
사람 에게 보게 했냐? 너 하늘 아들. 너 곧 왕 맡을 운명. 이 때문 에 어찌 되든

simbe wambi. bi teni saha. si ume gelere, ere hūwa de juwe fali niohon morin bi. emu
너를 죽인다. 나 방금 알았다. 너 두려워 말라. 이 뜰 에 2 마리 푸른 말 있다. 하나

—— ∘ —— ∘ —— ∘ ——

14개의 붉은 반점이 있었다. 이총병이 몹시 두렵고 놀라서 생각하였다.
'이 사람은 반드시 왕이 될 것이다. 이것은 하늘에서 내려온 자미성(紫微星)이다. 이 사람을 죽이지 않으면 안 된다. 이 나라의 왕이 될 것이다. 내일 바로 죽여야겠다!'
이총병은 바로 사람을 보내며 말하였다.

"5경(五更)에 그자를 베어 버려라. 그자를 자객과 칼잡이가 모두 있으니, 아무 때든지 내가 명령을 내리면 바로 이 사람을 잡아라. 그리고 날이 새는 것을 알리는 파루가 세 번째 울릴 때 바로 목을 베어 버려라."

이총병에게는 두 명의 부인이 있었다. 둘째 부인이 이 말을 듣자마자 생각하였다.
'이 가련하고 의지할 데 없는 사람을 죽이는구나.'
그녀는 바로 노한왕에게 알리러 갔다.

"당신은 어째서 놀고만 있습니까? 내일 이총병이 당신을 목을 베어 죽이라고 명령하였습니다. 이총병에게는 발마다 붉은 반점이 하나씩 있는데, 당신은 한쪽 발에 7개씩 붉은 반점이 있습니다. 이것을 이총병에게 모두 보여 주었습니까? 당신은 하늘의 아들로서 곧 왕이 될 운명입니다. 그렇기 때문에 당신을 어떻게든 죽이려고 하는 것입니다. 이를 내가 지금 알았으니, 당신은 두려워 마십시오. 이 뜰에 푸르스름한 말 두 마리가 있습니다. 한 마리는

---

37) gelere : ələr로 음성 전사한 것을 볼 때 만주 문어 golohoi로는 쓸 수 없다. 아마도 gelere의 음성 전사형의 오기이거나 golohoi의 음성 전사형을 반영하지 않은 것으로 판단된다.
38) fi : 중국어 '非'의 차용어로 '반드시', '꼭'의 뜻이다.
39) ziwei : 중국어 '紫微'의 차용어로 자미원(紫微垣)에 있는 별의 이름이다.
40) pailame : 중국어 차용어 pai(派)에 접사 -la가 결합한 pailambi의 활용형이다.

[만족고신화34]

amba ningge emu ajige ningge. amba ningge tumen ba feksime ajige ningge minggan ba
큰 것 하나 작은 것이다. 큰 것 萬 里 달리고 작은 것 千 里

feksime sinde bi amba ningge dobori dulin ušame tucibume ere niohon indahūn si
달리니 너에게 나 큰 것 밤중에 끌어 내어 이 푸르스름한 개 너

gama. ere niohon indahūn sain indahūn. simbe dahame mutembi. ere tumen ba feksire
데려가라. 이 푸르스름한 개 좋은 개다. 너를 따를 수 있다. 이 萬 里 달리는

amba niohon morin be si dobori dulin ušame tucibuci uthai yalume yabume mutembi.
큰 푸르스름한 말 을 너 밤 중 끌어 내면 곧 타고 갈 수 있다.

dobori dulin de ajige hehe duka be neime lo han wang be yabubumbi. duka tuwakiyara niyalma
밤 중 에 작은 부인 문 을 열고 老 罕 王 을 가게 한다. 문 지키는 사람

gemu amgaha. farhūn de amba niohon morin be sabuhakū ajige niohon morin be
모두 잤다. 어둠 에 큰 푸르스름한 말 을 보지 못하고 작은 푸르스름한 말 을

ušame tucibume niohon indahūn ye dahalambi. ajige hehe gisureme
끌어 내어 푸른 개 也 따라 간다. 작은 부인 말하되

si hūdun feksi. hūdun morin feksibu. ume marime yabure. si atanggi sain bade isiname
너 빨리 달려라, 빨리 말 달리게 해라. 되돌아 가지 마라. 너 언젠가 좋은 곳에 이르러

amba wang dangnaha de si mimbe ume onggoro.
큰 왕 當함 에 너 나를 잊지 마라.

ajige hehe lo han wang be duka angga deri tucibume sujuhe. ere erin de biya tucike.
작은 부인 老 罕 王 을 문 입구 에서 나오게 하여 달렸다. 이 때 에 달 나왔다.

ajige hehe boo de marime geli amgaha. sunja
작은 부인 집 에 돌아가서 다시 잤다. 五

———

크고 한 마리는 작은데, 큰 말은 만 리를 달리고 작은 말은 천 리를 달립니다. 내가 당신에게 큰 말을 밤중에 끌어다가 내주겠습니다. 이 푸르스름한 개는 당신이 데려가십시오. 이 푸르스름한 개는 좋은 개이니, 당신을 잘 따를 것입니다. 이 만 리를 달리는 크고 푸르스름한 말을 밤중에 끌고 나갈 테니 곧 타고 갈 수 있을 것입니다."

밤중에 둘째 부인이 문을 열고 노한왕을 가게 하니, 문을 지키는 사람들이 모두 자고 있었다. 노한왕은 어두워서 크고 푸르스름한 말을 보지 못하여서 작고 푸르스름한 말을 끌고 나갔는데 푸르스름한 개도 그를 따라 갔다. 둘째 부인이 말하였다.

"빨리 달아나세요, 빨리 말을 달려서 가고, 되돌아오지 마세요, 당신이 언젠가 좋은 곳에 이르러 대왕이 되었을 때 나를 잊지 마세요!"

둘째 부인은 노한왕을 문 입구 쪽으로 나가게 하였고 노한왕은 달아났다. 그제서야 달이 나왔고, 둘째 부인은 집으로 되돌아와 다시 잤다.

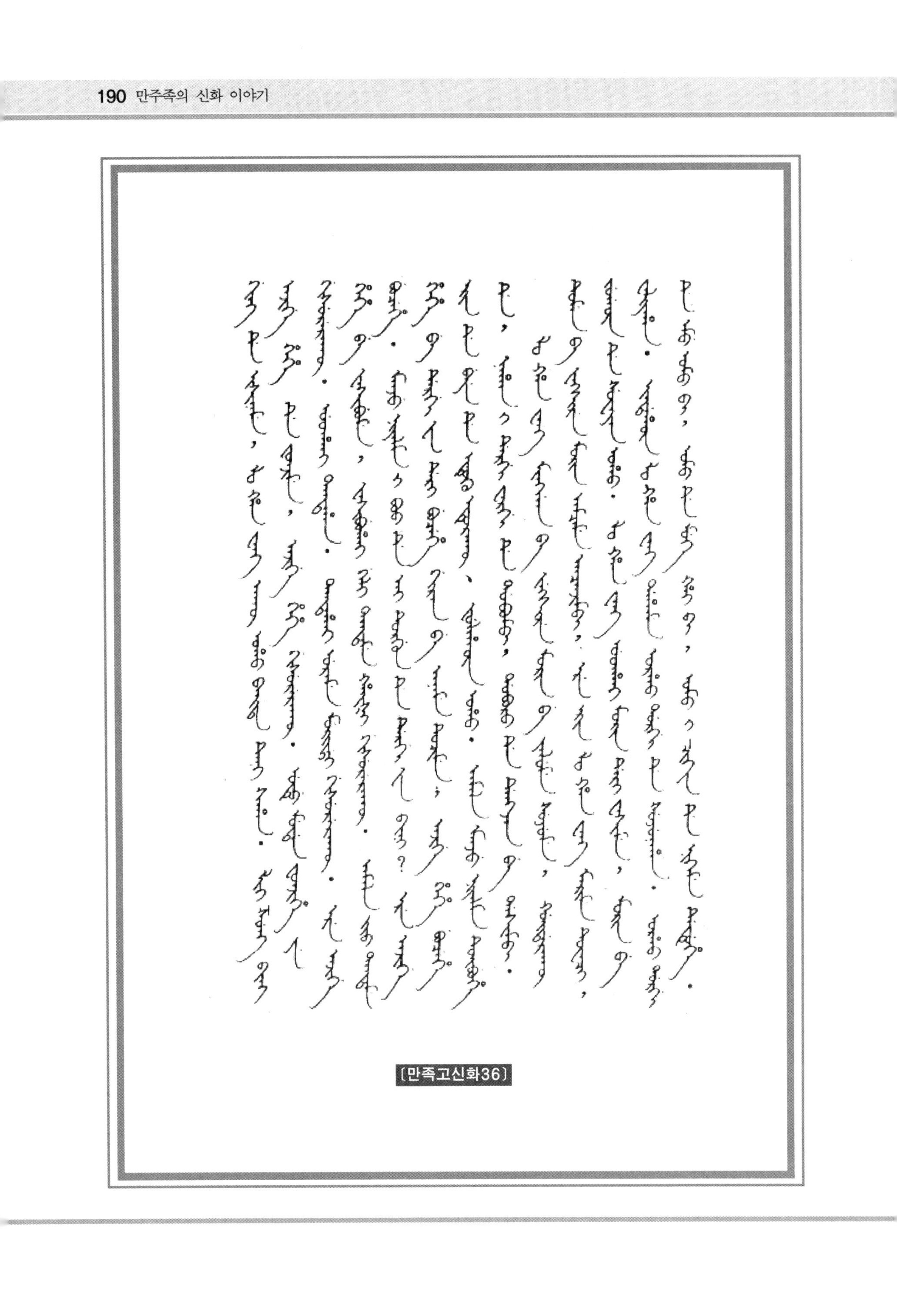

〔만족고신화36〕

ging de isiname lo han wang akū oho baita teni saha. lii dzung bing ajige hehe de
更 에 이르러 老 罕 王 사라진 일 비로소 알았다. 李 摠 兵 작은 부인 에게

fonjime ajige hehe gisurerakū. udu mudan fonjiha ye gisurerakū. uthai tantaha.
물으니 작은 부인 말하지 않았다. 몇 번 물었어도 也 말하지 않았다. 바로 때렸다.

tantahai urame muritai gisurerakū. ere ajige hehe be fasibume fasibuhai geli
때려서 피가 맺혀도 완고히 말하지 않는다. 이 작은 부인 을 매달고 매단 채로 다시

tantame haiši gisurerakū. amala jio tantame bucehe. manju niyalma i boo de ai
때려도 还是 말하지 않았다. 후에 就 때려서 죽었다. 만주 사람 의 집 에 무슨

turgun de dergi fa bini? ere ajige hehe be dergi fa deri bucehe giran be aname tucime
연유 로 동쪽 창 있냐? 이 작은 부인 을 동쪽 창 으로 시체 를 밀어 내고

ajige hehe bucehe erin de beye de etuku eturakū fulahūn oho. amala manju niyalma
작은 부인 죽은 때 에 몸 에 옷 입지 않아 알몸이었다. 후에 만주 사람

tuibuhe de nahan i dergi julergi de dobombi. doboro de dengjan be dasimbi. lo han
背灯祭함 에 구들 의 동 남쪽 에 제사 지낸다. 제사지냄 에 등잔 을 가린다. 老 罕

wang minggan ba feksire morin be yalume sujume goidarakū tumen ba feksire morin
王 千 里 달리는 말 을 타고 달려서 오래지 않아 萬 里 달리는 말

amcame amcanjimbi. ere erin lo han wang marime tuwaci jugūn de suwayan oho.
쫓고 쫓아온다. 이 때 老 罕 王 돌아 보니 길 에 누렇게 되었다.

lo han wang uthai morin deri wasime morin be waliyaha. indahūn lo han wang dahame orho
老 罕 王 즉시 말 에서 내려 말 을 버렸다. 개 老 罕 王 따라 풀

dorgi de sujunaha. orho dorgi de emu omo bi. omo de muke hai bi. omo i cikin de
안쪽 에 달려갔다. 풀숲 안쪽 에 한 호수 있다. 호수 에 물 还 있다. 호수 의 가 에

nikeme deduhe.
기대어 누웠다.

5경(五更)에 이르러 노한왕이 사라진 것을 안 이총병은 노한왕의 소재를 둘째 부인에게 물었으나 둘째 부인은 말하지 않았다. 몇 번을 추궁했어도 말하지 않아서 결국 그녀를 때렸다. 그는 피가 맺히도록 그녀를 때렸으나 끝내 말하지 않아서 둘째 부인을 매달았다. 이총병은 그녀를 매단 채로 계속 때렸지만 그녀는 결코 노한왕의 소재를 말하지 않았다. 결국 둘째 부인은 맞아서 죽어 버렸다.

만주 사람의 집에 동쪽에 창이 있다. 그 이유는 이 둘째 부인의 죽은 시신을 동쪽 창으로 밀어서 내보냈기 때문이다. 둘째 부인이 죽었을 때에 그녀는 옷을 입지 않아 알몸이었기 때문에, 이후 만주 사람이 배등제(背燈祭)할 때 캉[炕]의 동남쪽에서 제사를 지내며 등잔을 가린다.

노한왕이 천 리 달리는 말을 타고 달린 지 얼마 되지 않아 만 리 달리는 말이 뒤따라 쫓아왔다. 이때 노한왕이 돌아보니, 길이 누렇게 밝았다. 노한왕은 그 즉시 말에서 내린 후 말을 버리고 풀숲으로 도망갔다. 개도 노한왕을 따라 풀숲으로 달려갔다. 풀숲 안쪽에는 호수가 하나 있었다. 호수에 물이 있어서 노한왕은 호수가에 기대어 누웠다.

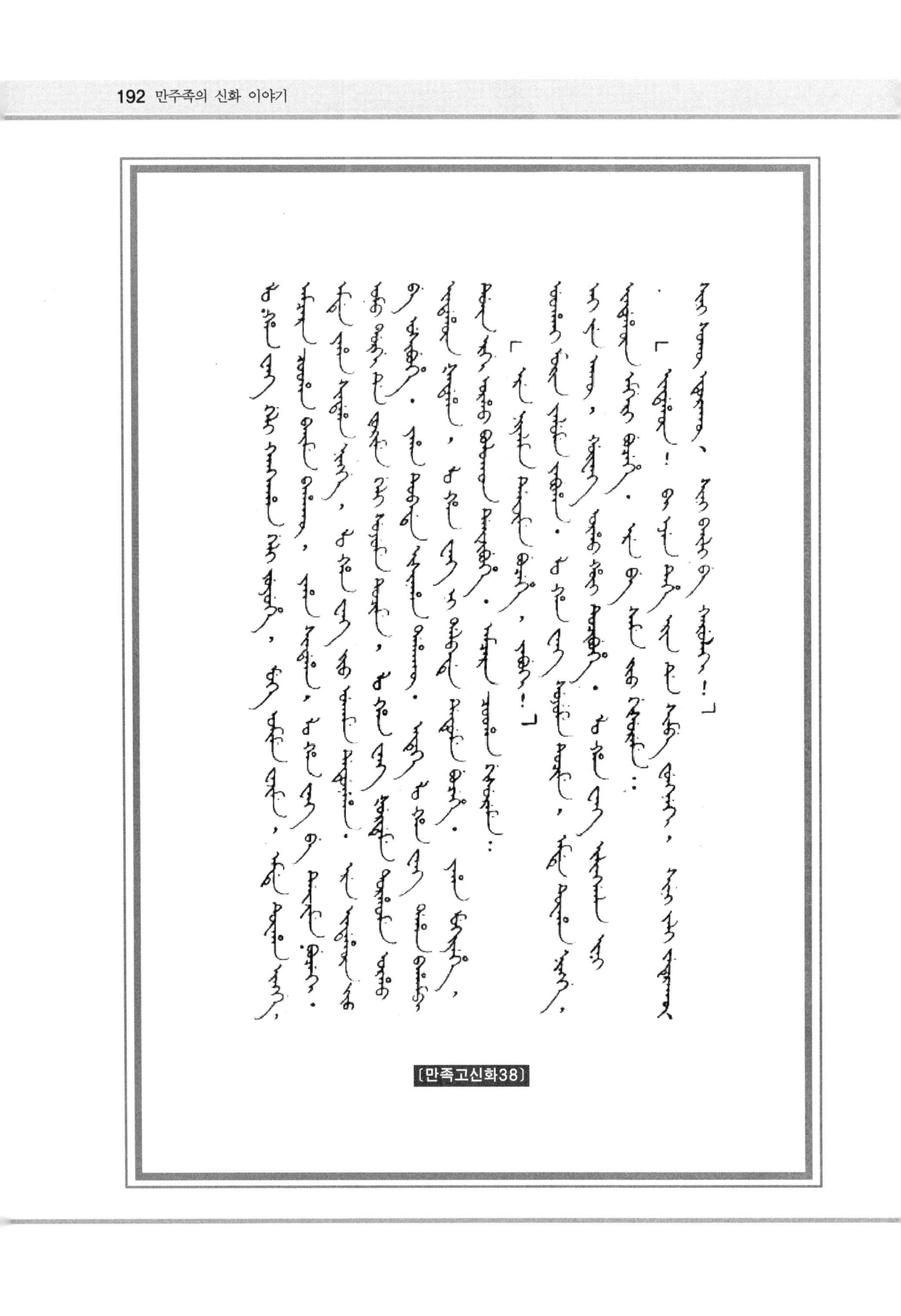

〔만족고신화38〕

lo han wang geli kangkaha. geli yuyuhe. muke omime wajime emde tuwaha ningge amcara
老 罕 王 또 목이 말랐다. 또 굶주렸다. 물 마셔 마치고 한번 본 것 쫓는

cooha baime bahakū yaha sindaha. lo han wang be deijime buceki. emde yaha sindaha ningge
군사 찾을 수 없어서 불 놓았다. 老 罕 王 을 태워 죽이자. 한번 불 피운 것

lo han wang jio ukame dedunehe. ere indahūn jio omo dorgi de furime geli sujume
老 罕 王 就 도망쳐 자러 갔다. 이 개 就 호수 안 에 자맥질하고 다시 달려

tucime lo han wang šurdeme torhome orho be usihibuhe. yaha tubade isinaha dahakū.
나와 老 罕 王 에워 둘러싸 풀숲 을 젖게 하였다. 불 거기에 다다랐고 타지 않았다.

enteke lo han wang daha bahambi. indahūn šadaha. lo han wang ni dalbade dedume bucehe.
이렇듯 老 罕 王 구원 받는다. 개 지쳤다. 老 罕 王 의 곁에 누워서 죽었다.

yaha mukiyehe, duin ergi orho bolokon deijibuhe. amcara cooha gisureme
불 꺼졌고, 네 방향 풀 깨끗이 타게 되었다. 쫓는 군사 말하되

ere niyalma deijime bucehe. yabuki.
이 사람 타 죽었다. 가자.

uthai morin yalume yabuha. lo han wang sujume tucime emde tuwaha ningge ai ye
즉시 말 타고 갔다. 老 罕 王 달려 나와서 한번 본 것 아무것 也

akū. gūwang[41] orho hūi[42] tucibuhe. lo han wang ilinggala terei indahūn emgeri bucehe.
없다. 오로지 풀숲 灰 드러났다. 老 罕 王 일어나기 전 그의 개 이미 죽었다.

ere be same jio gisureme
이 를 알고 就 말하되

indahūn! bi ejen tehe erin de simbe fungneki.[43] sini yali jeterakū. sini sukū
개야! 내 왕 된 때 에 너를 封하마. 너의 고기 먹지 않겠다. 너의 가죽

eturakū. sini baili be karulaki!
입지 않겠다. 너의 은혜 를 갚으마.

—— ◦ —— ◦ —— ◦ ——

목도 마르고 또 허기가 져서 물을 마셨다. 그러고 나서 한번 보니, 추격병이 노한왕을 찾지 못해서 풀숲에 불을 질렀다.

"노한왕을 태워 죽이자."

그들은 이렇게 말하고 한번에 불을 피웠다. 노한왕은 곧바로 도망친 후 잠을 자러 갔다. 그러자 개가 호수 안에 뛰어들었다가 다시 달려 나와서 노한왕의 주변을 에워 둘러싸서 풀을 적셨다. 불이 노한왕 근처까지 다다랐으나 불이 붙지 않아 노한왕은 목숨을 건졌다. 그렇지만 개는 지쳐 노한왕의 곁에 쓰러져 죽었다. 불이 꺼지고 사방의 풀숲이 남김없이 타 버렸다. 추격병이 말했다.

"이 사람은 타 죽어 버렸다. 가자!"

그들은 즉시 말을 타고 돌아갔다. 노한왕이 달려 나와서 보니 아무것도 없이 텅빈 풀숲에는 재만 남아있었다. 노한왕이 일어나기 전에 그의 개는 이미 죽어 있었다. 이를 알고 노한왕이 말했다.

"개야! 내가 왕위에 앉으면 너를 제후로 봉하마. 너의 고기를 먹지 않고, 너의 가죽을 입지 않으마. 너의 은혜를 갚으마!"

---

41) gūwang : 중국어 '光'의 차용어로 '단지, 오로지, 다만'의 뜻이다.
42) hūi : 중국어 '灰'의 차용어로 '재'의 뜻이다.
43) fungneki : 중국어 차용어 fung(封)에 접사 –ne가 결합한 fungnembi의 활용형이다.

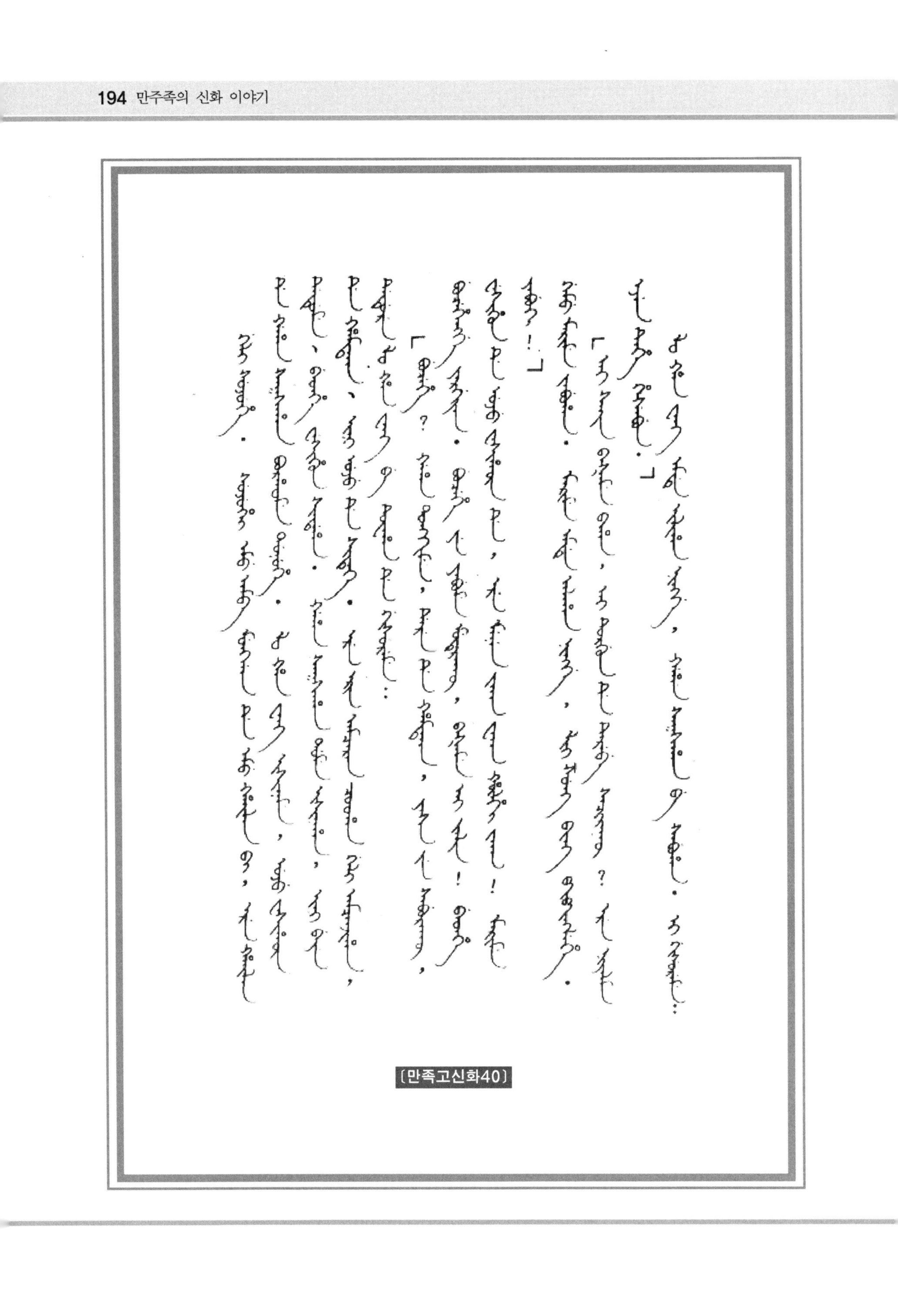

[illegible]

〔만족고신화40〕

geli sujuhe. sujuhei emu amba munggan de emu hailan bi. ere hailan de gaha
다시 뛰었다. 뛰어서 한 큰 언덕 에 한 느릅나무 있다. 이 느릅나무 에 까마귀

saksaha borhome donuhe. lo han wang isiname uju wasihūn dedume bethe wesihun
까치 모여 함께 앉았다. 老 罕 王 다다라 머리 아래로 눕고 발 위에

sindaha. gaha saksaha dome isinaha. ini beye de hamtaka, ini uju de siteke.
두었다. 까마귀 까치 내려앉아 이르렀다. 그의 몸 에 똥 누었고, 그의 머리 에 오줌 누었다.

ere erin amcara cooha geli amcanjiha. dedure lo han wang be tuwaha de gisureme
이 때 쫓는 군사 다시 쫓아왔다. 누워있는 老 罕 王 을 봄 에 말하되

bucehe. gaha tongkime dere de hamtaka. yasa ye saburakū. bucehengge yargiyan.
죽었다. 까마귀 머리를 쪼며 얼굴 에 똥을 누었다. 눈 也 보이지 않는다, 죽은 것 진짜다.

bucehe ye yabume muterakū bašame ai jalin? bethe wesihun de uju wasihūn de ere
죽어서 也 갈 수 없으니 쫓아내어 무엇 때문이냐? 발 위 에 머리 아래 에 이

menen jaka waka. hūlhi jaka. marime yabuki.
둔한 것 아니다. 멍청한 것. 되돌아 가자.

gemu marime yabuha. marime emde alaha ningge lii dzung bing pipinglehe.[44)]
모두 돌아 갔다. 돌아가 한번 아뢴 것 李 摠 兵 비판했다.

ai sain bašame baha? ai turgun de terebe sacirakū? ere niyalma ejen
어찌 잘 쫓아 잡았느냐? 무슨 이유 에 그 를 베지 않았느냐? 이 사람 왕

tehe hesebun. lo han wang emde iliha ningge gaha saksaha be sabuha i gisureme
된 운명이다. 老 罕 王 한번 일어선 것 까마귀 까치 를 보고서 말하되

—— ∘ —— ∘ —— ∘ ——

노한왕은 다시 달아났다. 달아나고 있는데 큰 언덕에 느릅나무가 한 그루 있었다. 이 느릅나무에 까마귀와 까치가 모여서 서로 앉아 있었다. 노한왕이 이곳에 다다라 머리는 아래로 하여 눕고 발은 위에 두었다. 까마귀와 까치가 앉아서 그의 몸에 똥을 누었고, 그의 머리에 오줌을 누었다. 이때 추격병이 다시 쫓아왔다. 그들은 누워 있는 노한왕을 보면서 말했다.

> "죽었구나. 까마귀가 머리를 쪼며 얼굴에 똥을 누었고, 눈 또한 보이지 않으니 죽은 게 분명하다. 죽어서는 도망갈 수 없으니 무엇 때문에 쫓으랴! 발이 위에 있고 머리가 아래에 있는 이 둔한 놈! 아니, 어리석은 놈! 돌아가자!"

그리고는 모두 돌아갔다. 그들이 돌아가서 즉시 이총병에게 아뢰니 이총병이 꾸짖었다.

> "뭘 잘 쫓아서 잡은 것이냐? 무슨 이유로 그를 베지 않았는가? 그 사람은 왕위에 앉을 운명이다."

노한왕이 일순간 서서 까마귀와 까치를 보며 말했다.

---

44) pipinglehe : 중국어 차용어 piping(批評)에 접사 -le가 결합한 pipinglembi의 활용형이다.

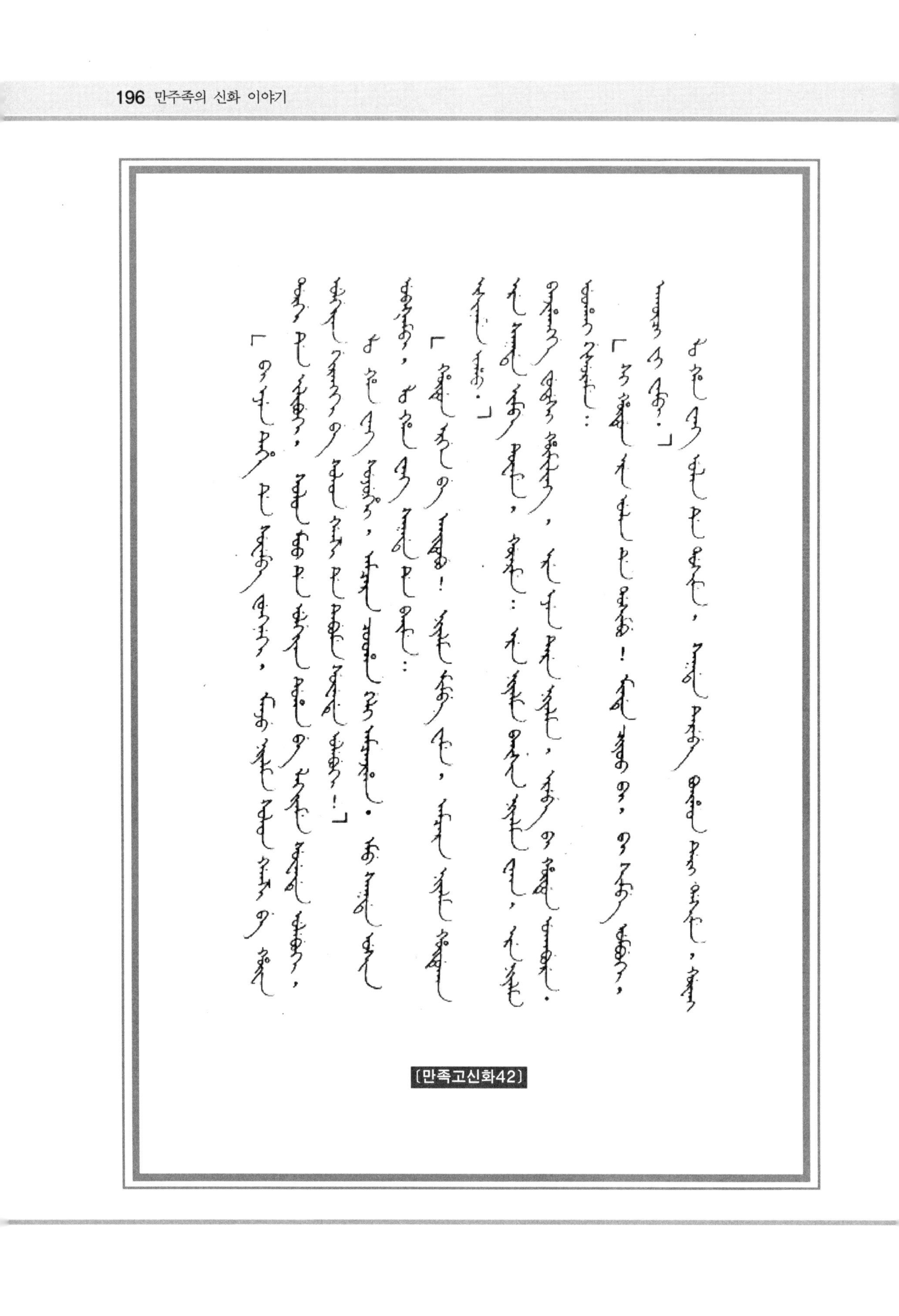

〔만족고신화42〕

bi ejen tehe de suwembe fungneki. manju niyalma solon gandzi[45] be hūwa dorgi de
나 왕 됨 에 너희를 封하마. 만주 사람 神竿 을 뜰 안 에

ilibuki. solon moo[46] de ulgiyan duha be lakiyame suwende ulebuki. ulgiyan giranggi
세우게 하마. 神竿 에 돼지 창자 를 걸어 너희에게 먹이마. 돼지 뼈

be solon gandzi de tebume suwende ulebuki. lo han wang sujuhei amcara cooha geli
를 神竿 에 놓아 너희에게 먹이마. 老 罕 王 달리니 쫓는 병사 또

amcanjiha. emu sakda usin ubašambi, lo han wang sakda de baime
쫓아왔다. 한 노인 밭 간다. 老 罕 王 노인 에게 청하되

hūdun ergen be aitubu. niyalma mimbe wame amcara niyalma hūdukan isiname oho. ere
빨리 목숨 을 구해주라. 사람 나를 죽여 쫓는 사람 좀 빨리 이르게 되었다. 이

sakda imbe tuwame gūnime ere niyalma baisin[47] niyalma waka. ere niyalma banjihangge
노인 그를 보고 생각하되 이 사람 평범한 사람 아니다. 이 사람 생긴 것

fudasi hūmaling. ere ejen tere niyalma, erebe bi hūdun ukabure.
반골 영리하다. 이 왕 될 사람. 이를 나 빨리 도망시키리라.

uthai gisureme
곧 말하되

si hūdun ere ulan de dosimbu. minde coo bi. bi simbe umbuki. akūci fi wambi.
너 빨리 이 구덩이 에 들게 하여라. 나에게 가래 있다. 나 너를 묻으마. 아니면 非 죽다.

lo han wang ulan de dosime sakda terebe boihon deri dasime gūwang
老 罕 王 구덩이 에 들어가니, 노인 그를 흙 으로 덮어 光

—— ◦ —— ◦ —— ◦ ——

"내가 왕이 되면 너희에게 벼슬을 내리마. 만주사람이 신간(神竿)을 뜰 안에 세우마. 신간(神竿)에 돼지 창자를 걸어 너희에게 먹이마. 돼지뼈를 신간(神竿)에 올려놓아 너희에게 먹이마."

노한왕이 도망가니 추격병이 다시 쫓아왔다. 한 노인이 밭을 갈고 있었다. 노한왕이 노인에게 빌며 말했다.

"제 목숨 좀 빨리 구해 주세요. 저를 죽이려는 추격병이 얼마 안 있어서 도착하게 될 겁니다."

노인은 그를 보고 생각했다.
'이 사람은 보통 사람이 아니다. 반골처럼 생긴데다가 영리하기까지 하다. 왕에 앉을 사람이니, 내가 빨리 이 사람을 도망시켜야겠다.'
노인은 곧 말하였다.

"너는 빨리 이 구덩이에 들어가라. 나에게 가래가 있으니 내가 너를 묻으마. 그렇지 않으면 반드시 죽게 될 것이다."

노한왕이 도랑에 들어가니, 노인이 그를 흙으로 숨겨

---

45) solon gandzi : gandzi는 중국어 '杆子'의 차용어로서 '신간(神竿)'의 뜻이다.
46) solon moo : '신간(神竿)'을 뜻한다.
47) baisin : 중국어 '白身'의 차용어로 '평민, 백성, 입신양명하지 못한 사람'의 뜻이다.

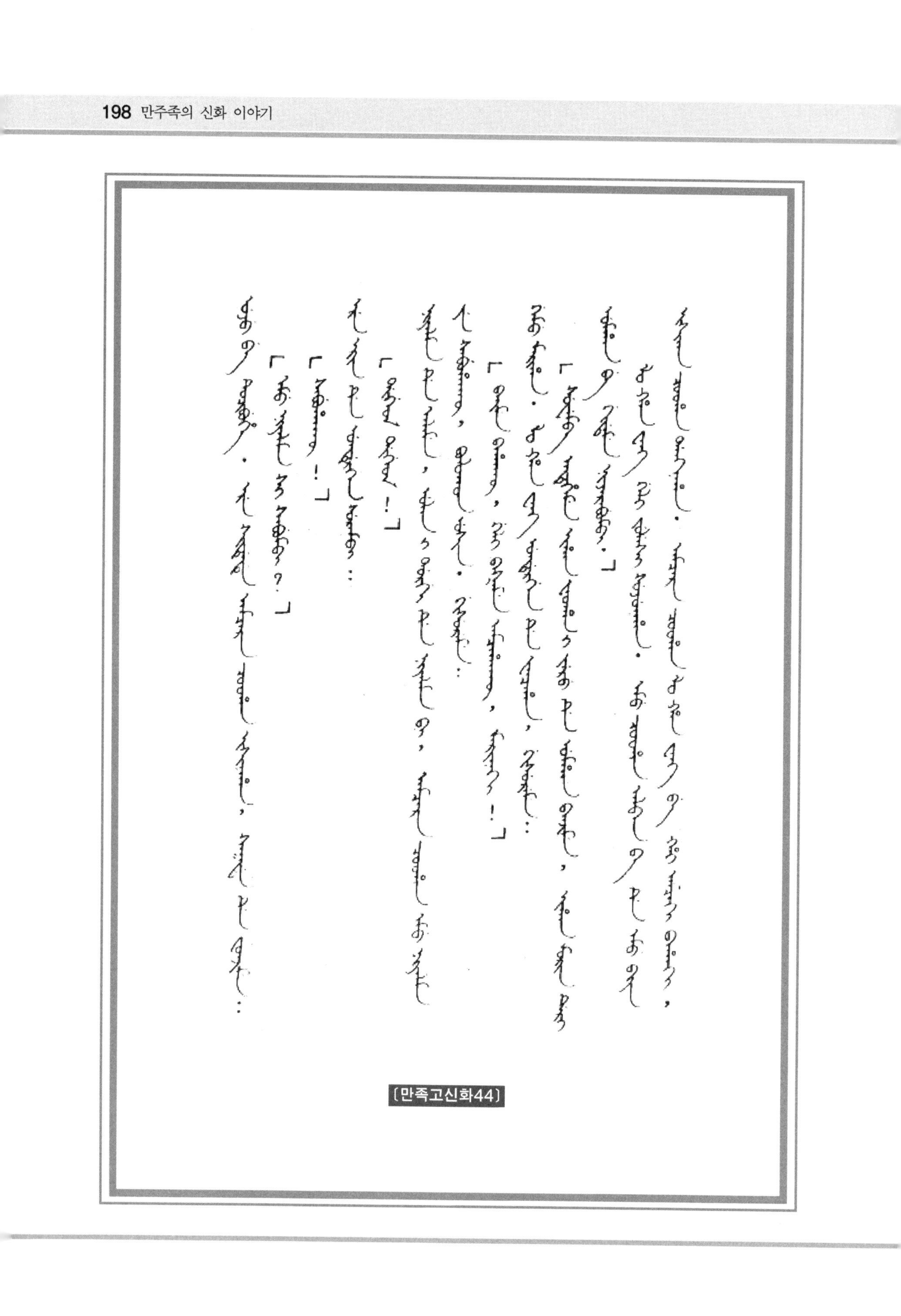

[만족고신화44]

uju be tucibuhe. ere sidende amcara cooha isinaha. sakda de fonjime
머리 를 나오게하였다. 이 사이에 좇는 병사 이르렀다. 노인 에게 묻되

emu niyalma si sabumbi?[48] sabuhakū.
한 사람 너 보느냐? 보지 않았다.

ere erin de undergen[49] surambi. digeo, digeo[50]!
이 때 에 메추라기 외친다. 地沟, 地沟.

niyalma de alame ulan i dorgi de niyalma bi.
사람 에게 알리되 구덩이 의 안 에 사람 있다.

amcara cooha emu niyalma ye sabuhakū. bolokon usin. gisureme
좇는 병사 한 사람 也 보지 못했다, 깨끗한 밭이다. 말하되

baime bahakū. geli bašame amcahakū. marinaki.
찾아 잡지 못했다. 또 좇아 잡지 못했다. 돌아가자.

gemu mariha. lo han wang undergen de fancaha. gisureme
모두 돌아갔다. 老 罕 王 메추라기 에게 화냈다. 말하되

suwembe enteheme ihan fatha i yeru[51] de umhan banjime ihan morin deri umhan be gidame
너희를 영원히 소 발굽 의 구멍 에 알 낳아 소 말 에게 알 을 눌러

nijarabumbi.
짓부수게 하겠다.

lo han wang geli julesi sujunaha. emu cooha alban ba[52] de emu biya isika cooha dangnaha.
老 罕 王 다시 앞으로 달려갔다. 한 병사 公務 곳 에서 한 달 쯤 병사 當하였다.

amcara cooha lo han wang be hai amcaki. bahaki,
좇는 병사 老 罕 王 을 還 쫓자. 잡자

—— ◦ —— ◦ —— ◦ ——

단지 머리를 드러내게 하였다. 이 사이에 추격병이 도착하여 노인에게 물었다.

"어떤 사람을 보지 못하였나?"

"못 보았습니다."

이때 메추라기가 외쳤다.

"도랑! 도랑!"

메추라기가 사람에게 알렸다.

"도랑 안에 사람이 있다."

그러나 추격병은 한 사람도 이를 보지 못했다. 다 밭뿐이었다.
추격병들이 말하였다.

"찾아 보았으나 잡지 못했고, 또 좇아가 보았으나 따라잡지 못했다. 돌아가자."

추격병들은 모두 돌아갔다. 노한왕이 메추라기에게 화를 내면서 말하였다.

"너희를 영원히 소발굽 자리에 지은 둥지에 알을 낳게 하여 소와 말에게 알을 눌러 짓부수게 하겠다."

노한왕은 다시 앞쪽으로 도망갔다. 그리고 한 병영(兵營) 지역에서 한 달쯤 병사로 복무했다. 추격병이 노한왕을 여전히 좇는다는

48) 문맥상 의문문으로 표현하여야 하는데 서술문으로 쓰였다.

49) undergen : 만주어 사전에서는 확인되지 않는다. 烏拉希春(1986)에서는 '鵪鶉' 즉 메추라기로 대역되어 있다.

50) digeo : 烏拉希春(1986)에서는 digeol이라고 되어 있으나 음성 전사 digəu와 중국어 '地沟'의 발음을 참고할 때 digeo로 보는 것이 적절하다. '地沟' 중국어 차용어로 '땅 구덩이'의 뜻이다.

51) ihan fatha i yeru : 소 발굽의 둥지. 여기서는 '소 발굽 자리에 지은 꿩의 둥지'의 뜻이다.

52) cooha alban ba : '병영(兵營)'을 가리킨다.

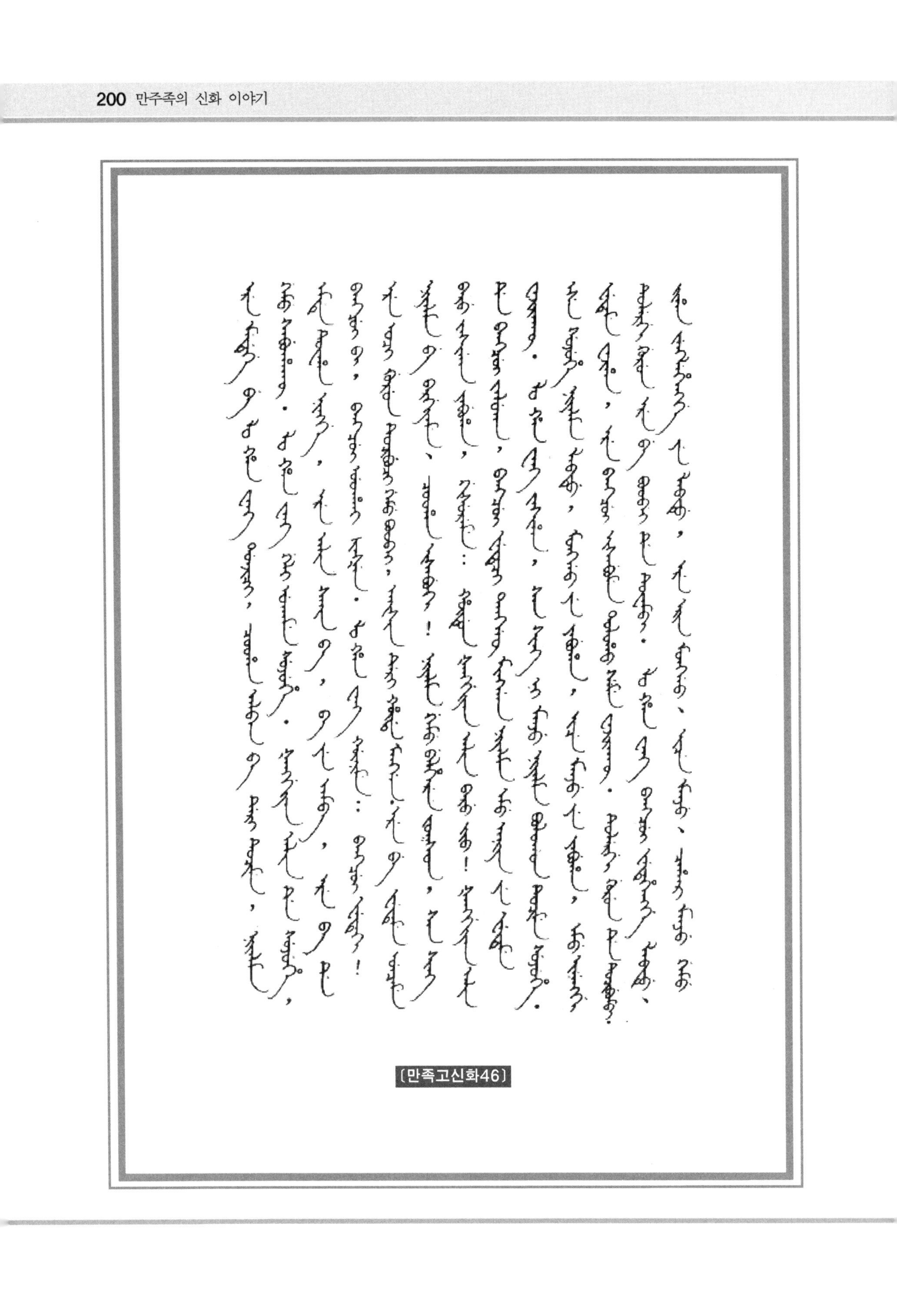

〔만족고신화46〕

ere medege be lo han wang donjici cooha alban deri tucime niyalma gemu sabuhakū.
이 소식 을 老 罕 王 듣고 병사 관리 에서 나와 사람 모두 보지 못했다.

lo han wang geli ukame sujuhe. šanggiyan alin de sujuhe. emde tuwaha ningge ere
老 罕 王 다시 도망하여 달렸다 흰 산 에 달려갔다. 한번 본 것 이

alin sain ba. ba ye amba. ere ba de bangcui[53] bi. bangcui uthai žinšen.[54] lo han wang
산 좋은 곳. 장소 也 넓다. 이 곳 에 棒槌 있다. 棒槌 곧 人蔘. 老 罕 王

gūnime bangcui feteki. ere oci gurun tucibuci gemu boobai, aisin deri hūda mangga.
생각하되 棒槌 파자. 이러 하면 나라 나가게 하면 모두 보배 금 보다 값 비싸다.

ere be feteme uncame niyalma be bargiyame cooha isabuki. niyalma gemu belhere jokson
이것 을 파고 팔아 사람 을 거두고 병사 모으게 하자. 사람 모두 준비할 당초에

san sing baru jasigan yabuha. gisureme
三 姓 쪽으로 소식 갔다. 말하되

ūdun šanggiyan alin baru jio. šanggiyan alin de bangcui jaluka. bangcui feteci
빨리 白 山 쪽으로 와라. 白 山 에 棒槌 가득했다. 棒槌 파면

tanggū minggan niyalma emu aniya ye feteme wajirakū.
백 천 사람 한 해 也 파내어 마치지 못한다.

lo han wang jasiha. san sing ni manju niyalma bolokon tucime sujuhe. ese sujuhe
老 罕 王 소식 전했다. 三 姓 의 만주 사람 남김없이 나와서 달려갔다. 이들 달려간

niyalma labdu. monggo ye yabuha. ice manju ye yabuha. emu inenggi feteme wajiha. ere
사람 많다. 몽골 也 갔다. 새 만주 也 갔다. 한 날 파내어 마쳤다. 이

bangcui isabume toloho seme wajirakū. tulergi gurun de tucibumbi. tulergi gurun erebe
棒槌 모아서 헤아렸다 해도 안 끝난다. 바깥 나라 에 내게 한다. 바깥 나라 이것을

boobai de tuwambi. lo han wang bangcui fetehengge labdu. jiha jenglehengge[55] ye labdu.
보배 로 본다. 老 罕 王 棒槌 판 것 많다. 돈 번 것 也 많다.

ere erin monggo, ice manju. cahar[56] manju gemu
이 때 몽고 새 만주 cahar 만주 모두

—— ◦ —— ◦ —— ◦ ——

소식을 듣고 노한왕이 병영(兵營)에서 나갔으나 사람들은 모두 이를 보지 못했다. 노한왕은 다시 도망쳐 장백산으로 달아났다. 노한왕이 보기에 이 산은 터도 좋고 장소도 넓었다. 이곳에 봉추(棒槌)가 난다. 봉추(棒槌)는 바로 인삼(人蔘)이다. 노한왕이 생각했다. '봉추(棒槌)를 캐내자. 이를 나라 밖으로 가지고 나가면 모두 보배이니, 금보다 값이 비싸다. 이것을 캐내어 팔아서 사람들을 거두고 병사를 모으자.' 노한왕이 사람들을 모으기 시작할 즈음에 삼성(三姓) 쪽으로도 이 소식이 전해졌다. 사람들이 말하였다.

"빨리 장백산으로 가라. 장백산에 봉추(棒槌)가 가득하다. 봉추(棒槌)를 백 명, 아니 천 명이 한 해 동안 캐내어도 다 캘 수 없다."

그리고 사람들은 노한왕의 소식도 전하였다. 삼성의 만주 사람들은 모두 나와서 달려갔다. 이렇게 달려간 사람이 많았다. 몽골인도 갔고 신만주족도 갔다. 하루 동안 인삼을 모두 파낸 후 인삼을 모았는데, 그 수를 다 셀 수 없었다. 이를 외국에 내어 팔았다. 외국에서는 이것을 보배로 여긴다. 노한왕은 인삼을 많이 팔아 돈을 많이 벌었다. 이때 몽고인, 신만주인, 차하르 만주인이 모두 그를 뒤따랐다.

---

53) bangcui : 중국어 '棒槌'의 차용어로 '몽둥이'를 뜻하는데 '산삼'을 달리 이르는 말이다.
54) žinšen : 중국어 '人蔘'의 차용어이다.
55) jenglehengge : 중국어 차용어 jeng(挣)에 접사 -le가 결합한 jenglembi의 활용형으로 '돈을 벌다'의 뜻이다.
56) cahar : 몽골의 소수민족 차하르(察哈爾)의 명칭이다.

〔만족고신화48〕

dahalambi. cooha morin labdu. morin udame liyangši[57] udame, jeme wajirakū. liyangši
따른다. 병사 말 많다. 말 사고 糧食 사서, 먹어도 끝나지 않는다. 糧食

jaluka. tere u san gui ejen tehe de si siya be tantambi. lo han wang ni jakade cooha
가득하다. 그때 吳 三 桂 왕 됨 에 西 夏 를 친다. 老 罕 王 의 곁에 병사

be juwen gaiha. emde juwen gaiha ningge lo han wang jio gisureme
를 빌렸다. 한번 빌린 것 老 罕 王 就 말하되

ome, ome, sini cooha cira. mini cooha uyan. mini cooha doholon dogo jadaha
그래, 그래. 너의 병사 강하다. 나의 병사 나약하다. 나의 병사 저는 놈 눈먼 놈 병들고

muyahūn akū cooha sini cooha gemu sain cooha. si julergi tanta. bi amargi tantaki.
온전하지 않은 병사 너의 병사 모두 좋은 병사. 너 앞 쳐라. 나 뒤 치마.

u san gui gisureme
吳 三 桂 말하되

ome, ome. bi julergi tantame si amargi tantaki. muse emgi ging hecen de tantana.
그래, 그래. 나 앞 치고 너 뒤 치자. 우리 함께 京 城 에 치러가자.

ging hecen be tantame bahaci be jio dendeme baha.
京 城 을 쳐서 얻으면 우리 就 나누어 가졌다.

u san gui uthai cooha tucime ging hecen be tantanambi. lo han wang uthai dahalambi.
오 삼 계 즉시 병사 내어서 京 城 을 치러간다. 老 罕 王 즉시 뒤따른다.

dahalame gūnin de enteke gūninambi. ging hecen de dosime
뒤따르며 생각 에 이렇게 생각난다. 京 城 에 들어가서

병사와 말도 많아졌다. 말을 사고 양식을 사서 먹여도 다 못 먹일 정도로 양식이 가득했다.
이때 오삼계가 왕이 되어 서하(西夏)를 쳤다. 그는 노한왕의 곁에 와서 병사를 빌렸다.
노한왕이 말했다.

"그래, 그래. 너의 병사는 강하고, 나의 병사는 약하다. 나의 병사는 다리 저는 놈, 눈먼 놈, 병든 놈 등 온전하지 않은 병사들이나, 너의 병사는 모두 좋은 병사들이니 네가 앞을 쳐라, 내가 뒤를 치겠다."

오삼계가 말했다.

"그래, 그래. 내가 앞을 칠 테니 네가 뒤를 쳐라. 우리 함께 경성(京城)에 쳐들어가서 함락시키면 이를 곧 나누어 갖자."
오삼계가 즉시 병사를 내어서, 경성을 쳤다. 노한왕도 즉시 뒤따라갔다. 뒤따르면서 언뜻 이런 생각이 떠올랐다.
'경성에 들어가서

57) liyangši : 중국어 '식량(糧食)'의 차용어이다.

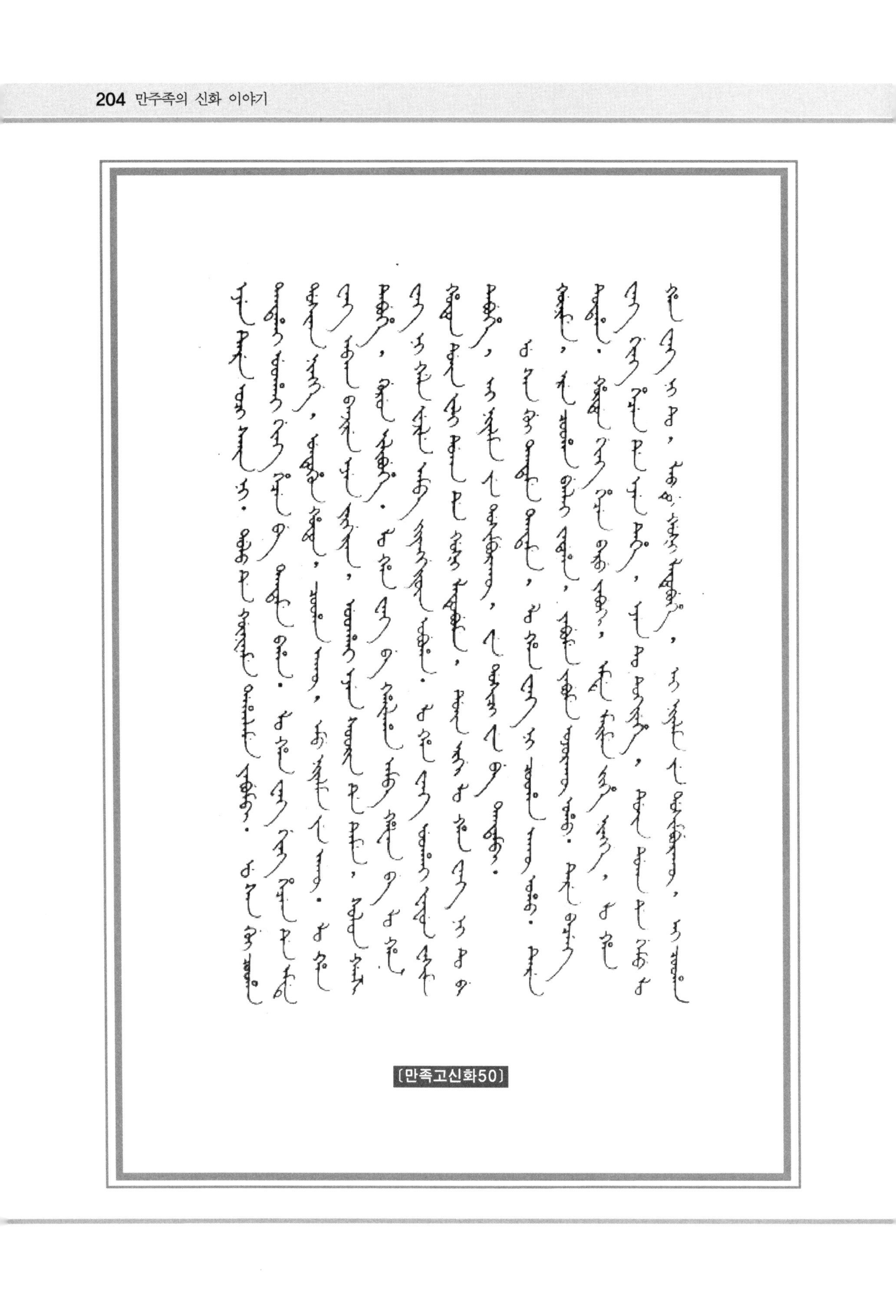

〔만족고신화50〕

ejen tere oci sain ni. dolo de gūniname dahalame yabumbi. u san gui cooha tantahai
왕 되게 되면 좋다. 마음 에 생각나서 따라 간다. 吳 三 桂 군사 공격하니

uthai ging hecen be tantame baha. lo han wang ging hecen de emde dosika ningge
즉시 京 城 을 쳐서 취했다. 老 罕 王 京 城 에 한번 들어간 것

untuhun hoton, cooha akū. emu niyalma ye akū. lo han wang abka banjire ejen yargiyan.
빈 성 군사 없다. 한 사람 也 없다. 老 罕 王 하늘 내는 왕 사실.

uthai ejen soorin de teme solon gandzi tebuhe. gurun ilibuhe. lo han wang be hailaha[58]
즉시 왕 왕위 에 앉아서 神竿 설치했다. 나라 세웠다. 老 罕 王 을 害한

amba hafan be lo han wang ni gala fejile amba jiyanggiyūn obuha. lo han wang uthai
大 官 을 老 罕 王 의 翼 아래 대 장군 되게 했다. 老 罕 王 곧

fafun wasime hoton duin fali duka de goši[59] latubume, duin ergi lo han wang ni tu be
칙령 내려서 성 4 개 문 에 告示 붙이게 하고 네 쪽 老 罕 王 의 纛 를

tebuhe. ai niyalma ye dosimburakū. we dosici we be tantambi.
세웠다. 어떤 사람 也 들어오게 하지 않는다. 누가 들어오든 누구 를 공격한다.

u san gui tantame tantame lo han wang ni cooha akū oho. tere gūnime ere cooha benlai[60]
吳 三 桂 공격하고 공격하여 老 罕 王 의 군사 없었다. 그 생각하되 이 군사 本來

jadaha. yabume yabume ojorakū oho. tere baceng tutaha. hūdun ging hecen baru
병들었다. 가고 가서 되지 않았다. 그 八成 뒤처졌다. 급히 京 城 으로

yabuki. emde marime jihe ningge lo han wang ging hecen de ejen tehe. ejen tu
가자. 한번 돌아 온 것 老 罕 王 京 城 에 왕 되었다. 왕 纛

tukiyehe, duin duka de gemu lo han wang ni tu labdu goši latubuhe, ai niyalma ye
세웠다. 네 문 에 모두 老 罕 王 의 纛 많고 告示 붙였다. 어떤 사람 也

dosimburakū ai cooha
들어오지 못하고 어느 병사

—— ◦ —— ◦ —— ◦ ——

왕에 앉게 되면 좋겠구나.'

그는 마음속으로 이렇게 생각하며 따라갔다. 오삼계의 군사가 공격해서 즉시 경성을 쳐서 함락시켰다. 노한왕이 경성에 함께 들어가니 성도 비어 있고 군사도 한 사람도 없었다. 노한왕은 하늘이 보낸 왕이 맞았다. 그는 즉시 왕위에 앉아 신간(神竿)을 세우고 나라를 일으켰다. 노한왕을 해치려 한 대관인 이총병을 노한왕 휘하의 대장군으로 삼았다. 노한왕은 곧 칙령을 내려서 성의 네 문에 고시를 붙이게 하고, 네 곳에 노한왕의 깃발을 세웠다.

"아무도 들어오지 못한다. 누구든지 들어오면 공격할 것이다."

오삼계가 공격에 열중하다가 노한왕의 군사가 없어진 것을 눈치챘다. 그는 생각했다.

'그의 군사는 본래부터 성치 않아 계속 갈 수 없게 된 것이구나. 그들은 아마도 뒤쳐진 것이리라. 급히 경성(京城)을 향해 가자.'

오삼계가 돌아오니 노한왕이 경성에서 왕이 되었고, 주인의 깃발을 세워 네 문마다 노한왕의 깃발이 많았으며 또 고시도 붙어 있었다.

"어떤 사람도 들어오지 못하고, 어떤 병사도

---

58) hailambi : 중국어 차용어 hai(害)에 접사 -la가 결합한 형태로 여기서는 '해하다, 해치다'의 뜻이다.

59) goši : 중국어 '告示'의 차용어이다.

60) benlai : 중국어 '本來'의 차용어로 '본래, 본디'의 뜻이다.

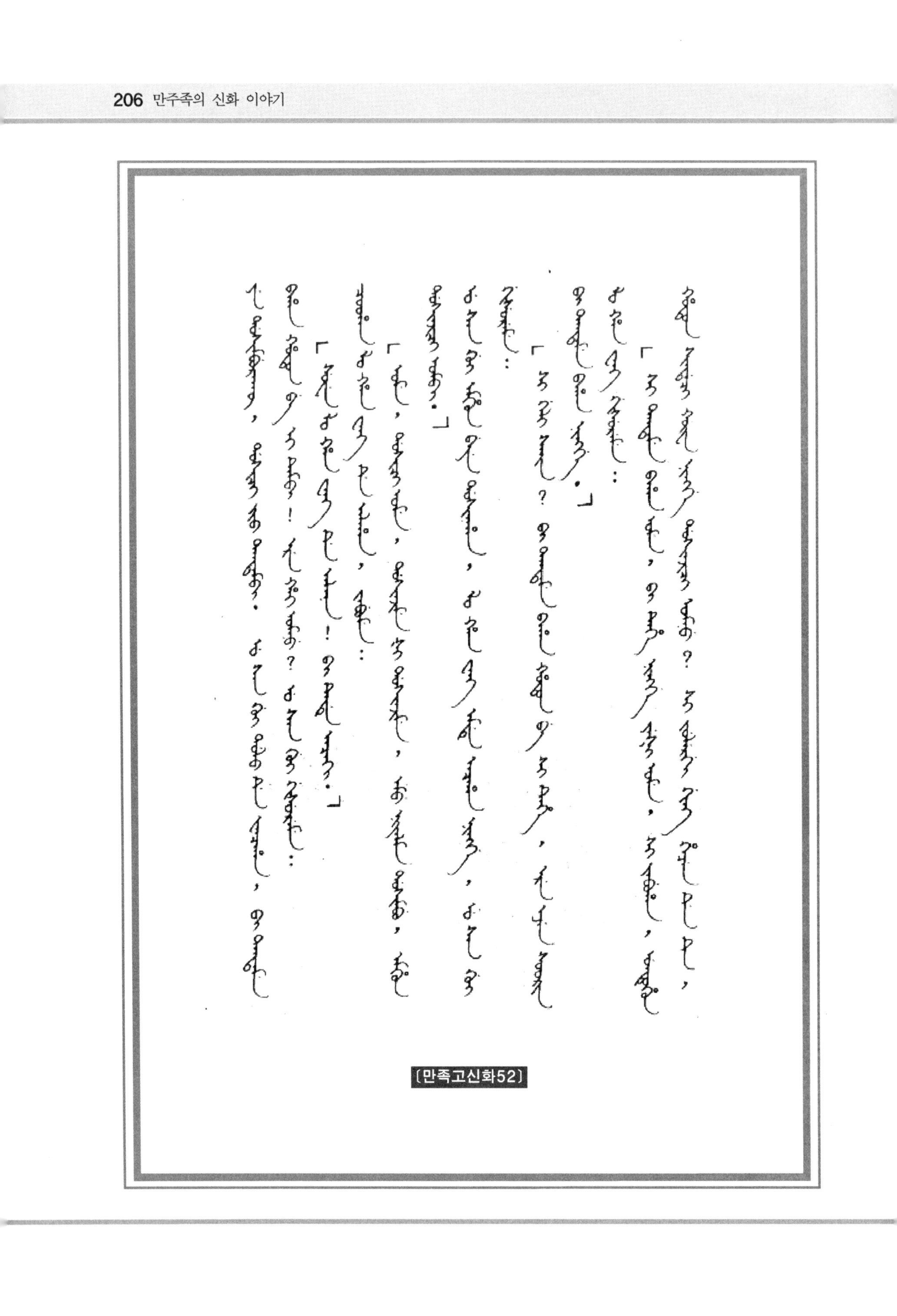

〔만족고신화52〕

ye dosimburakū, dosici jio tantambi. u san gui dolo de fancaka.
也 들어오지 못한다. 들어오면 就 공격한다. 吳 三 桂 속 에 화났다.

bi tantame baha hoton be i tembi. ere hai ombi nio?
나 공격하여 얻은 성 을 그 차지한다. 이 還 되느냐?

u san gui gisureme: suwe lo han wang de alana! bi tede acaki.
吳 三 桂 말하되: 너희 老 罕 王 에게 알리러 가라! 나 그곳에서 만나자.

cooha lo han wang de alaha. jabume
병사 老 罕 王 에게 알렸다. 대답하되

ome. dosici ome. dosinjime ši[61] dosinjime emu niyalma dosimbu. emhun dosinjici ombi.
된다. 들어오면 된다. 들어오고 是 들어오되 한 사람 들여라. 홀로 들어오면 된다.

u san gui emhun beye dosinaha. lo han wang emde acaha ningge u san gui gisureme
吳 三 桂 혼자 몸 들어왔다. 老 罕 王 한번 만난 것 吳 三 桂 말하되

si geli sain. bi tantame baha hoton be si tehe. ere ejen soorin bi tantame baha ningge.
너 도 좋다. 나 공격하여 얻은 성 을 너 차지했다. 이 왕 왕좌 나 공격하여 얻은 것이다.

lo han wang gisureme
老 罕 王 말하되

si tantame baha ombi, bi tehe ningge yeši[62] ombi. si yabuha untuhun hoton sindaci
너 공격하여 얻은 것 되고, 나 앉은 것 也是 된다. 너 갔고 빈 성 두면

gūwa ningge dosinjici ombi nio? si julergi ging hecen de te.
다른 이 들어오면 되겠느냐? 너 南 京 城 에 머물러라.

—— ◦ —— ◦ —— ◦ ——

들어오지 못한다. 들어오면 바로 공격할 것이다."

오삼계는 속으로 화가 났다.

"내가 공격하여 얻은 성을 그가 차지해 버렸다. 어찌 이럴 수가 있는가? 너희는 노한왕에게 알리러 가라! 내가 그곳에서 그를 만나겠다."

병사가 노한왕에게 이에 대해 알리니, 노한왕이 대답했다.

"좋다. 들어와도 된다. 들어오려면 들어오되, 한 사람만 들어오게 하라. 홀로 들어올 수 있다."

오삼계는 홀로 노한왕에게 갔다. 노한왕과 만난 후 오삼계가 말했다.

"안녕하냐? 내가 공격해 얻은 성을 네가 차지해 버렸다. 이 왕좌는 내가 공격해서 얻은 것이다."

노한왕이 말했다.

"네가 공격하여 얻은 것도 맞고 내가 왕좌에 앉은 것도 맞다. 그렇지만 네가 떠나 빈 성을 그대로 두어서 다른 사람이 들어와 차지하면 되겠느냐? 너는 남경성(南京城)에 머물러라.

---

61) ši : 중국어 '是'의 차용어로 '~하기는 하지만'의 뜻이다.
62) yeši : 중국어 '也是'의 차용어로 '역시도'의 뜻이다.

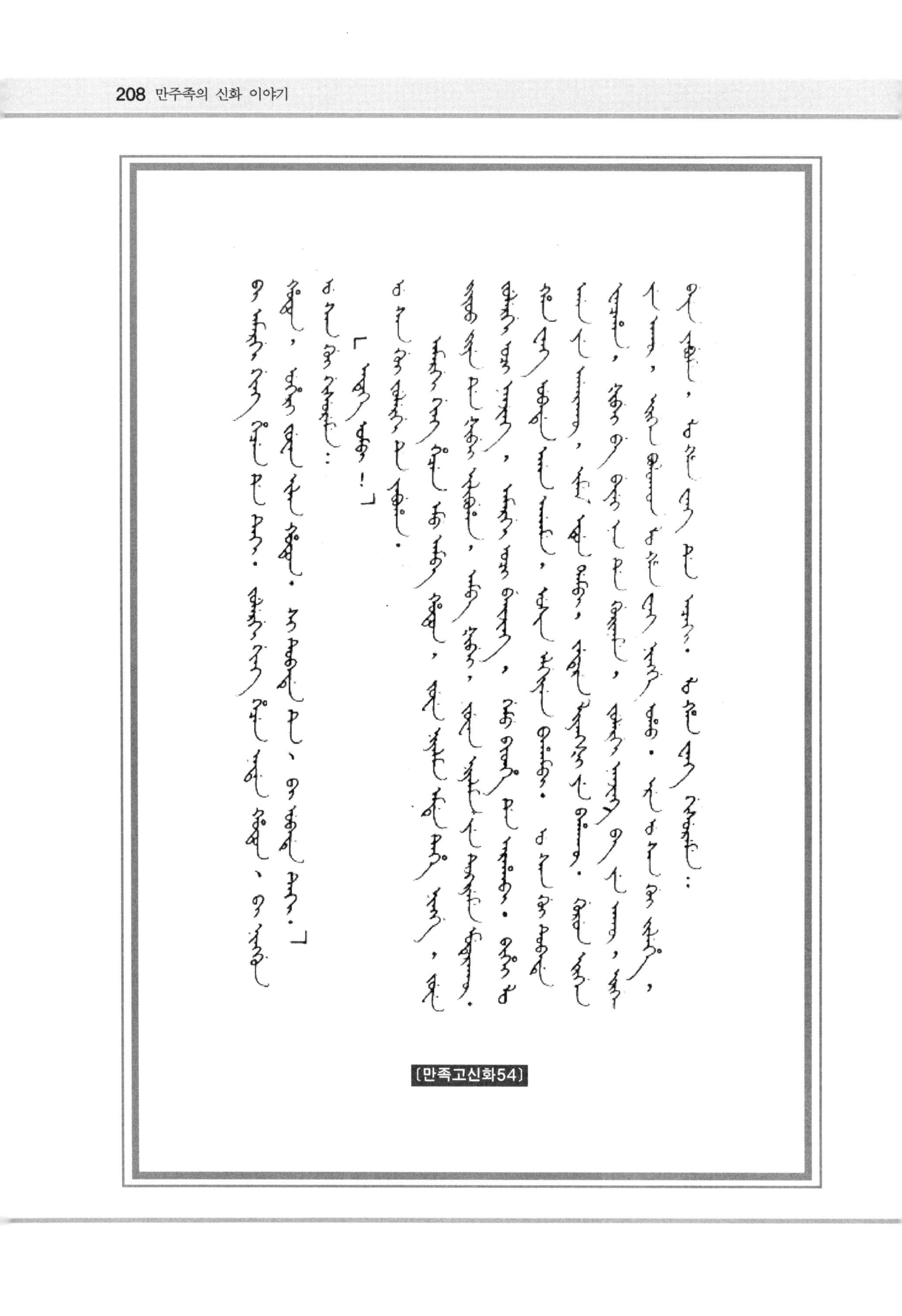

(만족고신화54)

bi amargi ging hecen de teki. julergi ging hecen[63] nadan hoton, bi ninggun hoton,
나 北 京 城 에 머무르마. 南 京 城 7 城 나 6 城

uheri juwan ilan hoton. si tubade te. bi ubade teki.
모두 10 3 城 너 그곳에 머물러라. 나 이곳에 머물마.

u san gui gisureme
吳 三 桂 말하되

enteke ombi.
이러면 된다.

u san gui julergi de yabuha. amargi ging hecen emu amba hoton. juwe niyalma emde tehe ningge
吳 三 桂 남쪽 에 갔다. 北 京 城 한 큰 성이다. 두 사람 한번 머문 것

juwe jiyoo jiye[64] de šibei[65] ilibuha. amba šibei, juwan niyalma ye tukiyeme muterakū. julergi
두 交 界 에 石碑 세웠다. 큰 石碑, 10 사람 也 들 수 없다. 남쪽

oci nanjing, amargi oci beijing gemu bithe de arahabi. bihei lo han wang ubade aga agame
은 南京 북쪽 은 北京 모두 글 에 썼다. 있었더니 老 罕 王 여기에 비 내려

usin elgiyen bahambi. u san gui tubade aga ye agarakū imel edun dambi. jetere liyangši
밭 풍족하게 얻는다. 吳 三 桂 그곳에 비 也 오지 않고 一心 바람 분다. 먹을 養食

ye bahakū. gurun irgen fancaha. šibei be beyei na de guriname julergi nanjing ba ye
也 얻지 못한다. 나라 백성 화났다. 石碑 를 자신의 땅 에 옮겨가서 남쪽 南京 땅 也

akū irgen ye akū. irgen bolokon lo han wang ningge oho. ere u san gui jilehe[66] beye
없고 백성 也 없다. 백성 남김없이 老 罕 王 것 되었다. 이 吳 三 桂 염치없이 몸소

yabume lo han wang de acaki. lo han wang gisureme
가서 老 罕 王 에게 만나자. 老 罕 王 말하되

—— ◦ —— ◦ —— ◦ ——

나는 북경성(北京城)에 머물겠다. 남경성은 일곱 개의 성이고 나는 여섯 성이니, 모두 13개의 성이다. 네가 그곳에 머물러라, 내가 여기에 머물겠다."

오삼계가 말했다.

"그러하면 좋다."

오삼계는 남쪽으로 갔다. 북경성은 하나의 큰 성이다. 두 사람이 함께 머문 곳의 양쪽 경계에 석비를 세웠다. 큰 석비는 열 사람이라도 들 수 없었다. 남쪽은 남경 땅이고, 북쪽은 북경 땅이라고 모두 글에 썼다.

살다보니 노한왕은 이곳에 비가 내려 밭과 재물을 얻었지만, 오삼계는 그곳에 비도 내리지 않고 바람만 불어 먹을 양식도 얻지 못했다. 이에 나라의 백성들이 화가 나서 석비를 자신의 땅으로 옮겨 버렸다. 그래서 남쪽의 남경은 땅도 없고 백성도 없게 되었다. 백성들은 모조리 노한왕의 백성이 되었다. 그러자 오삼계는 염치없이 몸소 가서 노한왕에게 만나자고 말하였다.

노한왕이 말했다.

---

63) hecen : hoton보다 규모가 큰 성이다.
64) jiyoo jiye : 중국어 '交界'의 차용어로 '경계'의 뜻이다.
65) šibei : 중국어 '石碑'의 차용어이다.
66) jilehe : 만주 문어의 jilehun(염치도 없는)으로 판단된다.

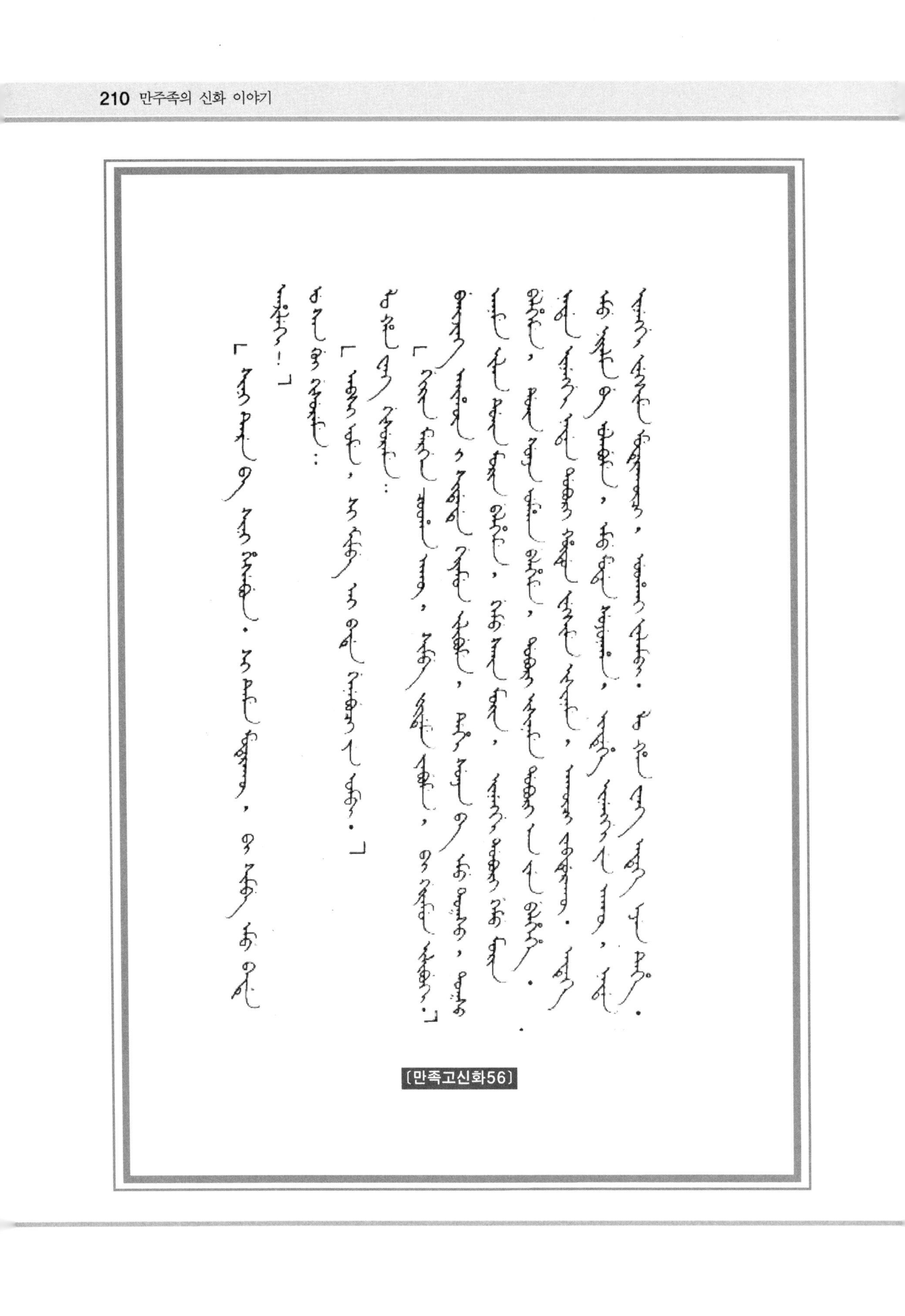

[만족고신화56]

sini tere ba sini hesebun. si teme muterakū. bi simbe emu bade anjyleki.[67]
너의 머무는 땅 너의 운명이다. 너 머무를 수 없다. 나 너를 한 곳에 安置하마.

u san gui gisureme absi ombi?[68] si mimbe ai bade anjyleci ye ombi?
吳 三 桂 말하되 어찌 되느냐? 너 나를 어떤 땅에 안치하면 也 되는가?

lo han wang gisureme girin mergen cooha akū. simbe fideme yabume bi giyamun
老 罕 王 말하되 吉林, 墨爾根 병사 없다. 너를 옮겨 가게 하고 나 역참

ilibuki. beijing aihūn i sidende giyamun ilibume dehi sunja ba emu tokso tokso
세우게 하마. 北京 瑷琿 의 사이에 역참 세우고 40 5 리 한 마을 마을

aname ilan duin morin belheme gemu sain morin. inenggi dobori gemu morin belheme duin
마다 3 4 말 준비하되 모두 좋은 말이다. 낮 밤 모두 말 준비하고 4

sunja umhan[69] belheme dobori isiname dobori en jen[70] belheme[71] nadan inenggi nadan
5 알 준비하고 밤 도착해도 밤 en jen 준비하고 7 낮 7

dobori hūdun feksime isiname akūci jabdurakū. enteke emu niyalma be ulabume
밤 급히 달려 도착하되 아니면 적절하지 않다. 이렇게 한 사람 을 전하게 하여

emu mudan sujunaha. indehe inenggi ye akū nadan inenggi feksime muterakūci uthai
한 번에 달려갔다. 쉰 날 也 없이 7 일 달릴 수 없으면 즉시

falambi.[72] lo han wang enteke ejen tehe.
罰한다. 老 罕 王 이렇게 왕 되었다.

—— ◦ —— ◦ —— ◦ ——

"네가 머무는 땅은 너의 운명이니, 네가 머무를 수 없으면 내가 너를 다른 지역에 안치(安置)시키겠다."

오삼계가 말했다.

"어디인가? 네가 나를 어느 땅에 안치시키려 하는가?"

노한왕이 말했다.

"기린(girin)과 머르건(mergen)에 병사가 없으니, 그곳에 너를 보낸 후 내가 역참을 세워주겠다."

북경과 아이훈(aihūn)의 사이에 역참을 세우고 45리에 한 촌(村), 촌(村)마다 말 3, 4마리를 준비하였는데, 모두 좋은 말을 두었다. 밤낮으로 모두 말을 준비하고, 네다섯 개의 계란을 준비하여 밤에 도착해도 밤에 바로 떠날 수 있게 준비시켰다. 일곱 낮과 일곱 밤을 급히 달려 도착하지 않으면 안 되었다. 이렇게 한 사람으로 전하게 하여 한 번에 달려갔고, 쉬는 날도 없이 7일 달리지 않으면 즉시 처벌했다. 노한왕은 이렇게 왕이 되었다.

---

67) anjyleki : 중국어 차용어 anjy(安置)에 접사 -le가 결합한 anjylembi의 활용형으로 安置는 먼 곳에 보내 다른 곳으로 옮기지 못하게 주거를 제한하는 것을 뜻한다.

68) ombi : 원본에 만주 문어를 ome로 전사하고 있으나 ombi로 전사하여야 한다.

69) umhan : 어휘적 의미는 '알, 계란'이다. 하지만 문맥상 의미는 모호하다.

70) en jen : 어떤 중국어를 차용하였는지 미상이다. 원문에 현성(現成)으로 대역되어 있고 맥락상 '미리 준비되다, 이미 갖추어지다' 정도의 의미로 파악된다.

71) belheme : 원본에서는 belhehe라고 전사하였으나, belheme로 전사하는 것이 적절하다.

72) falambi : 중국어 차용어 fa(罰)에 접사 -la가 결합한 형태로 '벌하다, 벌주다'의 뜻이다.

3

신만주(新滿洲)의 전설

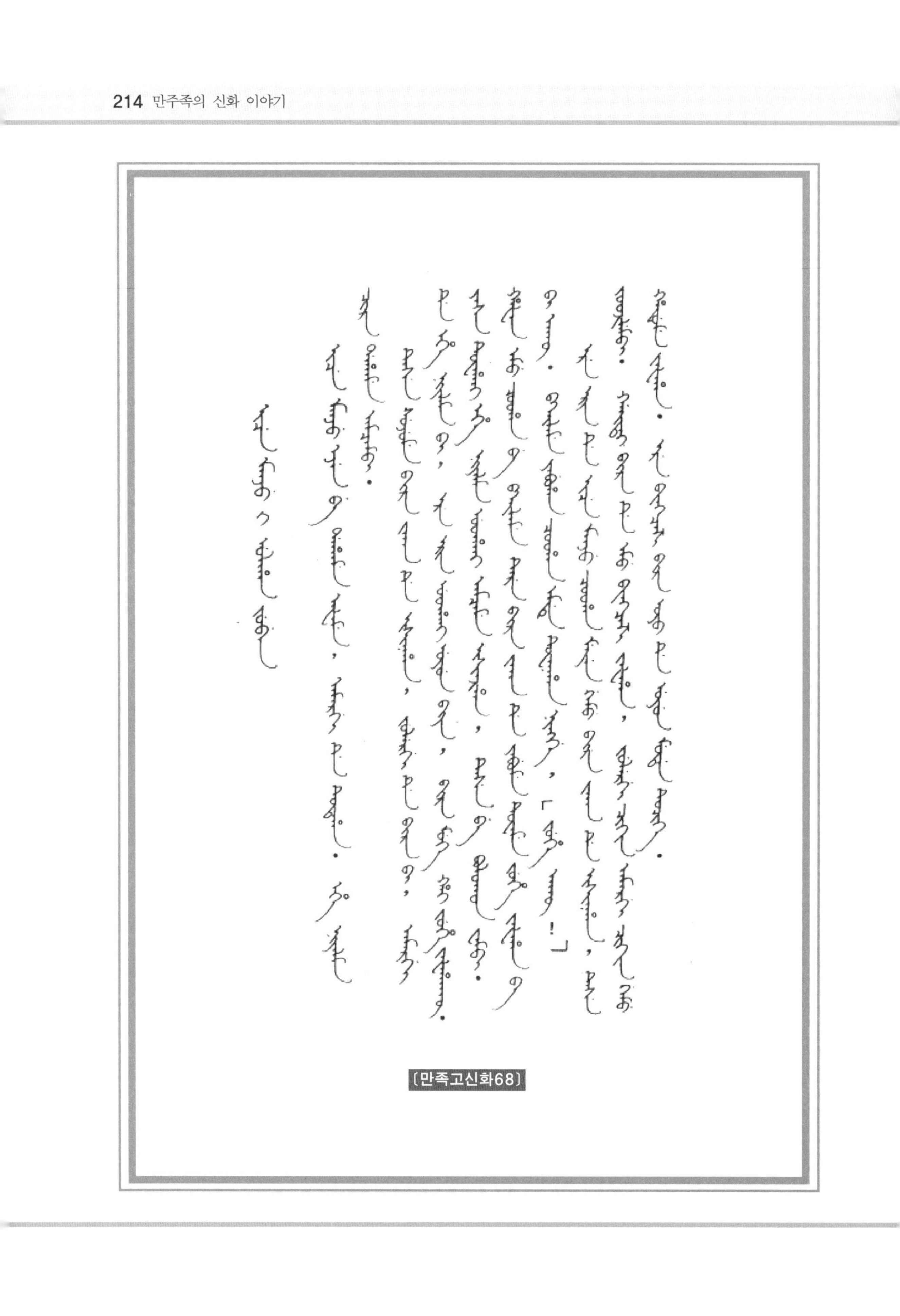

[만족고신화68]

ice manju i ulaha juben
新 滿洲 의 전한 이야기

ice manju ejen be dahame afame amargi de tutaha. ehe niyalma cira i dahame
新 滿洲 왕 을 따라서 공격하며 뒤쪽 에 뒤쳐졌다. 나쁜 사람 긴박히 따라

amcambi tese sujume bira jaka de isinaha. julergi de bira bi amargi de ehe niyalma bi.
쫓는다. 그들 달려 강 옆 에 도착했다. 앞 에 강 있고 뒤 에 나쁜 사람 있다.

ere erin uthai uyun biya. bira muke hai juhe jafahakū. yasa tuwahai ehe niyalma
이 때 바로 9 월이다. 강 물 還 얼음 얼지 않았다. 눈 깜짝할 사이 나쁜 사람

uthai amcame isinjiha. tese be bolokon wambi. hafan emu cooha be pailame[73] tere bira
즉시 쫓아 다다랐다. 그들 을 깨끗이 죽인다. 관리 한 병사 를 파견하되 그 강

jaka de yabume tuwame juhe jafaha ba bi akū[74] pailame[75] yabuha cooha emde
옆 에 가 보아 얼음 언 곳 있는가? 없는가? 파견하여 간 병사 한번

tuwanaha ningge juhe akū.
본 것 얼음 없다.

ere erin de ice manju cooha meyen gemu bira jaka de isinaha. tese joojilembi.[76] gaitai
이 때 에 新 滿洲 병사 부대 모두 강 옆 에 도착했다. 그들 조급해 한다. 갑자기

bira de emu bingcazi[77] jafaha. julergi cikin amargi cikin gemu hafume jafaha. ere
강 에 한 氷碴子 얼었다. 남쪽 가 북쪽 가 모두 관통하여 얼었다. 이

bingcazi bira oyo de uyun mudan tucike
氷碴子 강 위 에 아홉 번 나왔다.

신만주의 전설

신만주가 왕을 따라 싸우다가 뒤쳐졌고 적이 바짝 쫓아왔다. 그들이 달려 강가에 다다랐는데 앞에는 강이 있고 뒤에는 적이 있었다. 이때는 9월이라 강물이 아직 얼지 않았다. 눈 깜짝할 사이 적이 바로 쫓아오자 그들을 모두 죽였다. 관리가 한 병사를 보내서 그 강가에 보러 간 곳에 얼음 언 곳이 있는지 혹은 없는지 알아보도록 했다. 파견했던 병사가 살펴보니 얼음이 없었다.

이때 신만주의 군대가 모두 강가에 도착했다. 그들은 조급해졌다. 갑자기 강에 얼음 한 덩어리가 얼었는데, 남쪽 가장자리와 북쪽 가장자리가 연결되어 모두 완전히 얼어붙었다. 이런 얼음조각이 강 위에 아홉 덩어리가 생겼다.

---

73) pailame : 중국어 차용어 派(pai)에 접사 -la가 결합한 pailambi의 활용형.
74) bi akū : 만주 문어에서는 나타나지 않는 구성이다. 여기서는 잠정적으로 의문첨사가 생략된 의문문으로 파악하였다.
75) pailame : 중국어 차용어 派(pai)에 접사 -la가 결합한 pailambi의 활용형이다.
76) joojilembi : 중국어 차용어 着急(jooji)에 접사 -le가 결합한 형태이다.
77) bingcazi : 중국어 '氷碴子'의 차용어로 '얼음 조각'의 뜻이다.

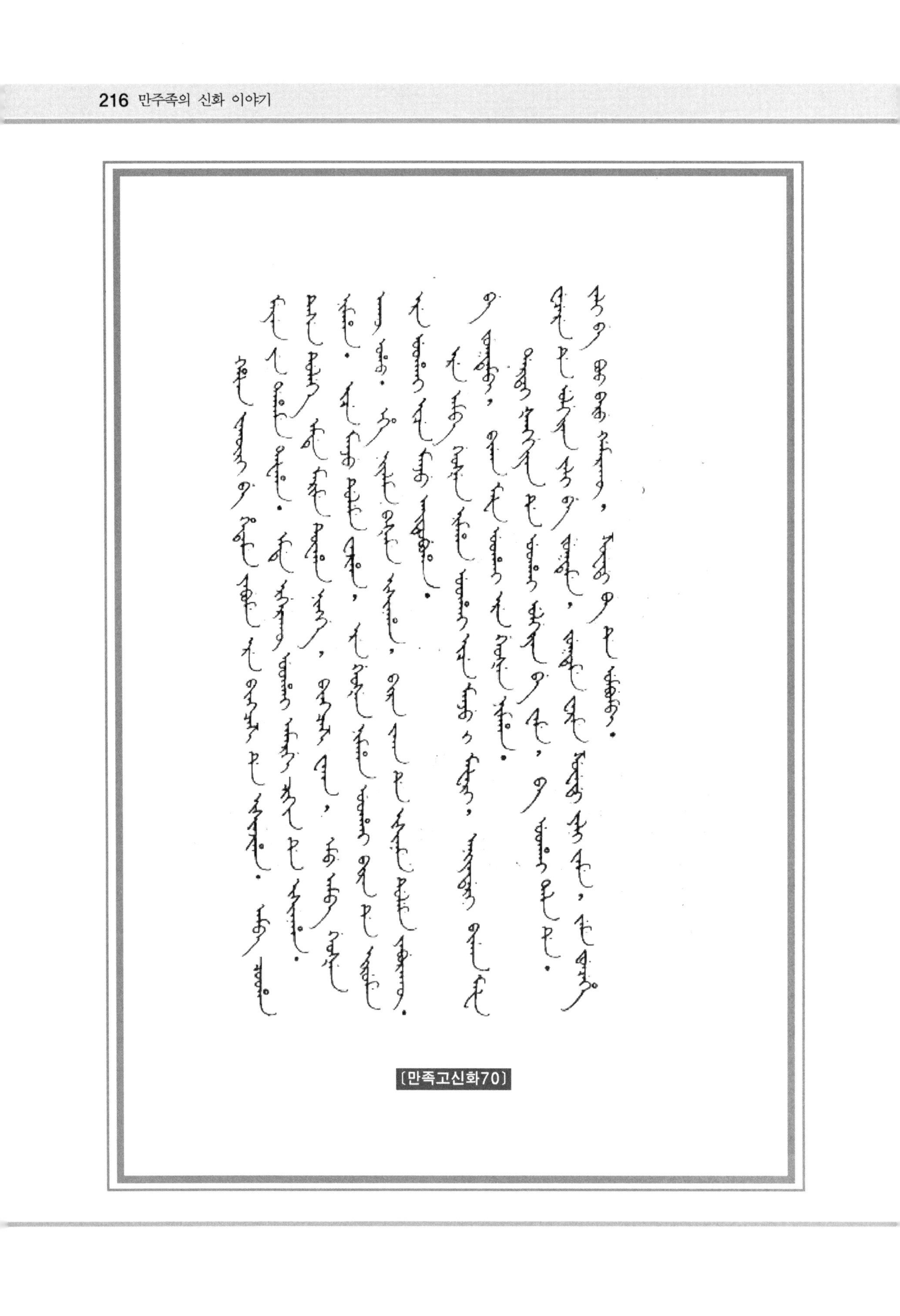

〔만족고신화70〕

hafan fakūri be heteme ere bingcazi de isinjiha. amba cooha meyen ye dahame tafaha.
관원 바지 를 걷고 이 氷碴子 에 다다랐다. 많은 병사 부대 也 따라 올랐다.

emde ergerakū uthai amargi cikin de isinaha. tese duleke. emde marime tuwaha ningge
한번 쉬지 않고 즉시 북쪽 가 에 이르렀다. 그들 지나갔다. 한번 되돌아 본 것

bingcazi waka. emu amba geošen nimaha. ice manju duleme wajiha. ere geošen nimaha
氷碴子 아니다. 한 큰 누치 물고기이다. 新 滿洲 지나가 마쳤다. 이 누치 물고기

uthai bira de irume akū oho. ehe niyalma bašame isinaha. bira jaka de isiname
즉시 강 에 가라앉아 없어 졌다. 나쁜 사람 좇아와 다다랐다. 강 옆 에 다다라

duleme yaburakū. ere uthai ice manju aitubuha. ere amba geošen nimaha uthai ice manju
지나갈 수 없다. 이 즉시 新 滿洲 구했다. 이 큰 狗魚 바로 新 滿洲

i mafari. aniyadari bigan mafa be juktembi. bigan mafa uthai ere geošen nimaha.
의 조상이다. 매년 들 조상 을 제사한다. 들 조상 바로 이 狗魚이다.

dartai šanggiyan[78] de uthai ulgiyan be wame ba uthai tala de wecere de ulgiyan yail be
바로 흰색 에 즉시 돼지 를 죽여서 땅 바로 들판 에 제사함 에 돼지 고기 를

jukteme jukteme wajime dzuwedi yail jeme jeme funcehe yail be boo baru
제사지내고 제사지내 마치고 坐地 고기 먹고 먹고 남은 고기 를 집 향하여

gamarakū dzuwedi ba de umbumbi.
가져가지 않고 坐地 땅 에 묻는다.

—— ◦ —— ◦ —— ◦ ——

관리가 바지를 걷어 올리고 얼음덩어리에 오르니 많은 군대도 따라 올라갔다. 한달음에 곧 북쪽 끝에 도착했다. 그들이 지나쳐간 곳을 되돌아보니 그것은 얼음덩어리가 아닌 한 커다란 누치였다. 신만주가 모두 지나가자 이 누치는 바로 강에 가라앉아 없어졌다. 따라오던 적들도 강가에 다다랐으나 더 이상 갈 수 없었다. 이렇게 바로 신만주가 살아남았다.

이 큰 누치가 바로 신만주의 조상이다. 만주족은 매년 들에서 조상에게 제사를 지내는데 만주족의 야조(野祖)가 바로 이 누치이다. 날이 막 밝아질 무렵 돼지를 죽이는데, 들판인 장소에서 제사를 지낼 때는 돼지고기를 쓰며, 제사를 다 지내면 그 자리에서 바로 고기를 먹는다. 먹고 남은 고기는 집으로 가져가지 않고 그 자리에 묻는다.

78) šanggiyan : 날이 환하게 밝아 오면서 동이 트는 것을 나타낸다.

4

치치하르성의 전설

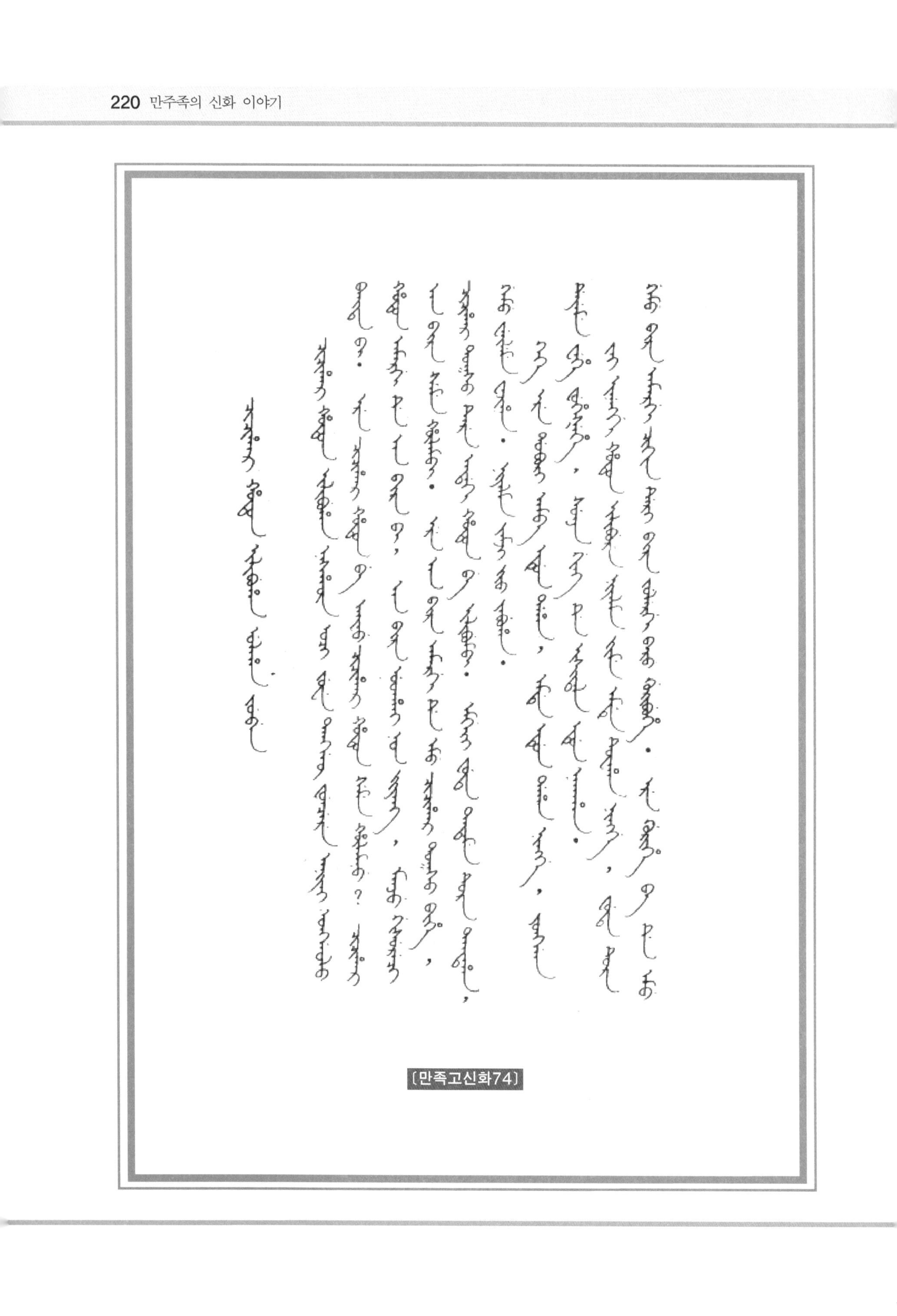

〔만족고신화74〕

cicihar hoton ilibuha ulaha juben
cicihar 성 세워진 전한 이야기

cicihar hoton ilibuha nashūn oci juwe tanggū funcere aniyai onggolo baita bi. ere cicihar
cicihar 성 세워진 시기 하면 2 백 남짓한 해의 전 일 이다. 이 cicihar

hoton be ainu cicihar hoton seme hūlambi nio? cicihar hoton amargi de an bira bi. an bira
성 을 왜 cicihar 성 하고 부르는가? cicihar 성 북쪽 에 an 강 있다. an 강

uthai non jiyang,[79] manju gisureci an bira seme hūlambi. ere an bira amargi de emu cicihar
곧 嫩 江, 만주 말하면 an 江 하고 부른다. 이 an 江 북쪽 에 한 cicihar

tokso bihe. cicihar tokso tere adaki hoton be ilibumbi. emgeri futa tatame tura tantaha.
마을 있었다. cicihar 마을 그 근처 성 을 세운다. 한번 밧줄 당기고 기둥 쳤다.

gemu weileme wajiha. niyalma yamji jio yabuha.
모두 일하여 마쳤다. 사람 저녁 就 갔다.

keke[80] ere dobori amba edun daha. emde edun daha ningge yonggan deyeme wehe fuhešehe.
마침 이 밤 큰 바람 일었다. 한번 바람 인 것 모래 날고 돌 굴렀다.

sunja ging de isitala edun nakaha.
5 更 에 이르러서야 바람 그쳤다.

jai inenggi hoton ilibure niyalma jime emde tuwaha ningge futa tura gemu amargi cikin
다음 날 성 세우는 사람 와서 한번 본 것 밧줄 기둥 모두 북쪽 강가

deri bira julergi baru guribuhe. ere gurihe ba de emu
에서 강 남쪽 으로 옮겨졌다. 이 옮긴 곳 에 한

—— ◦ —— ◦ —— ◦ ——

치치하르(cicihar) 성이 세워진 전설

치치하르(cicihar)에 성이 세워진 때는 200여년 전이다. 이 치치하르(cicihar) 성을 왜 치치하르(cicihar)성이라 부르는가? 치치하르 북쪽에는 안(an) 강(江)이 있다. 안(an) 강(江)이 바로 논(non) 강(江)인데 만주어로는 안(an) 강(江)이라고 부른다. 이 안(an) 강(江)의 북쪽에 치치하르(cicihar)라는 마을이 있었는데, 치치하르(cicihar) 마을 근처에 성을 세우기로 하였다. 우선 밧줄을 묶고 기둥을 세우는 일을 모두 마치고 밤이 되자 바로 돌아갔다.

마침 그날 저녁 거센 바람이 불었다. 한번 바람이 부니 모래가 날리고 돌이 굴러갔다. 5경이 되어서야 바람이 그쳤다.

다음날 성을 세운 사람이 와서 보니 밧줄과 기둥이 모두 강의 북쪽 기슭에서 남쪽으로 옮겨져 있었다. 이 옮겨진 곳에

79) non jiyang : 중국어로는 '嫩江'으로 표기한다. 대흥안령(大興安領) 산맥에서 발원하여 송화강(松花江)으로 흘러드는 지류로 길이 1,370㎞에 이른다.

80) keke : 일반 사전에서는 확인되지 않는 어휘로 '마침' 정도의 뜻을 지닌 것으로 보인다.

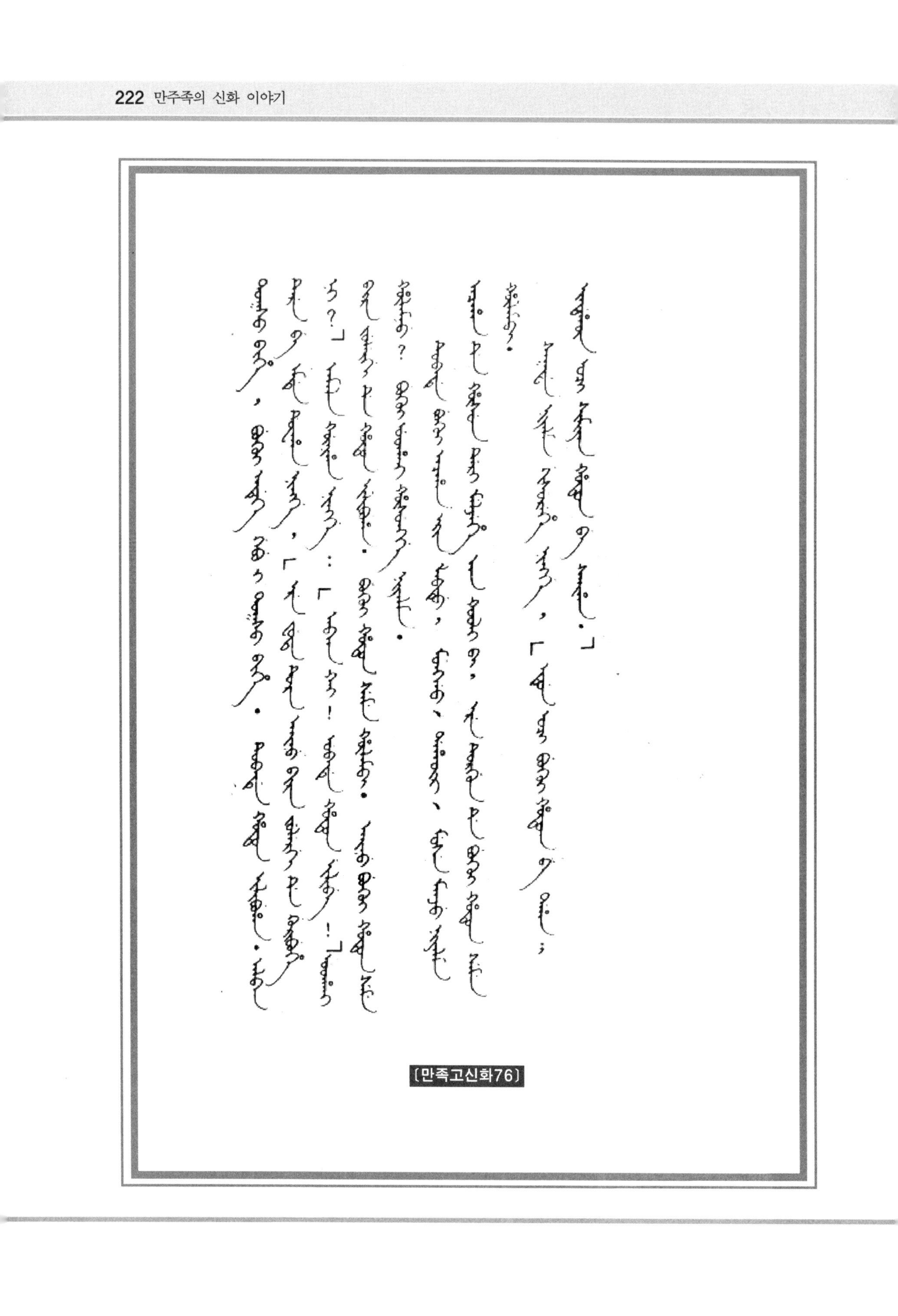

〔만족고신화76〕

tokso bihe. bukui[81] enteke gebui tokso bihe. tubade hoton ilibuha. alban tere be
마을 있었다. bukui 이러한 이름의 마을 있었다. 거기에 성 세웠다. 관리 그것 을

emde tuwaha ningge ere futa tura ainu bira julergi de guribuhe ni? amala gūniha ningge
한번 본 것 이 밧줄 기둥 어째서 강 남쪽 에 옮겨졌냐? 뒤에 생각한 것

abka kai! ubade hoton iliki.[82] enteke bira julergi de hoton ilibuha. bukui hoton seme
하늘이로다. 여기에 성 세우자. 이같이 강 남쪽 에 성 세웠다. bukui 城 하고

hūlambi. ainu bukui hoton seme hūlambi nio? bukui uthai hūsungge niyalma.
부른다. 어째서 bukui 성 하고 부르는가? bukui 곧 힘 센 사람이다.

tubade bukui acaha erin labdu. monggo, dahūr, muse manju niyalma acaha de hūsun
그곳에 bukui 모인 때 많다. 몽고 dahūr 우리 만주 사람 모임 에 힘

deri meljehe an kooli bi. ere turgun de bukui hoton seme hūlambi.
으로 겨루는 풍속 있다. 이 까닭 에 bukui 성 하고 부른다.

sakda niyalma gisurehe ningge edun oci bukui hoton be daha. indahūn oci simiyan hoton
늙은 사람 말한 것 바람 은 bukui 성 을 불었고 개 는 沈陽 성

be saiha.[83]
을 물었다.

—— ◦ —— ◦ —— ◦ ——

부쿠이(bukui)라는 마을이 있었다. 그곳에 성을 세우기로 했다. 관리가 그곳을 한번 보고는,

'이 밧줄과 기둥이 왜 강의 남쪽으로 옮겨졌을까?'

그러고 나서 생각하니,

'하늘의 뜻이로구나! 이곳에 성을 세우자!'

이렇게 하여 강의 남쪽에 성이 세워졌고 부쿠이(bukui) 성이라 부르게 되었다. 왜 부쿠이(bukui)성 이라고 부르는가? 부쿠이(bukui)는 바로 '힘센 사람'이다.

그곳에 역사(力士)가 모일 때가 많다. 몽골사람과 다구르족(dahūr), 그리고 우리 만주사람은 만나서 힘겨루기를 하던 풍속이 있었다. 이 때문에 부쿠이(bukui) 성이라고 한다.

옛말에

'바람이 부쿠이(bukui) 성으로 불고 개는 심양(沈陽)을 물었다.'

고 하였다.

---

81) bukui : buku는 몽골어로는 '씨름'의 뜻이며 만주어로는 '力士'의 뜻이다.

82) iliki : 烏拉希春(1986)에서는 만주 문어를 ilibe로 쓰고 있다.

83) indahūn oci simiyan hoton be saiha : 앞의 "老罕王" 전설에 老罕王이 李總兵의 군사들에게 쫓기다가 풀 속에서 잠이 들게 되었다. 그 때 군사들이 불을 지르자 따르던 개가 호수의 물을 몸에 묻혀 老罕王이 타 죽는 것을 막았고, 그 뒤로 만주족은 개고기를 먹지 않게 되었다고 한다. 그 뒤로 沈陽 성에는 개가 넘쳐나게 되었기 때문에 이와 같은 말이 나온 것으로 보인다.

5

샤먼과 라마가 술법으로 다투다

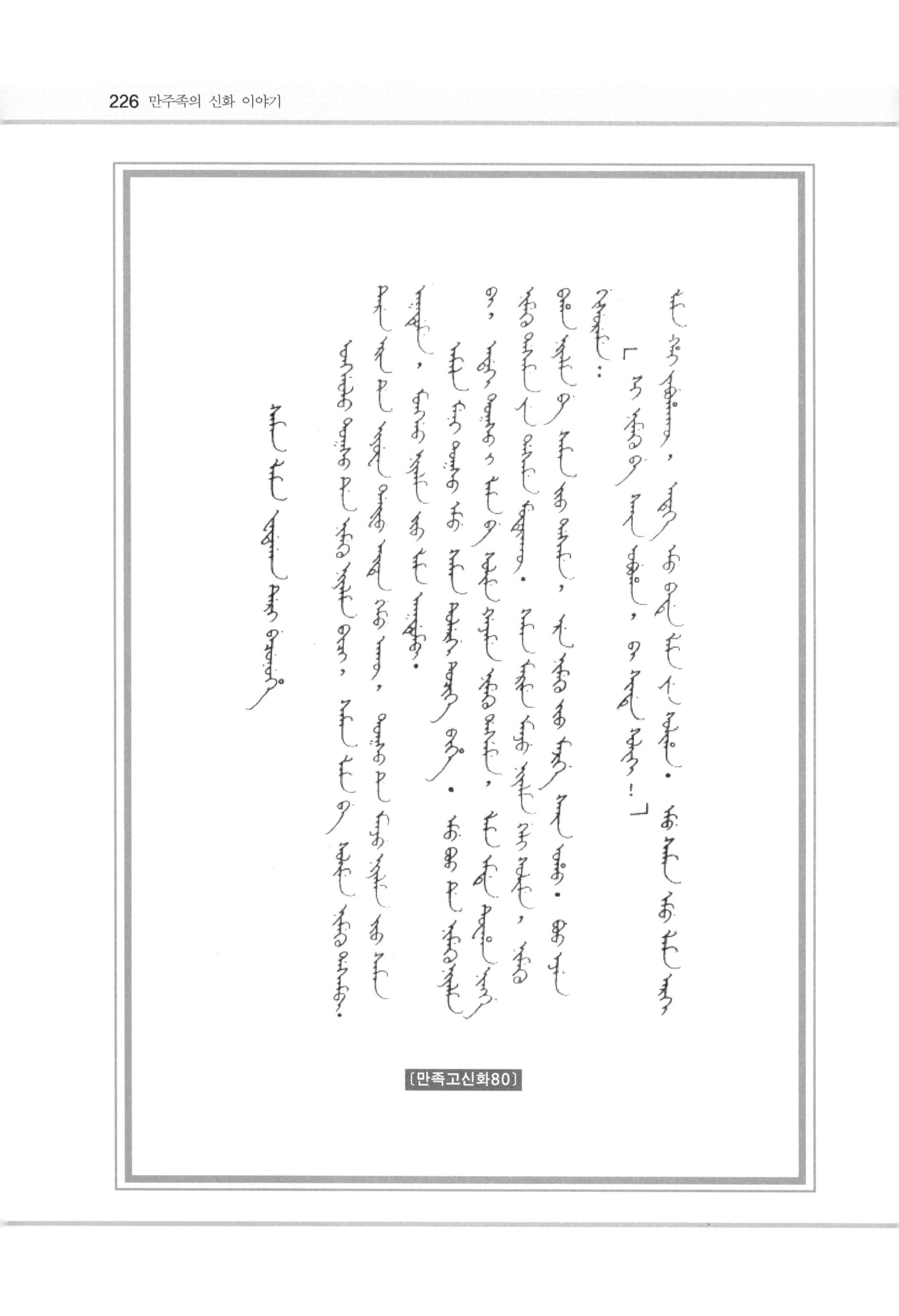

〔만족고신화80〕

saman lama fadagan deri becunuhe.
샤만 라마 술법 으로 다퉜다

onggolo toksode nimeku niyalma bici saman lama be solime nimeku dasambi. tere erin de
전에 마을에 병 자 있으면, 샤먼 라마 를 청하여 병 치료한다. 그 때 에

iyuwan[84] daifu eiten gemu akū. tokso de manju niyalma jio saman akdame monggo
醫院 의사 일체 모두 없다. 마을 에 만주 사람 就 샤먼 믿고 몽골

niyalma jio lama akdambi.
사람 就 라마 믿는다.

amala meni tokso emu saman tulergi tucike bihe. emu boo de nimeku niyalma bi. adaki
후에 우리의 마을 한 샤먼 바깥 나갔었다. 한 집 에 병 자 있다. 이웃

tokso i lama be solime gajime nimeku dasame, lama emde tuwaha ningge nimeku
마을 의 라마 를 청하여 데려와 병 치료하여 라마 한번 본 것 병

dasame ye dasame muterakū. saman marime manju niyalma geli solime nimeku baha
치료하여 也 치료할 수 없다. 샤먼 돌아오고 만주 사람 또 청하여, 병 얻은

niyalma be saman jio dasame ere nimeku jio majige sain oho. boo ejen gisureme
사람 을 샤먼 就 치료하여 이 병 就 조금 좋게 되었다. 집 주인 말하되

si nimeku be sain obuha. bi sinde soliki.
너 병 을 좋게 되게 했다. 나 너에게 초대하마.

lama hai yabuhakū. enteke emu bade lama ye soliha. emu saman emu lama arki
라마 还 가지 않았다. 이렇게 한 곳에 라마 也 초대하였다. 한 샤먼 한 라마 술

—— ∘ —— ∘ —— ∘ ——

샤먼과 라마가 술법으로 다투다

예전에 마을에 병든 사람이 있으면, 샤먼과 라마를 청하여 병을 치료했다. 그때에는 병원도 의사도 모두 없었는데, 마을에 있는 만주 사람은 샤먼을 믿었고, 몽골 사람은 라마를 믿었다.

어느 날 마을의 샤먼이 마을 밖에 나가 있었다. 그때 마침 한 집에 병든 사람이 생겨 이웃 마을의 라마를 청하여 데려와 병을 치료하고자 했다. 그러나 라마는 한번 보더니 병을 치료할 수 없다고 하였다. 샤먼이 돌아와 만주 사람이 다시 샤먼을 청했는데, 샤먼이 치료하자 병든 사람의 병이 즉시 나았다.

집주인이 말했다.

"당신이 병을 낫게 해 주었으니, 당신을 초대해 대접하고 싶습니다."

집주인은 라마가 아직 가지 않을 것을 보고 라마도 함께 초대하였다. 샤먼과 라마는 같이 술을 마셨다.

84) iyuwan : 중국어 '醫院'의 음차이다.

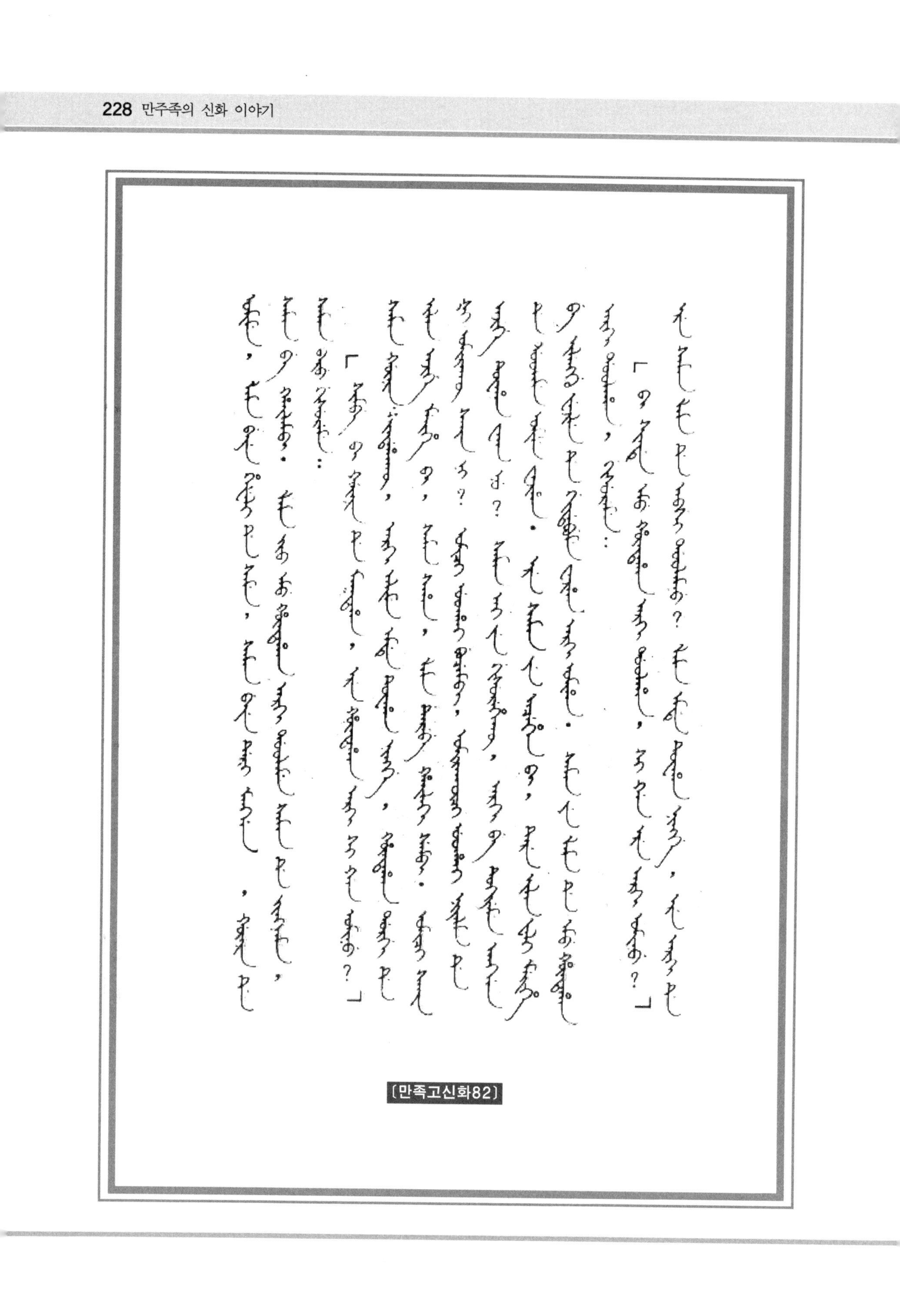

〔만족고신화82〕

omime lama beye hefeli de same,[85] saman beye deri mangga. gūnin de saman be hailambi.
마시며 라마 자기 배 에 알되 샤먼 자기 보다 세다. 생각 에 샤먼 을 害한다.

lama jio emu hūntahan arki doolame saman de jingname[86] saman baru gisureme
라마 就 한 잔 술 부어 샤먼 에게 술을 따라주며 샤먼 쪽 말하되

simbe bi gūnin de maktaha. ere hūntahan arki si gan omimbi nio?[87]
너를 나 마음 에 칭송하였다. 이 잔 술 너 敢히 마시겠는가?

saman gūnin sindahakū arki alime emde tuwaha ningge hūntahan dorgi de ilan ajige meihe
샤먼이 마음 놓지 않고 술 받아 한번 본 것 잔 안쪽 에 세 작은 뱀

bi. saman saha. lama terebe hailaki sembi. omici sain ši omirakū sain ni? omici
있다. 샤먼 알았다. 라마 그를 害하고자 한다. 마시면 좋냐 是 마시지 않으면 좋냐? 마시면

uthai bucembi. omirakūci uthai niyalma de ajige tuwaha waka nio? saman ai ye
곧 죽는다. 마시지 않으면 곧 사람 에게 작게 본 것 아니냐? 샤먼 무엇 也

gisurehekū. arki be tukiyeme angge de doolame omime wajiha. ere saman ye encehen bi.
말하지 않았다. 술 을 들어 입 에 부어 마셔 버렸다. 이 샤먼 也 재주 있다

tere ilan fali meihe be ilenggu fejile de gidabume wajiha. arki omiha. saman ye lama de
그 세 마리 뱀 을 혀 아래 에 눌러 버렸다. 술 마셨다. 샤먼 也 라마 에게

emu hūntahan arki doolaha. gisureme
한 잔 술 부었다. 말하되

bi sinde emu hūntahan arki doolaha. si gan ere arki omimbi nio?
나 네게 한 잔 술 부었다. 너 敢 이 술 마시냐?

ere saman lama de absi doolambi nio? lama emde tuwaha ningge ere arki de
이 샤먼 라마 에게 어찌 붓느냐? 라마 한번 본 것 이 술 에

—— ○ —— ○ —— ○ ——

라마는 속으로 샤먼이 자기보다 세다고 생각하고는 샤먼을 해치고자 했다. 라마는 술을 따라 샤먼에게 권하며 말했다.

"당신을 내가 마음으로 칭송하였소. 이 술을 한 잔 하실 수 있겠소?"

샤먼이 마음을 놓지 못하고, 술을 받아 한번 보니, 잔 안쪽에 세 마리의 작은 뱀이 있었다. 라마가 자신을 해치려고 하는 것을 샤먼이 알고서 생각했다.

'마시면 좋을까 마시지 않으면 좋을까? 마시면 죽을 것이고, 마시지 않으면 사람들에게 얕잡아 보이지는 않을까?'

샤먼은 아무 말도 하지 않고 술을 다 마셨는데, 실은 술법을 부려 세 마리의 뱀을 혀 아래에 눌러 두고 술을 마신 것이었다. 샤먼도 라마에게 한 잔 술을 따르고 말했다.

"제가 당신에게 술을 한 잔 드리겠습니다. 당신은 이 잔을 받으시겠습니까?"

샤먼이 라마에게 어찌 부을까? 라마가 한번 보니, 술잔에는

85) hefeli de same : hefeli de sambi는 '그릇, 혹은 역량을 안다'는 뜻으로 사용된 것으로 보인다.

86) jingname : 烏拉希春(1986)에서는 음성 전사에 따라 jingname로 쓰고 있으나 만주 문어에서는 jingnembi로 '2인 1조로 술을 따르다'의 뜻으로 쓰인다.

87) omimbi nio : 烏拉希春(1986)에서는 음성 전사한 ɔmnu를 만주 문어에서는 '마시다'의 뜻을 갖는 omi-와 어미 -nu의 결합 형태로 기록하고 있으나 만주 문어에서 ominu의 형태는 확인하기 어렵다. 아마도 '마시다'의 omimbi 와 의문 첨사 nio가 결합한 형태로 판단된다.

[만족고신화84]

ilan fali šeolere ulme sindaha. lama gelehe. ere ilan ulme omici bucehe ni. gan
세 개 수놓는 바늘 놓았다. 라마 두려워했다. 이 세 바늘 마시면 죽는구나. 敢

omirakū. enteke lama jai saman nimeku dasara bade gan yaburakū oho.
마시지 못한다. 이렇듯 라마 再 샤먼 병 치료하는 곳에 敢 가지 못하게 되었다.

—— ◦ —— ◦ —— ◦ ——

수를 놓는 데 쓰는 바늘이 세 개 담겨 있었다. 라마가 두려워하며

'이 세 바늘을 마시면 죽겠구나!'

하고 생각하고는 감히 마시지 못했다. 이후 라마는 다시는 샤먼이 병을 치료하는 곳에 갈 수 없었다.

6

여단샤먼(女丹薩滿)

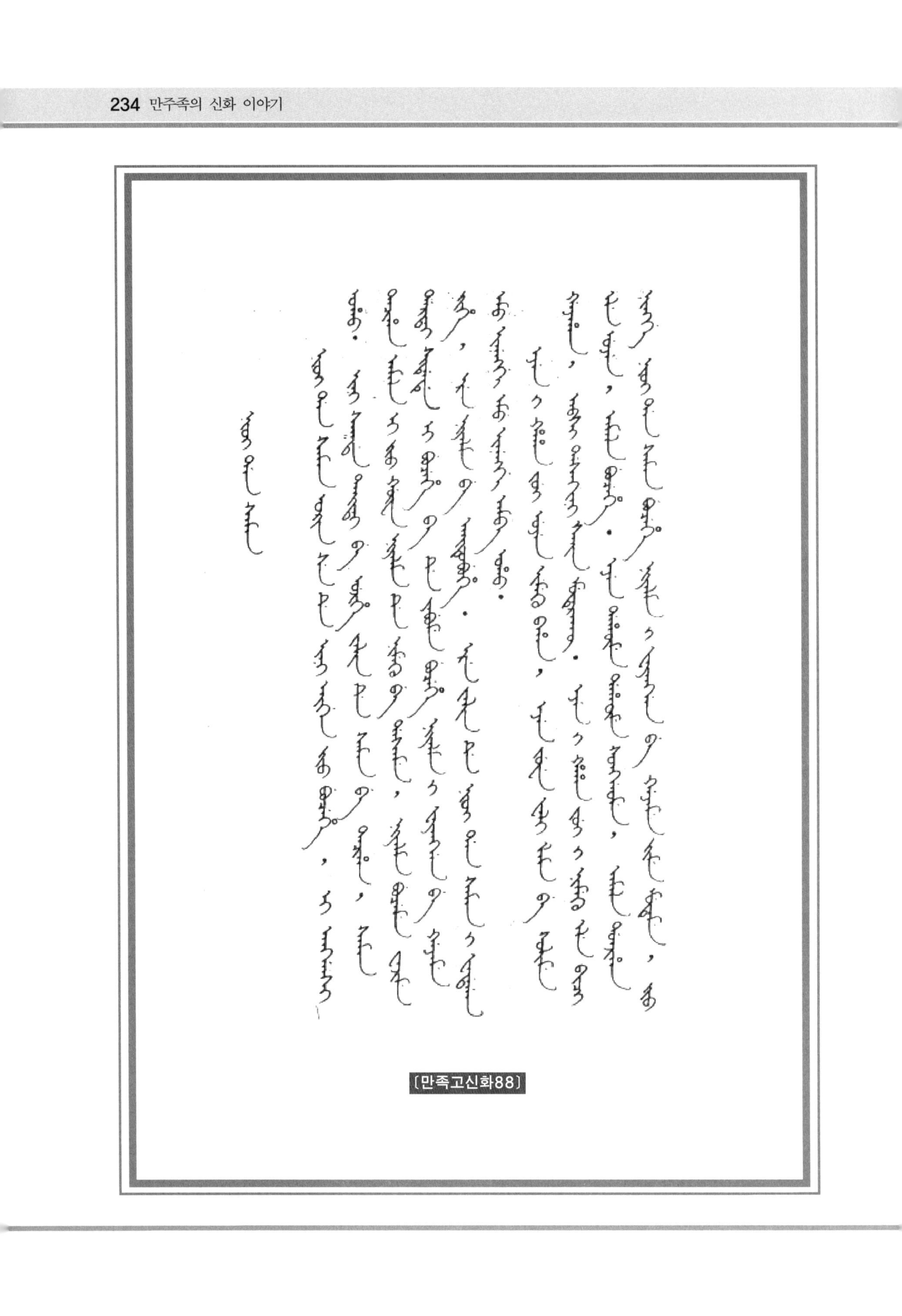

〔만족고신화88〕

nioi dan saman
女 丹 薩滿

nioi dan saman orin se de ini eigen jio bucehe. i anggasi oho. ini sakda taitai[88] be
女 丹 薩滿 이십 歲 에 그의 남편 就 죽었다. 그 과부 되었다. 그의 늙은 太太 를

ujihe jalin de saman be taciha. saman taciha amala i jio gūwa niyalma de nimeku be
돌본 까닭 에 샤먼 을 배웠다. 샤먼 배운 후 그 就 다른 사람 에게 병 을

dasame niyalma buceme wajime dartai sidende i bucehe ba de yabume bucehe niyalma i
치료하고 사람 죽고 나서 잠깐 사이에 그 죽은 바 에 가 죽은 사람 의

fayangga be gajime jihe. ere niyalma be aitubuhe. ere jalin de nioi dan saman i fadagan
혼 을 데려 왔다. 이 사람 을 살렸다. 이 이유 에 女 丹 샤만 의 술법

emu inenggi emu inenggi amba oho.
한 날 한 날 크게 되었다.

ejen i haha jui ujen nimeku baha, ejen juwe fali lama be solime gajiha. absi
왕 의 남자 아이 중한 병 얻었다. 왕 두 명 라마 를 청하여 데려왔다. 어찌

dasakini sain muterakū. ejen i haha jui i nimeku ele bici ele ujen amala
치료시켜도 좋게 할 수 없다. 왕 의 남자 아이 의 병 더 있으면 더 중하여 후

bucehe. ejen dahūme dahūme songgome amala donjiha ningge nioi dan saman bucehe
죽었다. 왕 거듭 거듭 울며 후에 들은 것 女 丹 샤먼 죽은

niyalma i fayangga be gajime jime muteme jio
사람 의 혼 을 데려 올 수 있어 就

여단 샤먼은 스무 살에 남편이 죽어 과부가 되었다. 그녀는 늙은 시어머니를 모시며 샤먼을 배운 덕분에, 다른 사람의 병을 치료하고 또 사람이 죽으면 금방 저승에 가서 죽은 사람의 혼을 데려와 사람을 살려 냈다. 이런 까닭으로 여단 샤먼의 술법은 나날이 늘게 되었다.

왕자가 중한 병을 얻자, 왕은 두 명의 라마를 불러 어떻게든 왕자를 치료하게 했으나 차도가 없었다. 왕자의 병은 더욱 깊어져 결국 죽고 말았다. 왕은 몇날 며칠을 울기만 했는데, 여단 샤먼이 저승에서 죽은 사람의 혼을 데려올 수 있다는 말을 듣고

88) taitai : 부계 계통의 할머니를 가리킨다.

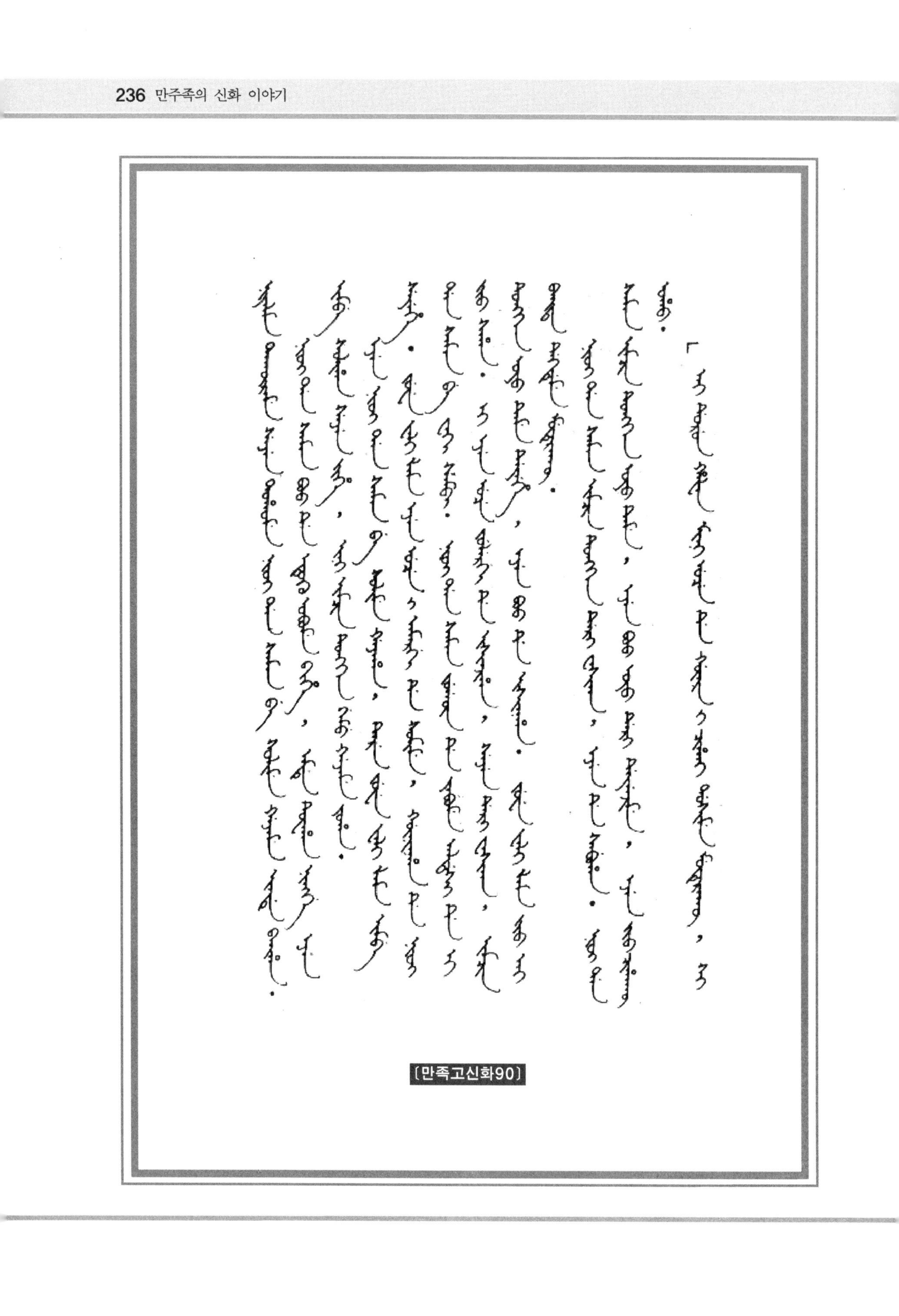

〔만족고신화90〕

niyalma takūrame sejen tohome nioi dan saman be solime gajime inde baiha.
사람 파견하여 수레 메고 女 丹 샤먼 을 청하여 데려와 그에게 부탁했다.

nioi dan saman boo de etuku obome bihe. emde tuwaha ningge ejen imbe soliha sejen
女 丹 샤먼 집 에서 옷 씻고 있었다. 한번 본 것 왕 그를 청한 수레

jiha. ini imcin tungken[89] gemu gajime yoha.
왔다. 그의 男手鼓 모두 가지고 갔다.

ejen nioi dan saman be solime gajiha. tere juwe fali lama imbe seyehe. juwe fali lama
왕 女 丹 샤먼 을 청하여 데려왔다. 그 두 명 라마 그를 원망했다. 두 명 라마

ejen uce i amargi de somime gūninahade nioi dan saman be waki sembi. nioi dan saman
왕 문 의 뒤 에 숨어 생각함에 女 丹 샤먼 을 죽이자 한다. 女 丹 샤먼

jugūn de yabume aldasi de i jio saha. i ejen uce julergi de isinjiha sejen deri wasika.
길 에 가다가 도중 에 그 就 알았다. 그 왕 문 앞 에 다다른 수레 에서 내렸다.

imcin tungken oyo teme deyehe. ejen boo de isinaha. juwe fali lama jio ai baita
男手鼓 위 앉아 날았다. 왕 집 에 다다랐다. 두 명 라마 就 아무 일

dekdeme muterakū.
일어날 수 없다.

nioi dan saman imcin tungken deri wasika. ejen de sabuha. nioi dan saman imcin tungken
女 丹 샤먼 男手鼓 에서 내렸다. 왕 에게 뵈었다. 女 丹 샤먼 男手鼓

oyo teme ejen boo oyo deri deyenjime ejen jio cihakū oho.
위 앉아 왕 집 용마루 에서 날아와 왕 就 언짢았다.

ai durun hafan mini uce de gūnin i cihai dosime muterakū. si
어떤 형태 관리 나의 문 에 마음대로 들어올 수 없다. 너

—— ◦ —— ◦ —— ◦ ——

사람을 보내어 그녀를 데려오게 했다.

여단 샤먼은 집에서 빨래를 하고 있었는데, 언뜻 보니 왕이 그녀를 데려가려 보낸 수레가 왔다. 그녀는 남수고(男手鼓)를 챙겨 왕에게 갔다.

왕이 여단 샤먼을 청하여 데려오자, 왕자를 치료했던 두 명의 라마는 그녀를 원망했다. 두 라마는 왕의 방문 뒤에 숨어 생각했다.

'여단 샤먼을 죽이자.'

여단 샤먼은 길을 가는 도중에 그것을 알아 차렸다. 그녀가 왕의 방문 앞에 도착하여 수레에서 내렸다. 그녀가 남수고(男手鼓)를 타고 날아서 왕의 집에 다다르니 두 라마는 아무 일도 할 수 없었다.

여단 샤먼은 남수고(男手鼓)에서 내려 왕을 뵈었다. 왕은 여단 샤먼이 남수고(男手鼓)를 타고 왕의 집 위로 날아온 것이 불쾌했다.

'어떤 신하도 내 방문을 마음대로 드나들 수 없는데, 너 같은

89) imcin tungken : 손북을 치는 남수고(男手鼓)이다. 여수고(女手鼓)는 untun이라 한다.

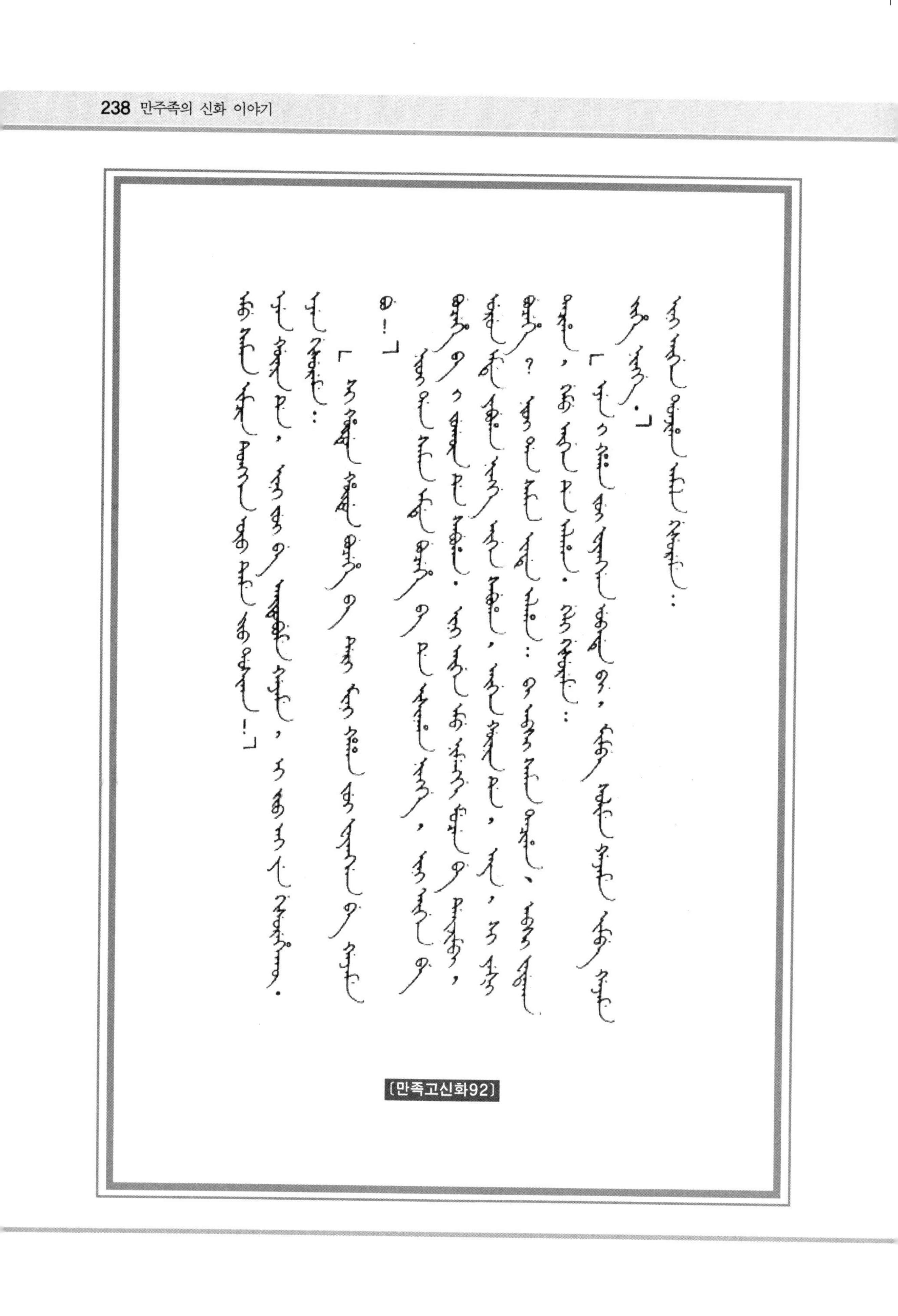

〔만족고신화92〕

emu saman imcin tungken oyo teme jio dosika.
한 샤먼 男手鼓 위 앉아 就 들어왔다.

ejen gūnin de ini jui be aitubume gajime i jio ai ye gisurehekū. ejen gisureme
왕 생각 에 그의 아이 를 구하여 데려오려 그 就 무엇 也 말하지 않았다. 왕 말하되

si hūdun hūdun bucehe ba deri mini haha jui fayangga be gajime bu.
너 빨리 빨리 죽은 곳 에서 나의 사내 아이 영혼 을 데려와 주라.

nioi dan saman emde bucehe ba de isinaha ningge ini eigen be bucehe ba i jugun de
女 丹 샤먼 한번에 죽은 곳 에 이른 것 그의 남편 을 죽은 곳 의 길 에서

sabuha. ini eigen emu nimenggi mucen be deijimbi. urun emde yabuha ningge eigen sabuha.
보았다. 그의 남편 한 기름 가마 를 데운다. 부인 한번 간 것 남편 보았다.

eigen gūnin de aya si yeši bucehe. nioi dan saman inde alaha. bi absi saman taciha.
남편 생각 에 아! 너 也是 죽었다. 女 丹 샤먼 그에게 말했다. 나 어떻게 샤먼 배웠다.

absi fadagan taciha. gemu eigen de alaha. geli gisureme
어떻게 법술 배웠다. 모두 남편 에게 말했다. 또 말하되

ejen i haha jui fayangga ubade bi. mimbe solime gajime imbe gajime jihe ningge.
왕 의 사내 아이 영혼 이곳에 있다. 나를 청하여 데려와 그를 데려오려 온 것이다.

ini eigen dojiha amala gisureme
그의 남편 들은 후 말하되

—— ◦ —— ◦ —— ◦ ——

일개 샤먼이 남수고(男手鼓)에 앉아 바로 들어오다니.'

그렇지만 왕은 자신의 아이를 구하여 데려오려는 생각에 아무 말도 하지 않았다. 왕이 말했다.

"너는 얼른 저승에서 내 아들의 영혼을 데려오너라."

여단 샤먼은 저승에 도착하자마자 그의 남편을 길에서 만났다. 그녀의 남편은 기름 가마에 불을 때고 있었다. 남편이 여단 샤먼을 보고서 생각했다.

'아! 당신도 죽은 것인가!'

여단 샤먼은 자기가 어떻게 샤먼을 배우고 어떻게 술법을 배웠는지 남편에게 모두 이야기해 주었다. 그리고 또 말했다.

"왕자의 영혼이 이곳에 있습니다. 왕이 제게 부탁하여 왕자를 데리러 온 것입니다."

그의 남편이 이 말을 듣고서 말했다.

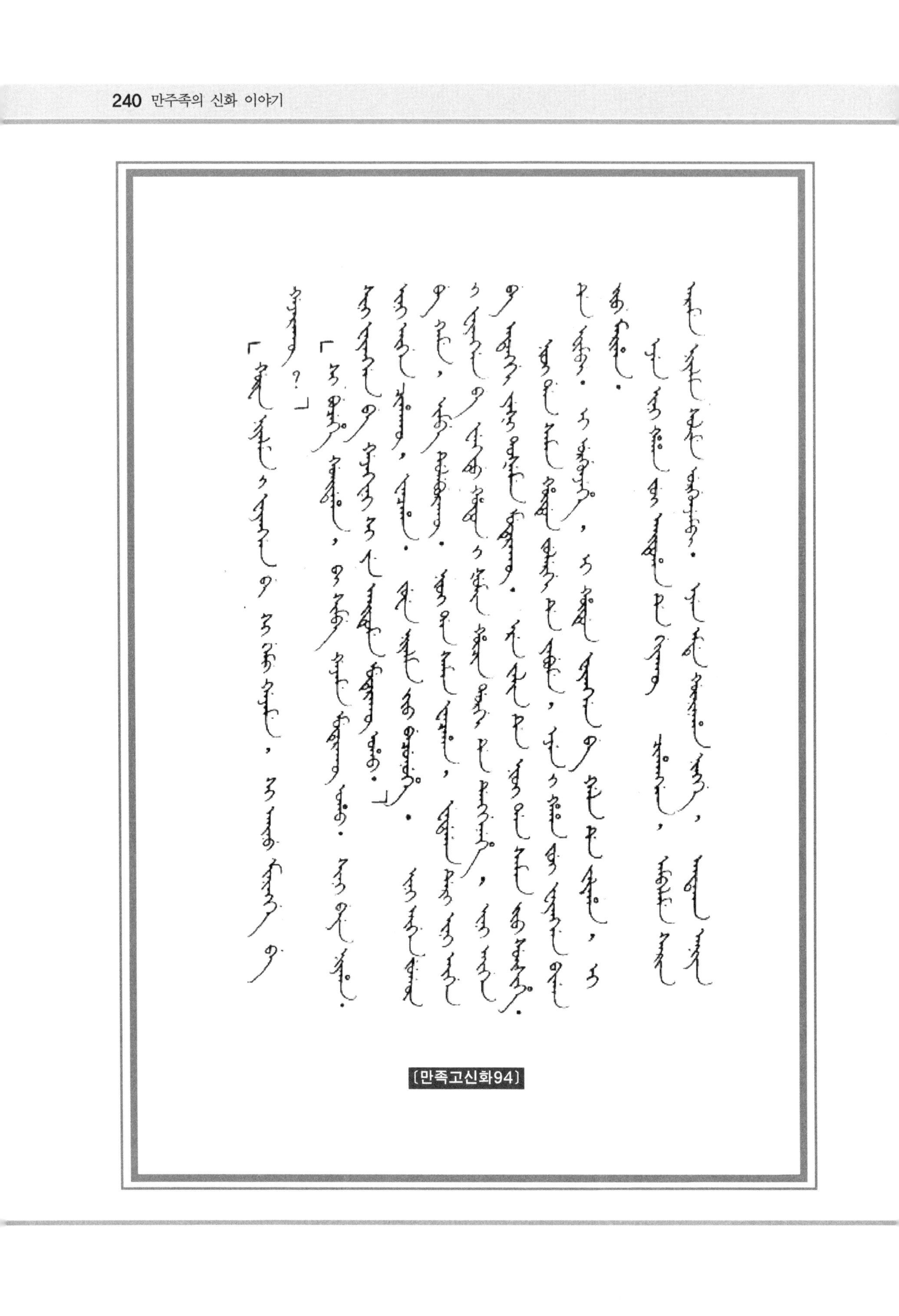

〔만족고신화94〕

gūwa niyalama i fayangga be si gemu gajime si ainu miningge be gajirakū?
다른 사람 의 영혼 을 너 모두 데려오며 너 어찌 내 것 을 데려오지 않느냐?

si bucehe goidaha. bi simbe gajime muterakū oho. sini beye niyaha. sini fayangga be
너 죽은지 오래됐다. 나 너를 데려올 수 없게 됐다. 너의 몸 썩었다. 너의 영혼 을

gajikini si ye aitume muterakū oho.
데려와도 너 也 살아날 수 없게 됐다.

ini eigen cihakū. fancaha. juwe niyalma jio becunuhe. ini eigen jugun be kame
그의 남편 언짢았다. 화냈다. 두 사람 就 말다툼했다. 그의 남편 길 을 막아

imbe duleburakū. nioi dan saman fancaha. fadagan deri ini eigen i fayangga be
그를 지나가지 못하게 했다. 女 丹 샤먼 화냈다. 술법 으로 그의 남편 의 영혼 을

fengdu hoton[90] i šumin hūcin dorgi de denggenehe. ini eigen be atanggi yeši
fengdu 성 의 깊은 우물 속 에 던졌다. 그의 남편 을 아무 때 也是

tosome[91] muterakū. ere jalin de nioi dan saman jio suisihe.
방해 할수 없다. 이 때문 에 女 丹 샤먼 就 죄받았다.

nioi dan saman hūdun julergi de yabume ejen i haha jui fayangga bigan de efimbi.
女 丹 샤먼 서둘러 앞 에 가니 왕 의 사내 아이 영혼 뜰 에서 논다.

i urgunjehe. i hūdun fayangga be gala de jafaha. i jio mariha.
그 기뻐했다. 그 서둘러 영혼 을 손 에 잡았다. 그 就 돌아왔다.

ejen ini haha jui aituha de giyakū[92] cihangga. ambarame sarin arame niyalma
왕 그의 사내 아이 살아남 에 매우 즐겁다. 크게 잔치 벌여 사람

solime urgunjembi. ejen emde gūninaha ningge antaka[93] aniya
초청하여 기뻐한다. 왕 한번 생각한 것 여러 해

—— ∘ —— ∘ —— ∘ ——

"다른 사람의 영혼은 모두 데려가면서 어째서 내 영혼은 데려가지 않소?"

"당신은 죽은 지 오래되어서 데려갈 수 없습니다. 당신의 몸이 썩어 당신의 영혼을 데려가도 살아날 수 없습니다."

그녀의 남편은 언짢아하며 화를 냈기에 둘은 서로 다투게 되었다. 그녀의 남편은 길을 막고 그녀를 지나가지 못하게 하였다. 여단 샤먼은 화를 내며 술법으로 남편의 영혼을 펑두(fengdu) 성(城)의 깊은 우물 속에 던져버렸다. 그녀의 남편은 언제든지 방해할 수 없게 되었다. 이 때문에 여단 샤먼은 죄를 짓게 되었다.

여단 샤먼은 서둘러 앞으로 가다보니 왕자의 영혼이 뜰에서 놀고 있었다. 그녀는 기뻐하며 서둘러 왕자의 영혼을 손에 잡고 바로 돌아왔다.

왕은 그의 아들이 살아나자 매우 기뻐하며, 사람을 초청해 크게 잔치를 벌이며 즐거워하였다. 왕은 여러 해 전에

---

90) fengdu hoton : 豊都 地獄을 뜻하며 불효 불충한 마음씨 나쁜 인간이 떨어진다고 한다.

91) tosome : 烏拉希春(1986)에서는 tošome로 되어 있는데 이것은 음성 전사의 영향을 받은 것으로 만주 문어에서는 tosome로 쓰인다.

92) giyakū : 만주 문어에서는 확인되지 않는 어휘로 烏拉希春(1986)에서는 giyakū를 방언으로 '진정, 매우'의 뜻으로 쓰인다고 하였다.

93) antaka : 만주 문어에서는 '어떠한가'의 뜻으로 쓰이지만, 여기에서는 맥락상 '여러'의 뜻으로 쓰인 것으로 보인다.

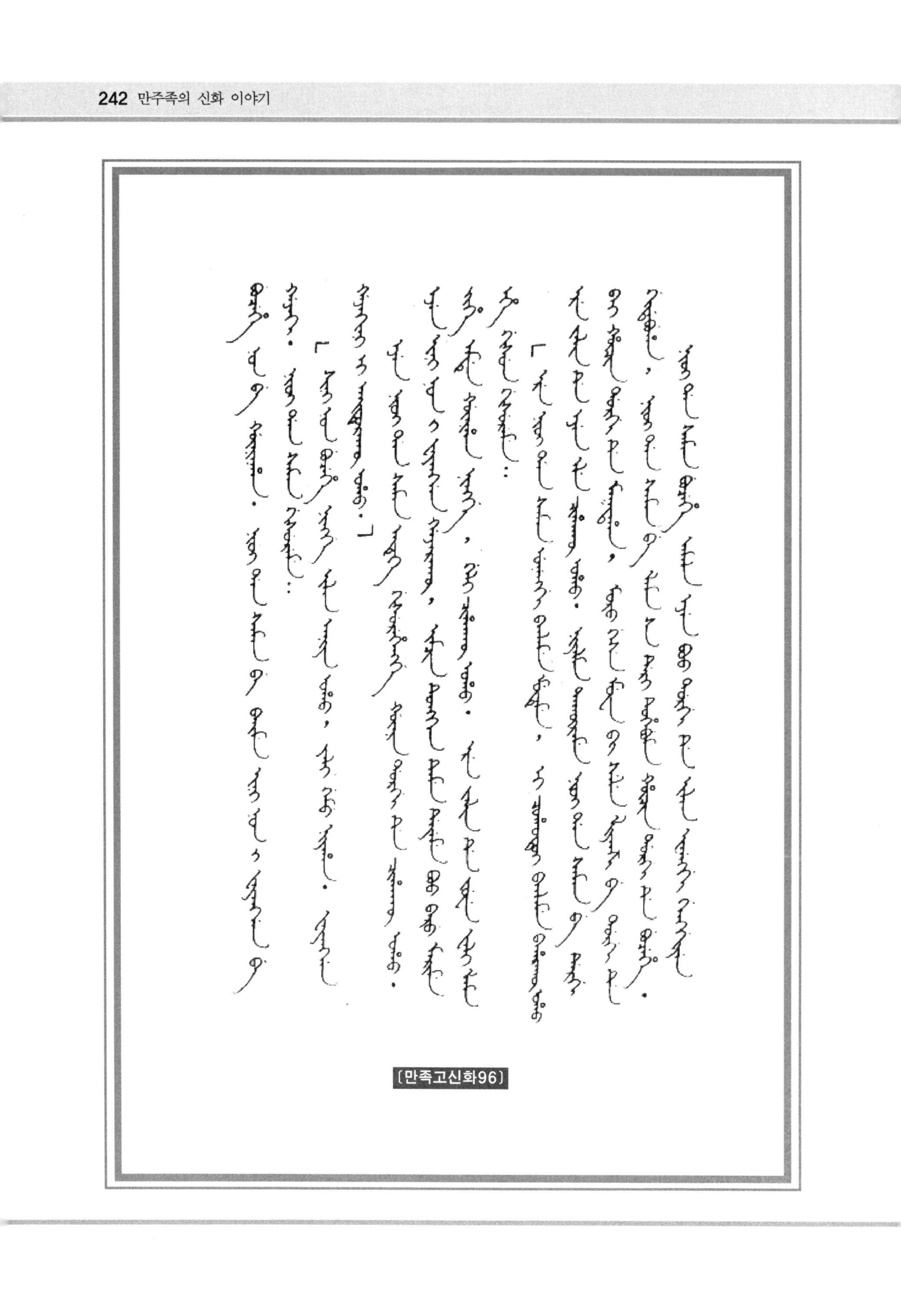

〔만족고신화96〕

bucehe non be gūninaha. nioi dan saman be baime ini non i fayangga be gajiki.
죽은 여동생 을 생각했다. 女 丹 샤먼 을 청하여 그의 여동생 의 영혼 을 데려오자.

nioi dan saman gisureme sini non bucehe ningge ilan aniya oho. yali gemu niyaha.
女 丹 샤먼 말하되 너의 여동생 죽은 것 3 년 됐다. 살 모두 썩었다.

fayangga gajikini i aiturakū oho. ejen nioi dan saman enteke gisurehengge
영혼 데려와도 그 살릴 수 없게 되었다. 왕 女 丹 샤먼 이렇게 말한 것.

gūnin dorgi de cihakū oho. ejen ini non i fayangga gajirakū. imcin tungken
생각 속 에 바라지 않았다. 왕 그의 여동생 의 영혼 데려오지 않고 男手鼓

teme deyeme boo baru marime jihe. emde gūniha ningge geli cihakū oho. ere jalin de
앉아 날아 집 으로 돌아 왔다. 한번 생각한 것 또 좋지 않았다. 이 때문 에

juwe fali lama ehe gisun gisureme ere nioi dan saman unenggi banlame[94] muteme
두 명 라마 나쁜 말 말하되 이 女 丹 샤먼 진실로 힘쓸 수 있으나

i cohotoi banlame baharakū oho. ere jalin de ejen ele cihakū oho. niyalma takūrame
그 특별히 힘써 얻지 않았다. 이 때문 에 왕 더 좋아하지 않았다. 사람 보내어

nioi dan saman be dergi[95] bai hūcin dorgi de maktaha. moro gese muwa bi[96] sele
女 丹 샤먼 을 서쪽 땅의 우물 속 에 던졌다. 사발 같은 굵은 쇠

liyandzi[97] be dorgi de gidabuha. nioi dan saman be lama sa deri tuhebume hūcin dorgi
鏈子 를 속 에 누르게 했다. 女 丹 샤먼 을 라마 들 에게 모함 받아 우물 속

de bucehe. nioi dan saman bucehe amala ejen boo dorgi de ilan inenggi genggiyen
에서 죽었다. 女 丹 샤먼 죽은 후 왕 집 안 에 3 일 밝은

—— ◦ —— ◦ —— ◦ ——

죽은 여동생이 생각나 여단 샤먼에게 부탁하였다.

"내 여동생의 영혼을 데려오너라."

여단 샤먼이 말하였다.

"당신의 여동생은 죽은 지 3년이 되어 살이 모두 썩었기에 영혼을 데려와도 살릴 수 없습니다."

왕은 여단 샤먼이 이렇게 말하는 것이 마음에 들지 않았다. 왕은 그녀가 여동생의 영혼을 데려오지 않고, 또 그녀가 남수고(男手鼓)에 앉아 날아서 집으로 들어왔던 것이 생각나 다시 기분이 나빠졌다. 이때 두 명의 라마가 그녀를 모함하며 말했다.

"이 여단 샤먼은 사실 여동생을 살릴 수 있으나 일부러 살리지 않는 것입니다."

이 때문에 왕은 더욱 기분이 좋지 않았다. 왕은 사람을 보내어 여단 샤먼을 동쪽 땅의 우물 속에 던지고 사발 같은 굵은 쇠사슬로 누르게 했다. 이렇게 여단 샤먼은 라마들에게 모함을 받아 우물 속에서 죽었다. 여단 샤먼이 죽은 후 왕의 집안에 사흘 동안 밝은

94) banlame : 중국어 차용어 ban(辦)에 접사 -la가 결합한 banlambi의 활용형이다.
95) dergi : 烏拉希春(1986)에서는 이 방언에서는 만주 문어의 dergi(동쪽)과 wargi(서쪽)이 각각 서쪽과 동쪽을 가르킨다고 하였다.
96) bi : 만주문어에서는 bisire가 쓰일 위치에 bi가 쓰였다. 烏拉希春(1986)에서는 이 방언에서 bisire는 쓰이지 않게 되었다고 한다.
97) liyandzi : 중국어 '鏈子'의 차용어로 '쇠사슬'의 뜻이다.

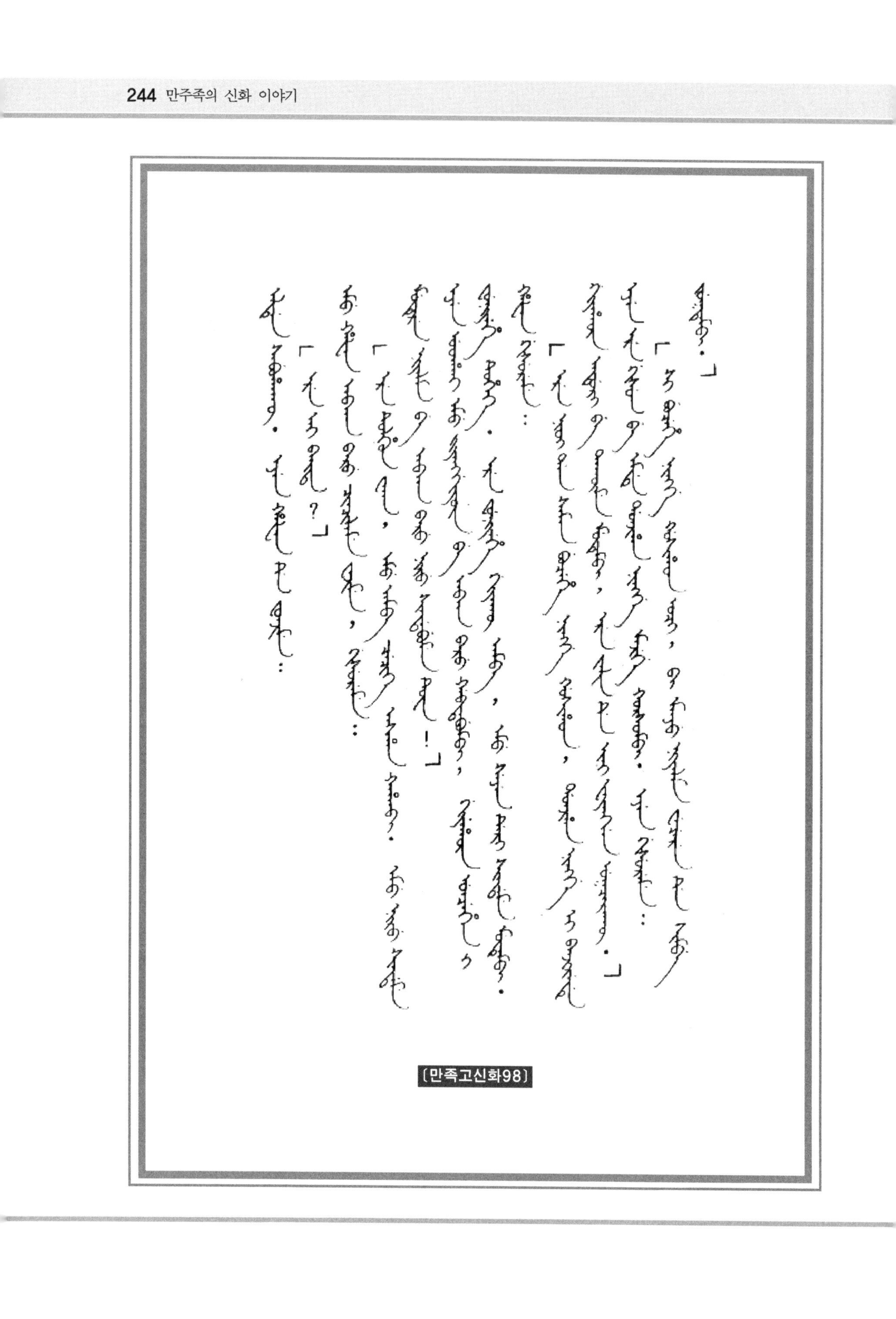

(만족고신화98)

elden sabuhakū. ejen hafan de fonjime
빛 보이지 않았다. 왕 관리 에게 묻되

ere ai baita?
이 무슨 일이냐?

emu hafan abka baru cincilame wajime gisureme
한 관리 하늘 쪽 살펴보고 나서 말하되

ere tulhun waka. emu amba cecike asha kahabi. emu niru sindame mutere niyalma be abka
이 그늘 아니다. 한 큰 새 날개 막았다. 한 화살 쏠 수 있는 사람 을 하늘

baru niru sindabume tuwa.
쪽 화살 쏘게 하여 보라.

ejen uthai emu jiyanggiyūn be abka baru gabtabumbi. giyahūn uncehen i funiyehe tuheke.
왕 즉시 한 장군 을 하늘 쪽 쏘게 한다. 매 꼬리 의 깃털 떨어졌다.

ere funiyehe giyakū amba. emu sejen deri sindame mutembi. hafan gisureme
이 깃털 매우 크다. 한 수레 에 놓을 수 있다. 관리 말하되

ere nioi dan saman bucehe ningge gosihon. donjiha ningge i banjirede giyahūn enduri be
이 女 丹 샤먼 죽은 것 괴롭다. 들은 것 그 살 때 매 신 을

takūrame mutembi. ere jalinde ini fayangga ukcarakū.
부릴 수 있다. 이 때문에 그의 영혼 벗어나지 않는다.

ejen ere gisun be emde donjiha ningge majige korsombi. ejen gisureme
왕 이 말 을 한번 들은 것 조금 후회한다. 왕 말하되

si bucehe ningge gosihon oci bi manju niyalma wecere de simbe juktembi.
너 죽은 것 괴로우면 나 만주 사람 제사지냄 에 너를 제사지낸다.

—— ◦ —— ◦ —— ◦ ——

빛이 보이지 않았다. 왕이 관리에게 물었다.

"이 무슨 일이냐?"

한 관리가 하늘을 살펴보고 나서 말했다.

"이것은 그늘이 아닙니다. 한 큰 새가 날개로 막고 있습니다. 활을 쏠 수 있는 사람에게 하늘 쪽으로 화살을 쏘게 하여 보십시오."

왕이 즉시 한 장군에게 하늘 쪽으로 활을 쏘게 하니 매 꼬리의 깃털이 떨어졌다. 이 깃털은 매우 커서 한 수레에 실을 수 있을 정도였다. 관리가 말했다.

"이 새는 여단 샤먼이 죽은 것을 괴로워하고 있습니다. 듣자 하니 그녀는 살아서 매 신을 부릴 수 있었다고 합니다. 이 때문에 그녀의 영혼이 현세에서 떠나지 않는 것입니다."

왕이 문득 그 말을 듣고서 후회하며 말했다.

"여단 샤먼이 죽은 것이 괴로우면 내가 만주 사람이 제사지낼 때 너에게 공양하게 하겠다."

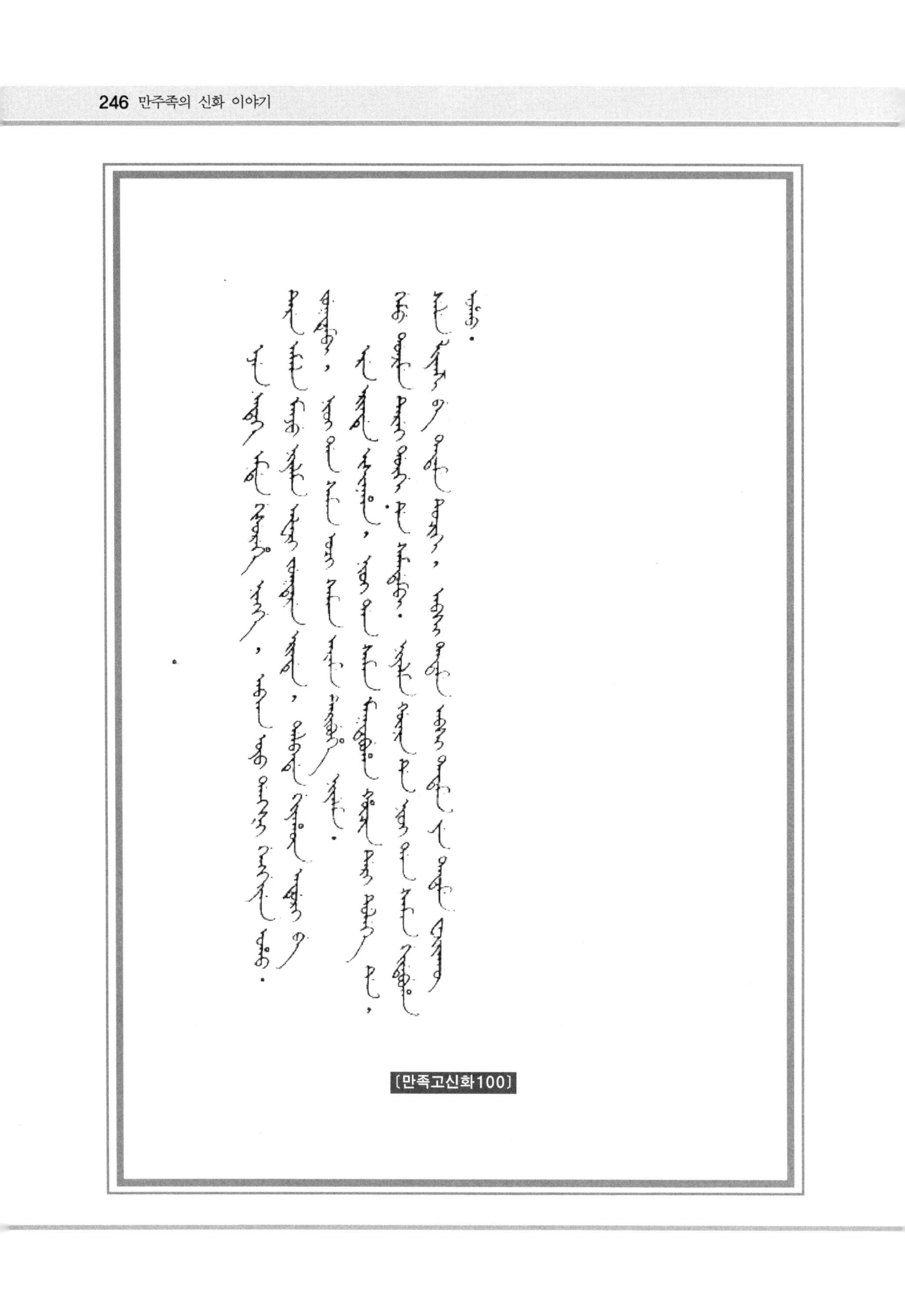

[illegible]

〔만족고신화100〕

ejen enteke emde gisurehe ningge abka oyo dangši[98] genggiyen oho.
왕 이렇게 한번 말한 것 하늘 위 當時 밝아졌다.

tere amala manju niyalma mafari juktere erinde dalbade giyahūn enduri be juktembi.
그 후 만주 사람 조상 제사지낼 때에 곁에 매 신 을 제사지낸다.

nioi dan saman oci saman arame deribuhe niyalma.
女 丹 샤먼 은 샤먼 되어 시작하게 한 사람이다.

ere erin de isinaha. nioi dan saman maktabuha hūcin deri duleke de, gemu donjime
이 때 에 이르렀다. 女 丹 샤먼 던져진 우물 에서 지나감 에 모두 듣되

terei dorgi de samadambi. niyalma gūnin de nioi dan saman gidabuha sele liyandzi be
그의 속 에서 굿한다. 사람 생각 에 女 丹 샤먼 눌린 쇠 鏈子 을

tatame tuciki. absi tatame absi tatame ye tatame wajirakū oho.
끌어 내자. 아무리 끌어 아무리 끌어 도 끌어내어 마치지 못 했다.

—— ○ —— ○ —— ○ ——

왕이 이렇게 말하자 하늘이 바로 밝아졌다. 그 후로 만주 사람들이 조상에게 제사지낼 때에는 더불어 매의 신에게도 공양을 하게 되었다.

여단 샤먼은 샤먼의 일을 시작한 사람이고 샤먼은 이때부터 시작되어 지금에 이르렀다. 여단 샤먼이 던져진 우물을 지나갈 때 모두 그 속에서 굿하는 소리를 듣는다. 사람들은 여단 샤먼이 눌린 쇠사슬을 끌어내려고 했으나 결국 끌어내지 못했다.

98) dangši : 중국어 '當時'의 차용어로 '즉시, 즉각'의 뜻이다.

7

싸움 이야기

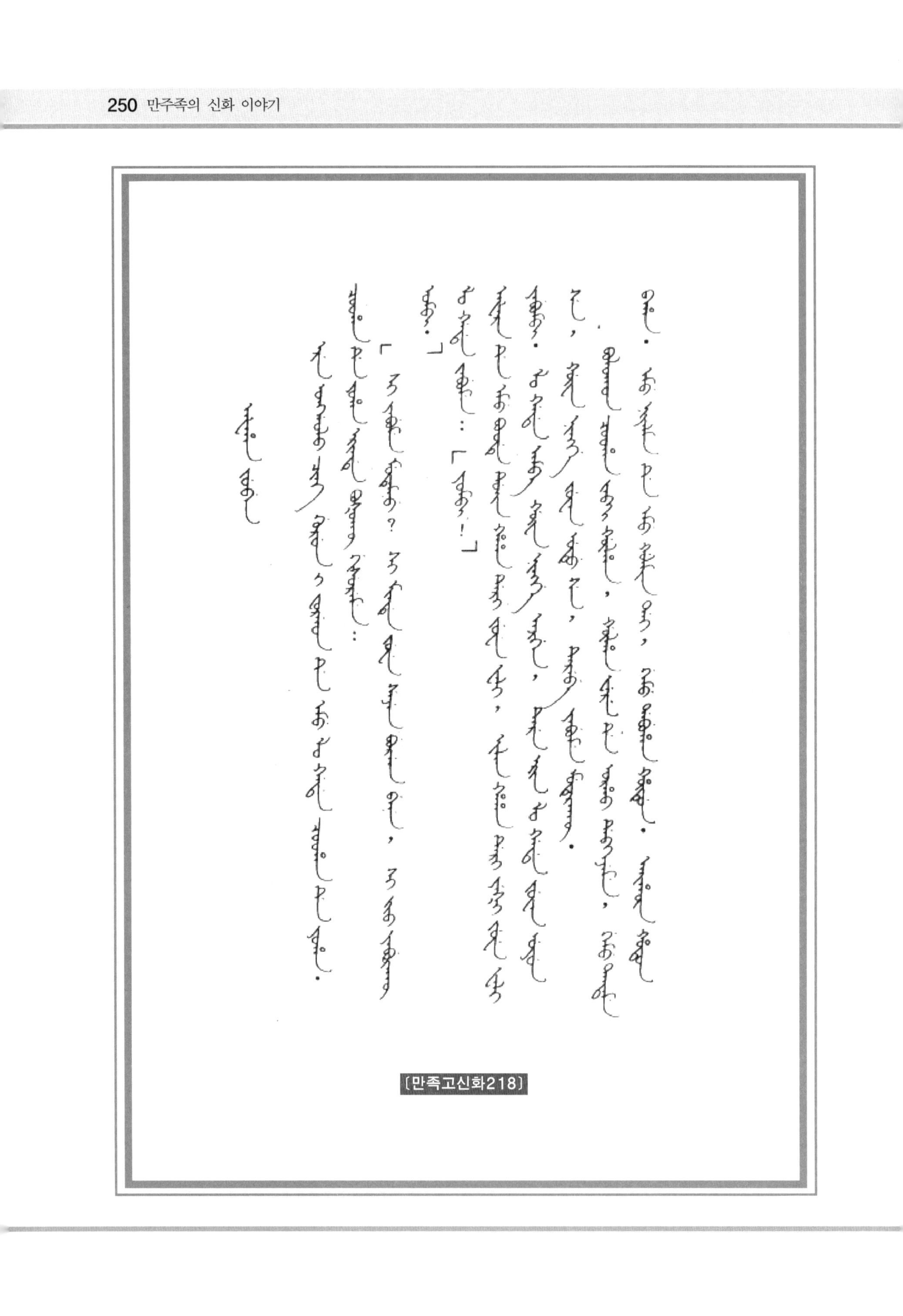

[illegible]

〔만족고신화218〕

afaha juben
싸운 이야기

ere onggolo cing gurun i forgon de emu lo gada cooha de yoha. cooha de yoha erinde
이 전 청 나라 의 시절 에 한 lo gada 군대 에 갔다. 군대 에 간 때에

bošokū[99] gisureme si yabume mutembi nio? si minde juwe sejen burga bene. si jio
領催 말하되 너 갈 수 있는가? 너 내게 두 수레 버드나무 보내라. 너 就

yaburakū ombi. lo gada jabume yombi. afara de emu boo de duin haha deri juwe fali,
가지 않게 된다. lo gada 대답하되 간다. 싸움 에 한 집 에 4 남자 에서 2 명

ilan haha deri yeši juwe fali yabumbi. lo gada amba gūwa ningge ajigen. tere erin
3 남자 에서 也是 2 명 간다. lo gada 크고 다른 이 작다. 그 때

lo gada juwan uyun se gūwa ningge juwan udu se tere be yabume muterakū.
lo gada 10 9 세 다른 이 10 몇 세 그 를 갈 수 없다.

bolokon cooha japi gūlha[100] gūlha fere de orho debkejeme gemu tantame baha. emu
남김없이 군대 japi 신발 신발 바닥 에 풀 풀고 모두 두드려서 얻었다. 한

niyalma de emu golmin dai,[101] gemu dabuha hūdun. aihūn hoton
사람 에 한 긴 袋 모두 태우기 빠르다. aihūn 성

싸움 이야기

옛날 청(淸)나라 때에 로가다(lo gada)라는 사람이 군대에 갔다. 군대에 갔을 때에, 영최(領催)가 말했다.

"너 전쟁에 나갈 수 있겠느냐? 네가 나에게 두 수레만큼의 버드나무가지를 보내라. 그러면 가지 않아도 된다."

로가다(lo gada)가 대답했다.

"가겠습니다."

한 집에 남자가 4명이 있으면 2명, 3명이 있어도 2명이 전쟁에 나간다. 로가다(lo gada)는 나이가 많고 다른 형제들은 나이가 적었다. 그때 로가다(lo gada)가 19살이고, 다른 형제들은 10살 가량이어서 전쟁에 갈 수가 없었다. 깨끗한 군대의 자피(japi) 가죽 신발은 신발 바닥에 있는 풀이 풀려서 모두 두드려서 고쳤다. 한 사람에 하나씩 긴 담뱃대 물고, 모두 태우기에 바빴다.

로가다(lo gada)는 아이훈(aihūn) 성으로

99) bošokū : 팔기의 좌령(佐領)에 속하여 각종 당책(檔冊)의 기록이나 병사들의 군량 등의 사무를 맡아 보던 하급 관리를 말한다. 옹정(擁正) 초년부터 '영최(領催)'로 고쳐서 불렀다.

100) japi gūlha : 烏拉希春(1986)에서는 扎皮 烏拉로 대역하고 있는데 가죽으로 만든 신발의 일종이다. 烏拉는 방한화의 일종으로 만주 지방에서 속에 '烏拉草'를 넣어 신는 가죽신이다.

101) dai : 중국어 '烟袋'에서 '袋'만을 차용한 것으로, 잎담배나 살담배를 넣고 태우는 담뱃대를 가리킨다.

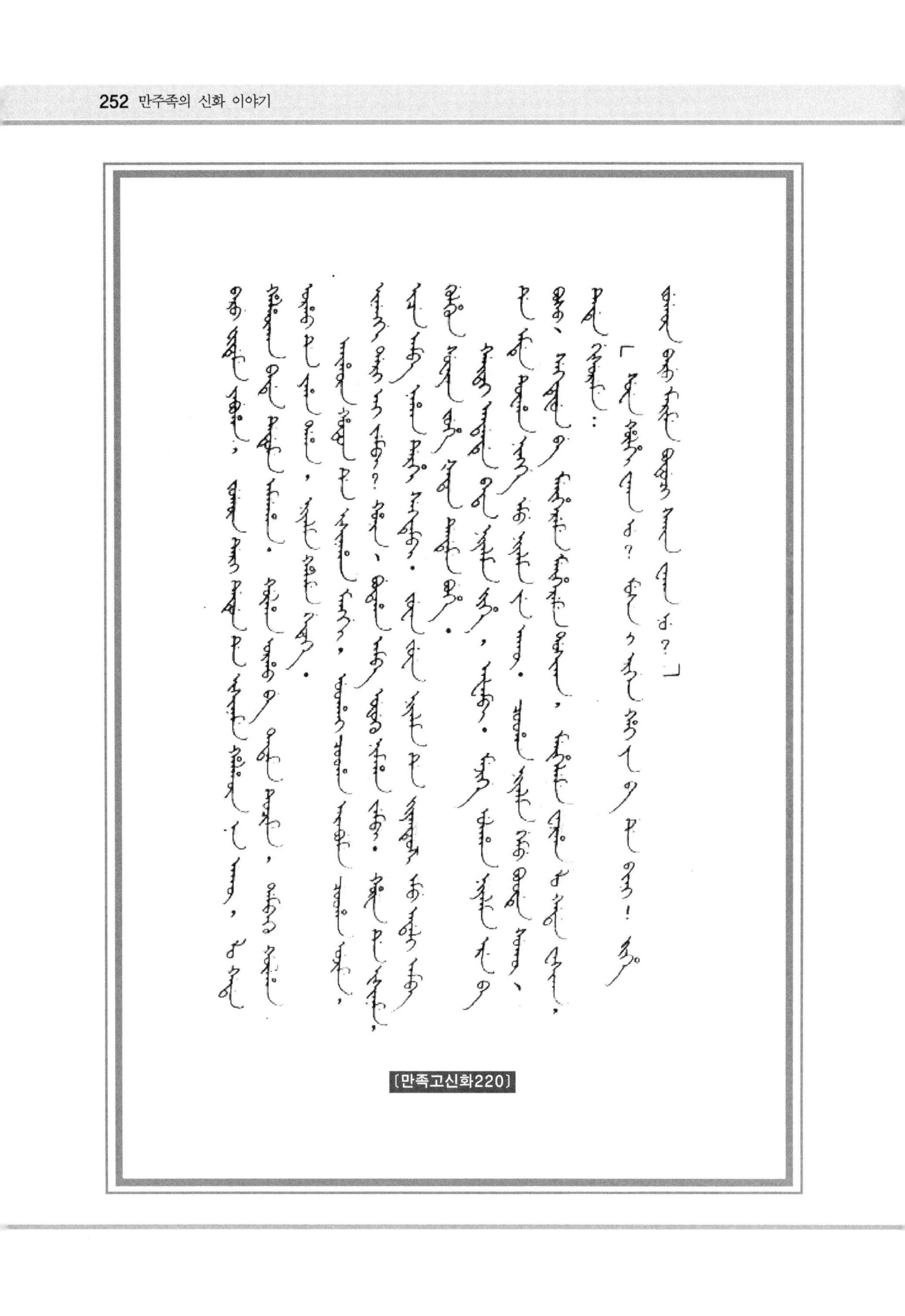

[illegible]

[만족고신화220]

baru fideme yabuha. jugūn deri dedun de isiname halhūn na akū. lo gada
향하여 이동하여 갔다. 길 따라 驛站 에 이르고 따뜻한 바닥 없다. lo gada

halhūkan bade dedume amgaha.
조금 따뜻한 곳에 누워 잤다.

gūlha orho[102] be tatame tucime dambagu gūlha orho de yaha daha. niyalma halame
烏拉 풀 을 끌어 내어 담배 烏拉 풀 에 불 피웠다. 사람 교대하여

geteke. aihūn hoton de isinaha manggi, uthai cooha arabume cooha ujime, inenggidari ai
깼다. aihūn 성 에 다다른 후 곧 군대 만들게 하고 군대 먹이되 날마다 무엇

jembi? honin, butaha amba mujuhu[103] nimaha jembi. hūwa de isiname ice amba nahan[104]
먹느냐? 양 잡은 큰 잉어 먹는다. 뜰 에 이르러 새 큰 구들

derhi sektembi. juwan juwe niyalma de jiyanteozi[105] emu adali amba gulhun suwayan
자리 깐다. 10 2 사람 에게 箭頭子 같은 큰 모두 황색

juhe šatan dendeme buhe.
얼음 사탕 나누어 주었다.

gaitai andande bata niyalma jihe. afambi. mejige ulaha niyalma ere bade emde tuwaha
별안간에 적 사람 왔다. 싸운다. 소식 전한 사람 이 곳에 한 번 본

ningge emu niyalma ye akū. cooha niyalma gemu boode sukū, boso, sektefun be meihereme
것 한 사람 也 없다. 군대 사람 모두 집에 가죽 베 자리 를 메고

meihereme dosika. meihereme wajiha. lo gada wasika. tede gisureme
메고 들어갔다. 메고 끝났다. lo gada 내려갔다. 그에게 말하되

suwe hūlhi waka nio? muse i ergen hai yabade bini? jihe jugūn baru marime
너희 멍청이 아니냐? 우리 의 목숨 还 어디에 있냐? 온 길 로 돌아가기

bodoci sain waka nio?
헤아리면 좋지 않느냐?

—— ◦ —— ◦ —— ◦ ——

보내졌다. 길을 따라서 역참(驛站)에 다다르니 따뜻한 곳이 없어 로가다(lo gada)는 그나마 조금 따뜻한 곳에 누워서 잤다. 오랍(烏拉) 풀을 당겨서 담배와 오랍(烏拉) 풀에 불을 붙이자 사람들이 자다가 다시 깼다.

아이훈(aihūn) 성에 도착한 후, 즉시 군대를 편성하고 밥을 먹였다. 이들은 날마다 양을 잡고 큰 잉어를 먹었다. 병사들이 머무는 성의 뜰에 이르러서는 새로 큰 구들과 자리를 깔았다. 열두 사람에게 화살촉 같이 크고 순 황색 얼음사탕을 나누어 주었다. 별안간

"적이 왔다! 전투다!"

하고 전령이 소리치며 이곳에 왔지만, 주위를 살펴보니 한 사람도 없었다. 병사들이 모두 집에서 가져온 가죽, 무명, 방석을 어깨에 메어 덮고서 그 속으로 들어갔기 때문이었다. 로가다(lo gada)가 내려가서 그들에게 말했다.

"너희는 멍청이 아니냐? 우리의 목숨이 또 어디에 있나? 왔던 길을 향하여 돌아가면 좋지 않겠느냐?"

---

102) gūlha orho : 烏拉草. 만주 지역에서 주로 자라는 풀로 겨울에 방한을 위해 신발에 넣어 신는다.
103) mujuhu : 烏拉希春(1986)에서는 ufuhu라고 전사되어 있는데 음성 전사를 참고할 때 mujuhu(잉어)의 오기이다.
104) amba nahan : nahan은 위치에 따라 fushu naha(竈炕), julergi nahan(南炕), wargi nahan(東炕), dergi nahan(西炕), amargi nahan(北炕)으로 부르는데, dergi nahan은 amba nahan과 같은 말이다.
105) jiyanteozi : 중국어 '箭頭子'의 차용어로 화살촉의 뜻이다.

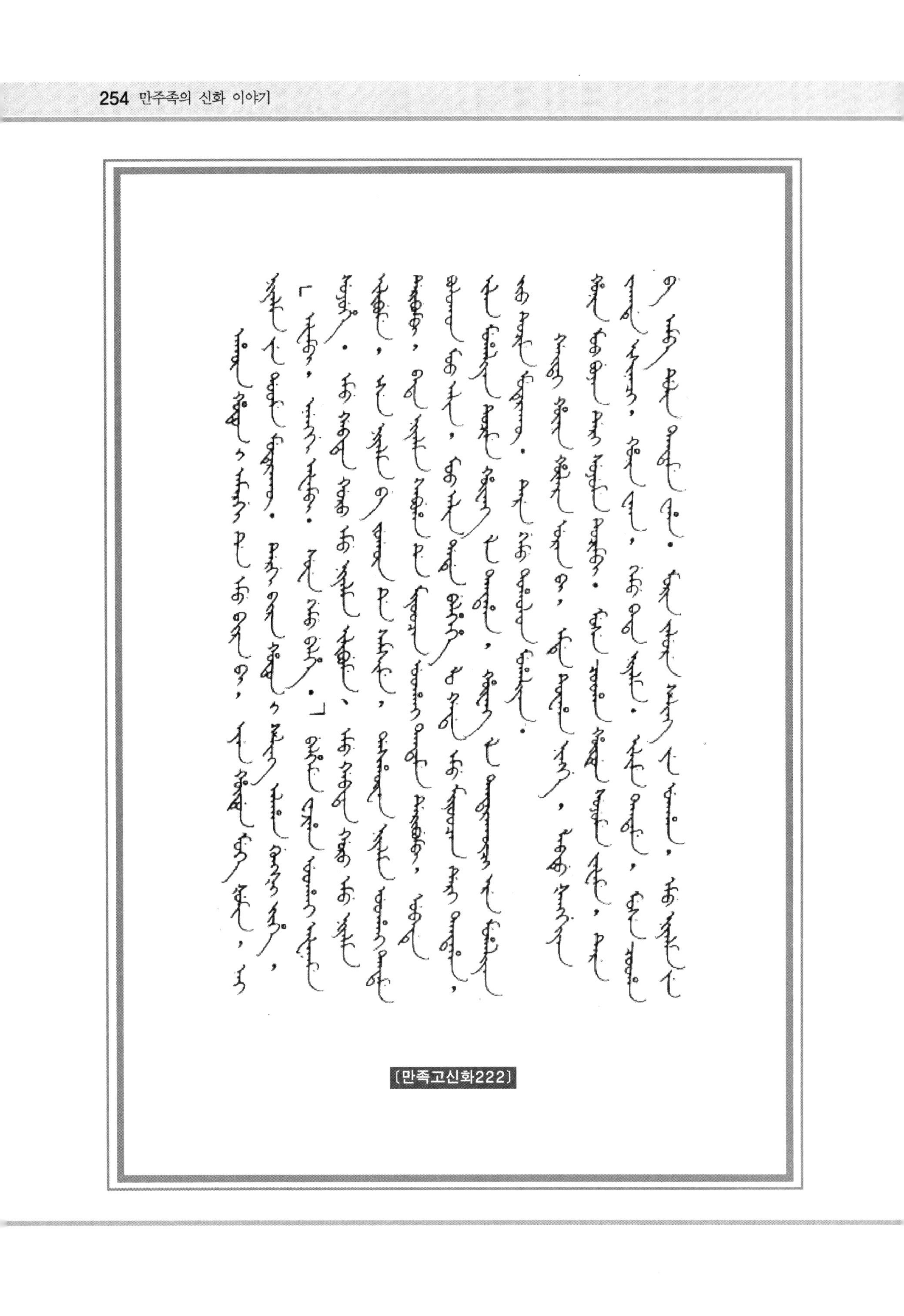

[만족고신화222]

aihūn hoton i amargi de emu bira bi. eyen hūdun muke šumin. ai niyalma ye doome
aihūn 성 의 북쪽 에 한 강 있다. 흐름 빠르다 물 깊다. 어느 사람 也 건널

muterakū. dergi bira hoton i syling[106] alaha gungši[107] jihe. afambi. enenggi afambi.
수 없다. 동쪽 강 성 의 司令 말한 공문 왔다. 싸운다. 오늘 싸운다.

suwe gemu belhe. belheme wajiha. uthai afaname sujuhe. emu gabtan goro emu
너희 모두 준비해라. 준비하여 마쳤다. 즉시 싸우러가러 달렸다. 한 활쏘기 거리 한

niyalma ilibume ese niyalma be jugūn de samsime, dashūwan[108] niyalma uthai tantame
사람 세우고 이들 사람 을 길 에 흩어져 左翼 사람 즉시 쏘기

deribumbi. bata niyalma sabuhade miyoocan uthai tantame deribumbi. ubade bolokon moo
시작한다. 적 사람 보임에 총 즉시 쏘기 시작한다. 여기에 깨끗한 나무

alin moo alin dade belhehe lo gada emu miyoocan deri tantaha. ilan muhaliyan tucime
산 나무 산 기슭에 준비한 lo gada 한 총 으로 쏘았다. 3 탄 나와서

hūwang la[109] tantaha. hūwang la tantarakūci, ere muhaliyan jio tucime muterakū. tere
黃 蠟 쳤다. 黃 蠟 치지 않으면 이 탄환 就 나올 수 없다. 그

gemu toholon muhaliyan.
모두 주석 탄환이다.

gaitai honin hūlara uran bi. emde tuwaha ningge, labdu šanggiyan honin moo bujan
갑자기 양 우는 메아리 있다. 한번 본 것 많은 흰 양 나무 숲

deri sujume tucimbi. muse cooha hūdun sujume jafame, tere jakade isinaci, honin
에서 뛰어 나온다. 우리 군대 빠르게 뛰어 잡으러 그 곁에 이르니 양

waka. gemu bata niyalma ilime tantame, muse cooha be amba dulin tantame waha. morin
아니다. 모두 적 사람 서서 쳐서 우리 군대 를 큰 절반 쳐서 죽였다. 말

yalure syling ye ukaha. emu niyalma
탄 司令 也 달아났다. 한 사람

—— ◦ —— ◦ —— ◦ ——

아이훈(aihūn) 성의 북쪽에는 강이 하나 있는데, 흐름이 빠르고 물이 깊어서 어떤 사람도 건널 수 없었다. 동쪽 강에 있는 성의 사령(司令)이 전한 문서가 왔다.

"오늘 싸울 것이니 너희는 모두 준비해라."

그들은 준비를 마친 즉시 싸우러 달려갔다. 화살이 닿을 거리마다 한 사람씩 세우고 길에 흩어지게 하였다. 좌익(左翼)의 사람들이 곧바로 적을 치기 시작했다. 적이 보이면 곧바로 총을 쏘기 시작했다. 이곳에는 깨끗한 나무 산이 있는데, 그 산기슭에서 준비하고 있던 로가다(lo gada)도 총을 쏘았다. 탄환 세발이 나와서 황납을 쳤다. 황납을 치지 않으면 탄환은 나올 수 없었다. 이 탄환은 모두 주석 탄환이었다.

갑자기 양 우는 소리가 들렸다. 얼핏 보니, 많은 수의 흰 양이 나무숲에서 뛰어 나오고 있었다. 로가다(lo gada)의 군대가 빠르게 뛰어 가서 잡으려고 그 곁에 이르러서 보니, 양이 아니라 모두 적이었다. 적이 자리에서 일어나 로가다(lo gada)의 군대를 공격하여 반을 죽였다. 말을 탄 사령(司令)도 달아나서, 한 사람도

106) syling : 중국어 '司令'의 차용어로 군대의 사령관의 뜻이다.
107) gungši : 중국어 '公事'의 차용어로 '공문서, 공문'의 뜻이다.
108) dashūwan : 팔기의 좌익(左翼)인 dashūwan i gala의 뜻이다.
109) hūwang la : 중국어 '黃蠟'의 차용어로 '밀랍'의 뜻이다.

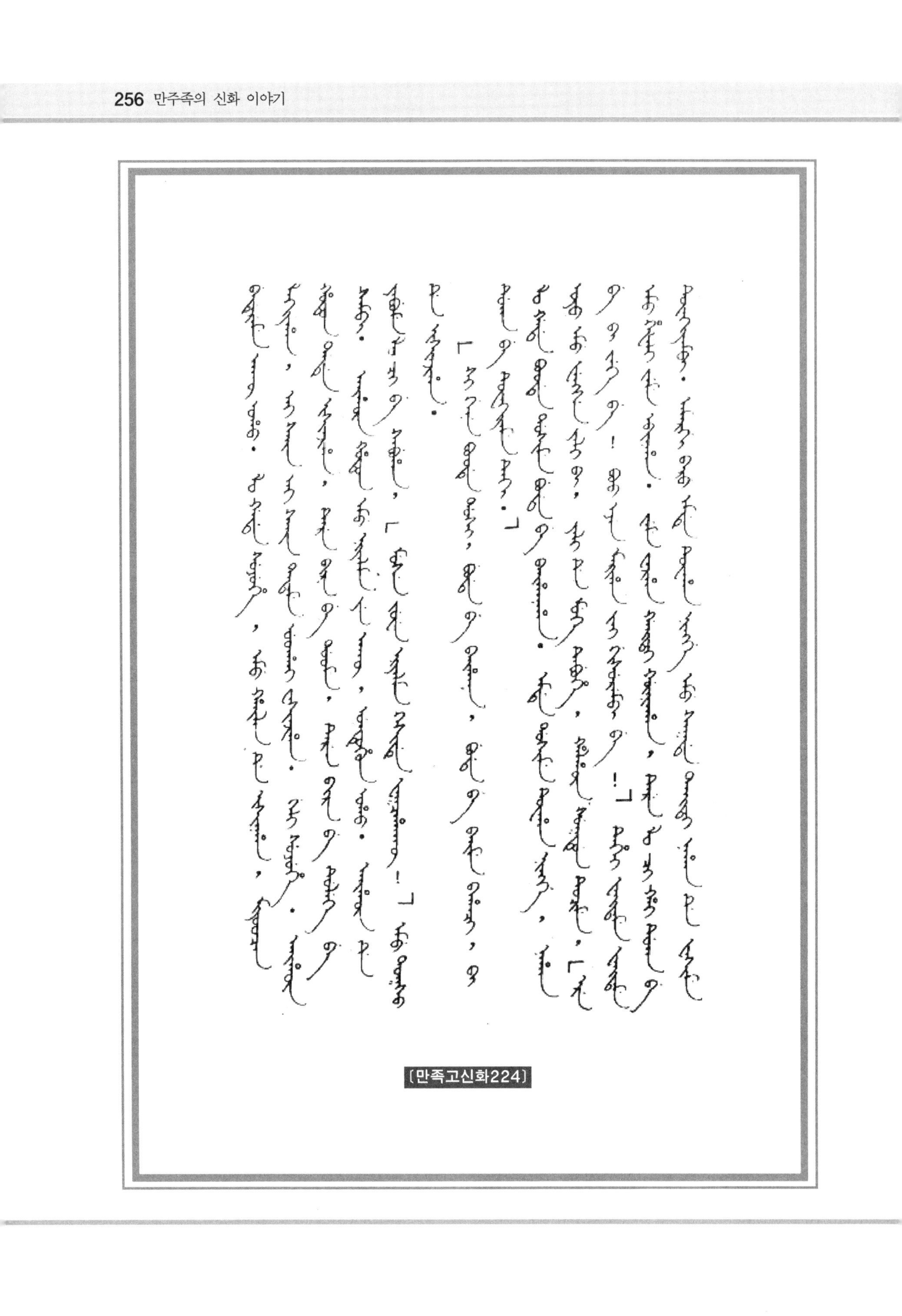

[만족고신화224]

ye bedereme akū oho. lo gada sujuhe. emu hailan de isinaha. miyoocan lakiyaha.
也 돌아갈 수 없게 되었다. lo gada 달렸다. 한 느릅나무 에 이르렀다. 총 걸었다.

ai sain? ai sain? tatame uthai wasinjiha. geli sujuhe. aihūn hoton dade
얼마나 좋으냐? 얼마나 좋으냐? 끌어당겨 즉시 내렸다. 또 달렸다. aihūn 성 밑에

isinjiha. tere bira be doome tere bira be duleke be sambi. aihūn hoton emu niyalma ye akū.
도착했다. 그 강 을 건너고 그 강 을 지남 을 안다. aihūn 성 한 사람 也 없다.

untuhun oho. aihūn de yabume lo ci be sabuha. muse juwe niyalma keside fakcahakū.
비었다. aihūn 에 가서 lo ci 를 보았다. 우리 2 사람 행운에 헤어지지 않았다.

emu tokso de isinjiha.
한 마을 에 이르렀다.

si gene. boo de dosi. buda be baihana. buda be baime bahaci bi duka be tuwakiyame teki.
너 가라. 집 에 들어가라. 밥 을 구하러가라. 밥 을 구해 얻으면 나 문 을 지키고 앉자.

lo gada boo de dosime buda be baihanaha. emde dosime tuwaha ningge nahan oyo emu
lo gada 집 에 들어가 밥 을 구하러갔다. 한번 들어가 본 것 구들 위 한

fengse[110] yali bi. yali de muke tebuhe. halhūn sukdun tucime ere be bi jeki be. boo
동이 고기 있다. 고기 에 물 부었다. 뜨거운 김 나오고 이 를 나 먹자 吧. 집

ejen mariha[111] jai gisureki be.[112] tehei faitame faitame emu hefeli jeme ebinaha.
주인 돌아온 다시 말하자 吧. 앉아서 자르고 자르고 한 배 먹고 배불러 갔다.

jeme wajiha. gaitai gūninaha. tere loci hai duka be tuwakiyambi. amargi baru emde tuwaha
먹기 끝냈다. 갑자기 생각났다. 그 loci 还 문 을 지킨다. 뒤쪽 으로 한 번 본

ningge emu sakda taitai nahan de fasime
것 한 늙은 할머니 구들 에 목을 매고

—— ◦ —— ◦ —— ◦ ——

돌아갈 수 없게 되었다.

로가다(lo gada)는 도망가다가 한 느릅나무에 이르렀다. 나무에 총을 걸고는

'어찌하면 좋나, 어찌하면 좋나?'

하고 생각하다가 즉시 총을 집고 또 도망갔다. 그리고 오래지 않아 아이훈(aihūn) 성 아래에 도착했다. 그제서야 자신이 강을 건너왔음을 알아챘다.

아이훈(aihūn) 성에는 한 사람도 없고 텅 비어 있었다.

로가다(lo gada)는 아이훈(aihūn) 성에 갔다가 로치(lo ci)를 발견하고는 그에게 말했다.

"우리 두 사람 운 좋게 헤어지지 않았구나!"

한 마을에 이르렀다.

"너는 집에 들어가서 밥을 구해 보아라. 네가 밥을 구하는 동안에 나는 문을 지키고 있겠다."

로가다(lo gada)는 집에 들어가 밥을 구하러 다녔다. 집에 들어가서 얼핏 보니, 구들 위에 한 동이의 고기가 있었다. 고기를 물에 끓으니 뜨거운 김이 나왔다.

'이것을 내가 우선 먹고, 집 주인이 돌아오면 이에 대해 말하자!'

그리고는 앉은 채로 고기를 잘라서 배가 부르도록 먹었다. 배부르게 먹고 나니 문득 로치(lo ci)가 아직 문을 지키고 있다는 것이 생각이 났다. 뒤쪽을 얼핏 살펴보니, 한 늙은 할머니가 구들에 목을 매고

---

110) fengse : 중국어 fengse(盆子)의 차용어로 '동이'의 뜻이다.

111) boo ejen mariha : 이것은 문맥상 어법에 맞지 않다. 여격어미 de가 생략되었거나 manggi(후)가 생략되었다.

112) gisureki be : 烏拉希春(1986)에서는 gisurembi be라고 전사하고 있다. 그러나 음성 전사를 볼 때 gisure be로 추정되며 만주 문어에서는 gisureki로 보는 것이 적절하다. 그리고 be는 중국어 '吧'의 차용어로서 만주어 -ki에 대응된다.

[illegible]

〔만족고신화226〕

bucehe. uthai funcehe yali be duka tulergi de tukiyeme tucime tere niyalma jeme wajiha
죽었다. 곧 남은 고기 를 문 밖 에 들어서 내고 그 사람 먹기 마치고

geli sujuhe. juwe ilan inenggi sujuhe. loci fakcaha. lo gada hefeliyeneme yabume muterakū.
또 달렸다. 이 삼 날 달렸다. loci 헤어졌다. lo gada 설사를 해서 갈 수 없었다.

emu niyalma ye akū. i jugūn i dalbade isinaha. dedume micuhe. buceme aliyambi. gaitai
한 사람 也 없다. 그 길 의 곁에 이르렀다. 누워서 기어갔다. 죽기 기다린다. 갑자기

emu tokso i lo san duleme sujume jihe.
한 마을 의 lo san 지나서 달려 왔다.

san ge si marime jihe nio? si mini soncoho be mini boode bene be.
san 형 너 되돌아 왔냐? 너 나의 변발 을 나의 집에 보내라 吧.

lo san tuwaha ye akū sujume dulehe. i uthai gūnin bucehe. buceme oho. dedume bucehe
lo san 보지 也 않고 달려서 지나갔다. 그 곧 마음 죽었다. 죽게 되었다. 누워서 죽음

be erehe. goidarakū lo ci sujume duleme jihe. emde tuwaha ningge
을 바랐다. 오래지 않아 lo ci 달려서 지나 왔다. 한 번 본 것

lo gada waka nio? lo gada si aiba deri wasinjiha? šang baha waka nio?
lo gada 아니냐? lo gada 너 어느곳 에서 내려왔느냐? 傷 얻은 것 아니냐?

lo gada ai jilgan ye tucihekū. lo ci dahūme fonjihe,
lo gada 무슨 소리 也 내지 않았다. lo ci 다시 물었다.

si yaburakūci bi ye yaburakū. si buceci bi ye bucembi. muse emu bade buceki. muse
너 가지 않으면 나 也 가지 않겠다. 너 죽으면 나 也 죽는다. 우리 한 곳에 죽자. 우리

daci gisurehe enteke. banjici emu bade buceci emu bade
처음부터 말한 것 이런 것이다. 태어나도 한 곳에서 죽어도 한 곳에서

죽어 있었다. 그 즉시 굳은 고기를 문밖으로 들고 나가 로치(lo ci)가 다 먹는 것을 기다렸다가 다시 도망쳤다.

로가다(lo gada)는 이삼일을 달려 도망치다가 로치(lo ci)와 헤어져 버렸다. 로가다(lo gada)는 배탈이 나 더이상 갈 수가 없었다. 한 사람도 없는 길에 이르러서는 엎드려 기어 가다가 죽기를 기다렸다. 그 때 갑자기 같은 마을의 로산(lo san)이 로가다(lo gada)에게 달려 왔다.

"산(san) 형, 돌아왔소? 내가 죽으면 나의 변발을 우리 집에 보내주시오."

로산(lo san)은 그를 본체도 하지 않고 달려서 지나갔다. 로가다(lo gada)는 곧 상심하였다. 그리고 곧 죽을 것이라 생각하고는 누워서 죽기를 바랐다. 오래지 않아 로치(lo ci)가 달려왔다.
그는 로가다(lo gada)를 얼핏 보고는,

"로가다(lo gada)가 아니냐? 너는 어디로 해서 내려온 것이냐? 혹 상처 입은 것은 아니냐?"

로가다(lo gada)가 아무 소리도 내지 않자, 로치(lo ci)가 다시 물었다.

"네가 가지 않으면 나도 가지 않을 것이고, 네가 죽으면 나도 죽을 것이다. 우리 한 곳에서 죽자! 우리가 원래 말한 대로, 태어나도 한 곳에서 태어나고, 죽어도 한 곳에서 죽자!"

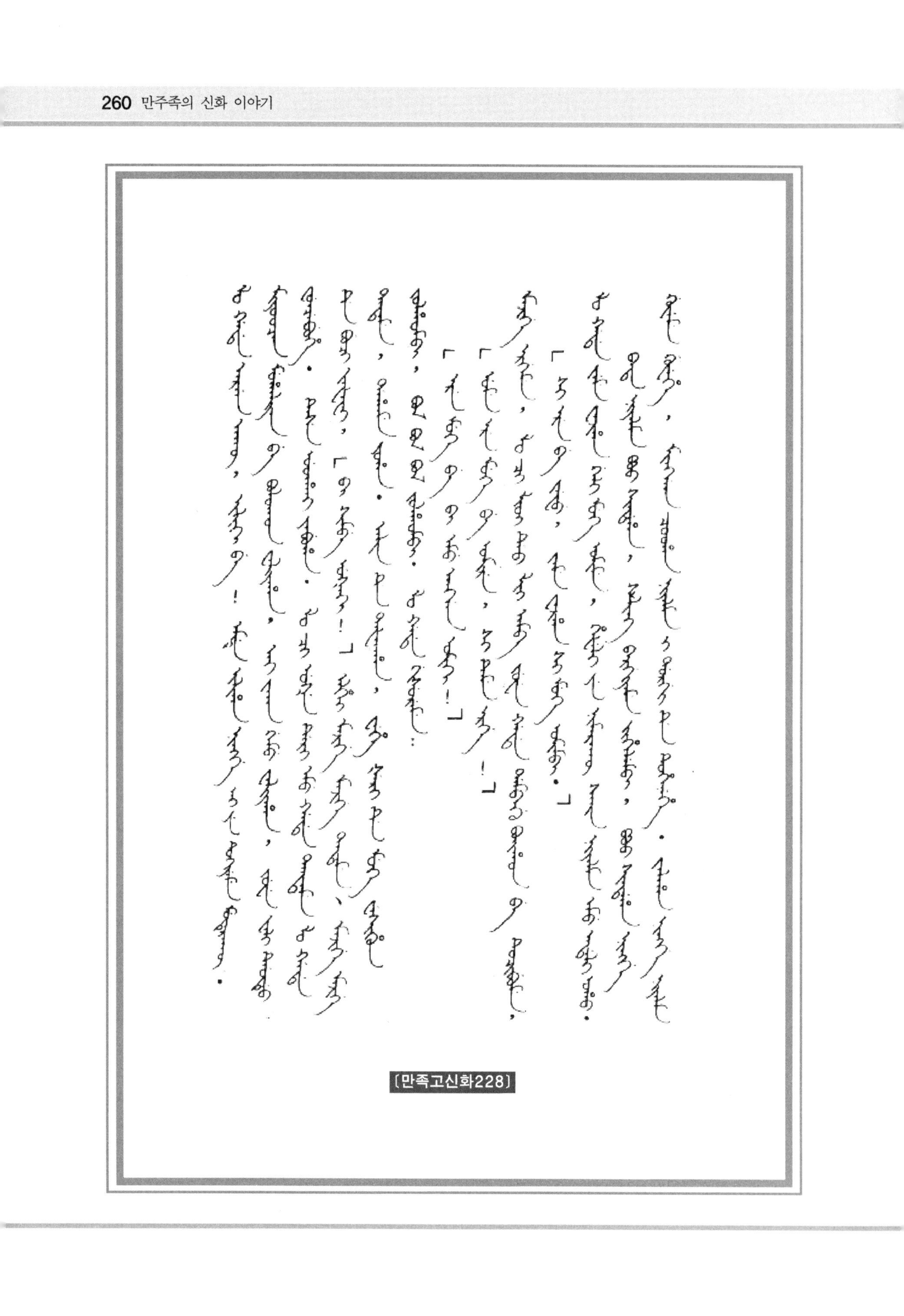

[만족고신화228]

lo gada arga akū, iliki be. emde iliha ningge ai ye tukiyeme muterakū. ai miyoocan
lo gada 방법 없이 일어서자 吧. 한번 선 것 무엇 也 들어올릴 수 없다. 무슨 총

muhaliyan be bolokon waliyaha. ai jaka gemu waliyaha, juwe fali deodeo[113] funcebuhe.
탄환 을 깨끗이 버렸다. 무슨 물건 모두 버렸다. 두 개 투구 남겼다.

tese uthai yabuha. lo ci uše deri emu gada tantame lo gada de buci jafame bi simbe
그들 곧 갔다. lo ci 허리띠 로 한 gada 때리고 lo gada 에게 주어서 잡으니 나 너를

ušaki. elhei majige majige tatame majige majige tatame dahame yoha. wehe šeri
끌마. 천천히 조금씩 조금씩 당겨 조금씩 조금씩 당겨 따라 갔다. 돌 샘

de muke wesihun jolhombi. bol bol bol jolhombi. lo gada gisureme
에서 물 위로 솟는다. 퐁 퐁 퐁 솟는다. lo gada 말하되

ere muke be bi emu angga omiki.
이 물 을 나 한 입 마시자.

ume ere muke be omire. si teme erge.
이 물 을 마시지 마라. 너 앉아서 쉬어라.

majige ergeme, lo ci lioi deo lii[114] amba juwe gada dambagu boihon[115] be tucibume,
조금 쉬고 lo ci 綠 豆 粒 큰 둘 gada 담배 흙 을 내어

si erebe jefu. jeme wajiha. si muke omimbi.
너 이것을 먹어라. 먹기 마쳤다. 너 물 마신다.

lo gada jeme wajiha. geli muke omime hefeli ye nimerakū sain niyalma emu adali
lo gada 먹기 마쳤다. 또 물 마셔 배 也 아프지 않고 건강한 사람 같이

oho. bata niyalma poo sindaha. syling bargiyame jihelembi.[116] poo sindaha ningge guweme
되었다. 적 사람 砲 쏘았다. 司令 합쳐서 모은다. 砲 쏜 것 울고

guwehe. minggan cooha niyalmai dorgi de tuhenehe. jalaha[117] ningge niyalma
울었다. 千 병사 사람의 안 에 쓰러졌다. 폭발한 것 사람

—— ◦ —— ◦ —— ◦ ——

로가다(lo gada)는 할 수 없이, 일어나야겠다고 결심하고 한 번에 일어섰으나, 아무것도 들 수가 없었다.

그래서 모든 총과 탄알을 남김없이 던져버리고 모든 물건도 모두 던져버렸지만, 오로지 두 개의 투구만은 남겼다. 그리고 그들은 곧 떠났다. 로치(lo ci)가 허리띠로 한 번 로가다(lo gada)를 때린 후 로가다(lo gada)에게 허리띠를 건네어 잡으라고 말했다.

"내가 너를 끌겠다."

로치(lo ci)는 천천히 조금씩 조금씩 허리띠를 당겨 로가다(lo gada)를 이끌며 갔다.

돌샘에 물이 위로 퐁퐁퐁 솟았다. 이를 보고 로가다(lo gada)가 말했다.

"이 물을 한 모금 마시자!"

"이 물을 마시지 마라. 너는 앉아서 쉬어라!"

조금 쉬다가 로치(lo ci)는 큰 녹두알 2개를 꺼냈다. 로가다(lo gada)는 아편을 꺼냈다. 로치(lo ci)가 로가다(lo gada)에게 말했다.

"너는 이것을 먹어라. 다 먹으면 물을 마셔라."

로가다(lo gada)는 로치(lo ci)가 준 것을 다 먹고 물을 마셨더니, 배가 아프지 않고 멀쩡해졌다.

갑자기 적이 포를 쏘았다. 사령(司令)은 병사들을 한데 모았다. 포 쏘는 소리가 울리고, 포탄이 천 명의 병사들 가운데 떨어졌다. 터진 포탄이

---

113) deodeo : 중국어 '兜兜'의 차용어로 투구의 뜻이다.

114) lioi deo lii : 중국어 '綠豆粒'의 차용어로 녹두가루의 뜻이다.

115) dambagu boihon : 아편의 뜻이다.

116) jihelembi : 중국어 集合(jihe)의 차용어에 접사 -le가 결합한 형태이다.

117) jalaha : 중국어 炸(ja)의 차용어에 접사 -la가 결합한 형태이다.

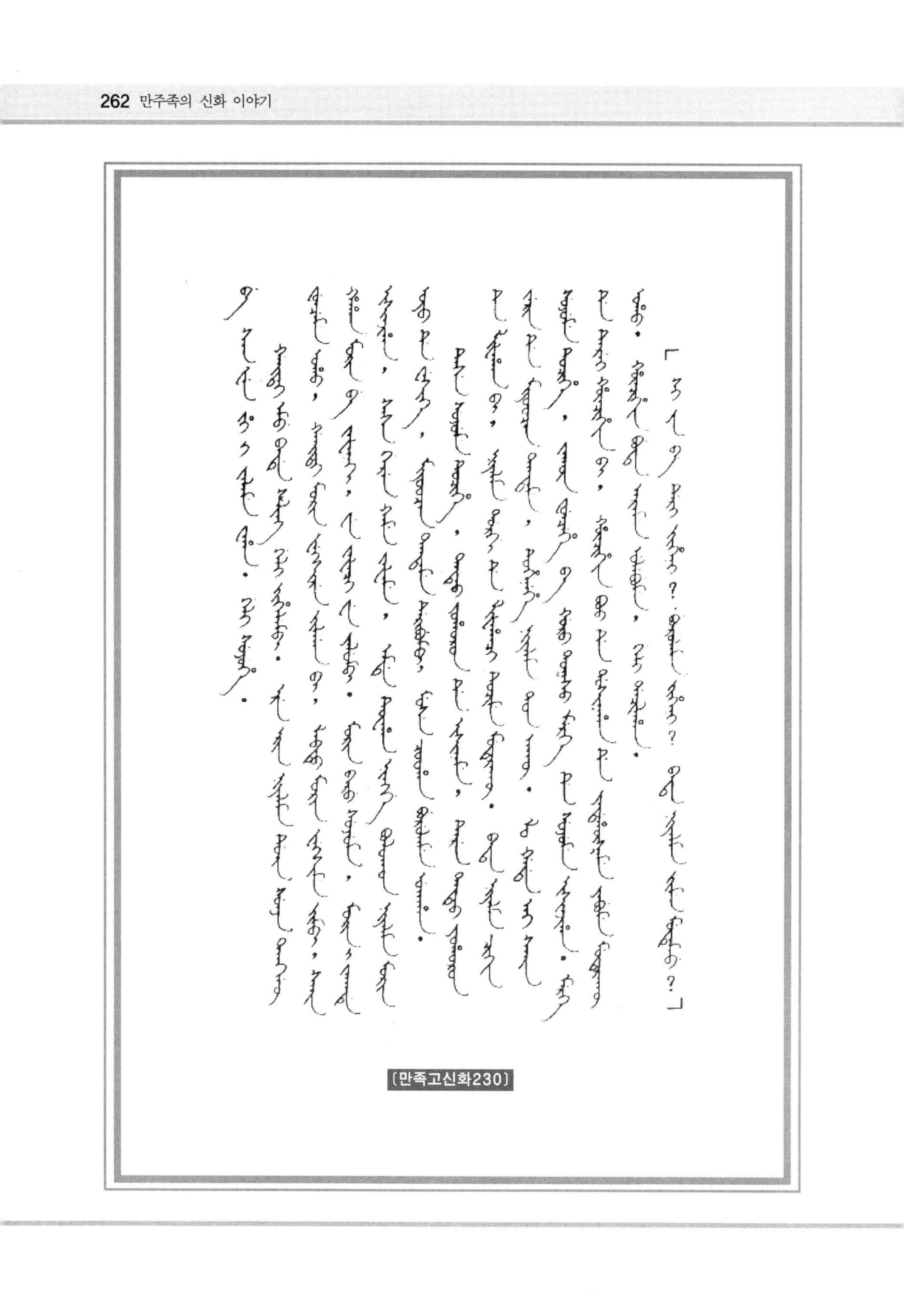

〔만족고신화230〕

be san fen jy i jalame waha. geli sujuhe.
을 三 分 之 一 폭발하여 죽었다. 또 달렸다.

gaitai emu bade syling geli jihelembi. ere erin niyalma duin sunja tanggū funceme oho.
갑자기 한 곳에 司令 또 모은다. 이 때 사람 四 五 百 남게 되었다.

gaitai morin feksire jilgan bi. labdu morin feksime jimbi. sain haha morin be jafanake.
갑자기 말 달리는 소리 있다. 많은 말 달려 온다. 좋은 남자 말 을 잡으러 갔다.

we jafaci we yalumbi. morin baru sujume morin i jakade isinjiha. sasa geren
누구 잡으면 누구 탄다. 말 쪽 달려서 말 의 곁에 이르렀다. 함께 여럿

kame jafame emde tuwaha ningge bolokon niyalma morin oyo de wesike. miyoocan
둘러싸고 잡아서 한번 본 것 남김없이 사람 말 위 에 올랐다. 총

tantame deribumbi. muse cooha burulame ukaha. tese sujume tucihe. tateo[118] yohoron de
쏘기 시작한다. 우리 군사 패주해서 도망쳤다. 그들 달려 나왔다. 踏頭 구렁 에

isiname tere tateo yohoron de lifahan bi. niyalma dorgi de lifahaci tucime muterakū. bata
이르고 그 踏頭 구렁 에 진펄 있다. 사람 안 에 빠지면 나올 수 없다. 적

niyalma cikin jerin de miyoocan tantame, tuhenehe niyalma ton akū. lo gada ai sain
사람 강기슭 가 에 총 쏘아 쓰러진 사람 수 없다. lo gada 어찌 잘

sujume tucihe. jakūn funcere ba goro tokso merke de sujume isinjiha. merke de terei
달려 나왔다. 八 남은 里 먼 마을 merke 에 달려 이르렀다. merke 에게 그의

hūncihin bi. hūncihin boo de dosinahade yadahūšame yabume muterakū oho. hūncihin
친척 있다. 친척 집 에 들어감에 굶주려 갈 수 없게 되었다. 친척

buda arame ulebume geli dacilaha.
밥 지어 먹이고 또 물었다.

si ya ba deri jiheni? burulame jiheni? bata niyalma jime mutembi nio?
너 어느 곳 으로 왔냐? 패주해서 왔냐? 적 사람 올 수 있느냐?

—— ◦ —— ◦ —— ◦ ——

폭발하여 사람이 삼분의 일이나 죽었다. 그들은 또 도망갔다.

갑자기 한 곳에서 사령(司令)이 또 병사를 모았다. 이 때에는 병사가 사오백 명밖에 남지 않았다. 갑자기 말 달리는 소리가 나고, 많은 말이 달려왔다. 몸이 성한 남자는 말을 잡으러 갔고, 말을 잡으면 누구나 탈 수 있었다. 이들은 모두 말 쪽으로 달려서 말의 곁에 이르렀다. 여럿이 함께 둘러싸서 말을 잡았다. 주위를 둘러보니 모든 사람이 말 위에 올라 있었다. 적이 총으로 쏘기 시작하자 우리 군대는 곧 패하여 도망치기 바빴다.

그들은 도망가다가 나루에 이르렀는데, 그 나루에는 수렁이 있어서 사람이 안에 빠지면 나올 수가 없었다. 적이 강기슭에서 총을 쏘았는데, 쓰러진 사람을 헤아릴 수 없었다. 로가다(lo gada)는 어찌어찌해서 잘 도망쳐 나왔다. 그는 8리 남짓 멀리 떨어져 있는 머르커(merke)라는 마을에 이르렀다. 머르커(merke)에는 그의 친척이 있었다. 로가다(lo gada)는 친척의 집에 들어갔다. 로가다(lo gada)는 굶주려서 더 이상 움직일 수 없었다. 친척이 밥을 지어 먹이고는 그에게 물었다.

"너는 어디로 해서 왔느냐? 적에게 패하여 도망쳐 온 것이냐? 적군이 이곳에 곧 오는 것이냐?"

---

118) tateo : 중국어 '踏頭'의 차용어로 배를 대거나 빨래 등을 하기 위해 강가에 설치한 작은 둑과 같은 설치물, 혹은 나루터의 뜻이다.

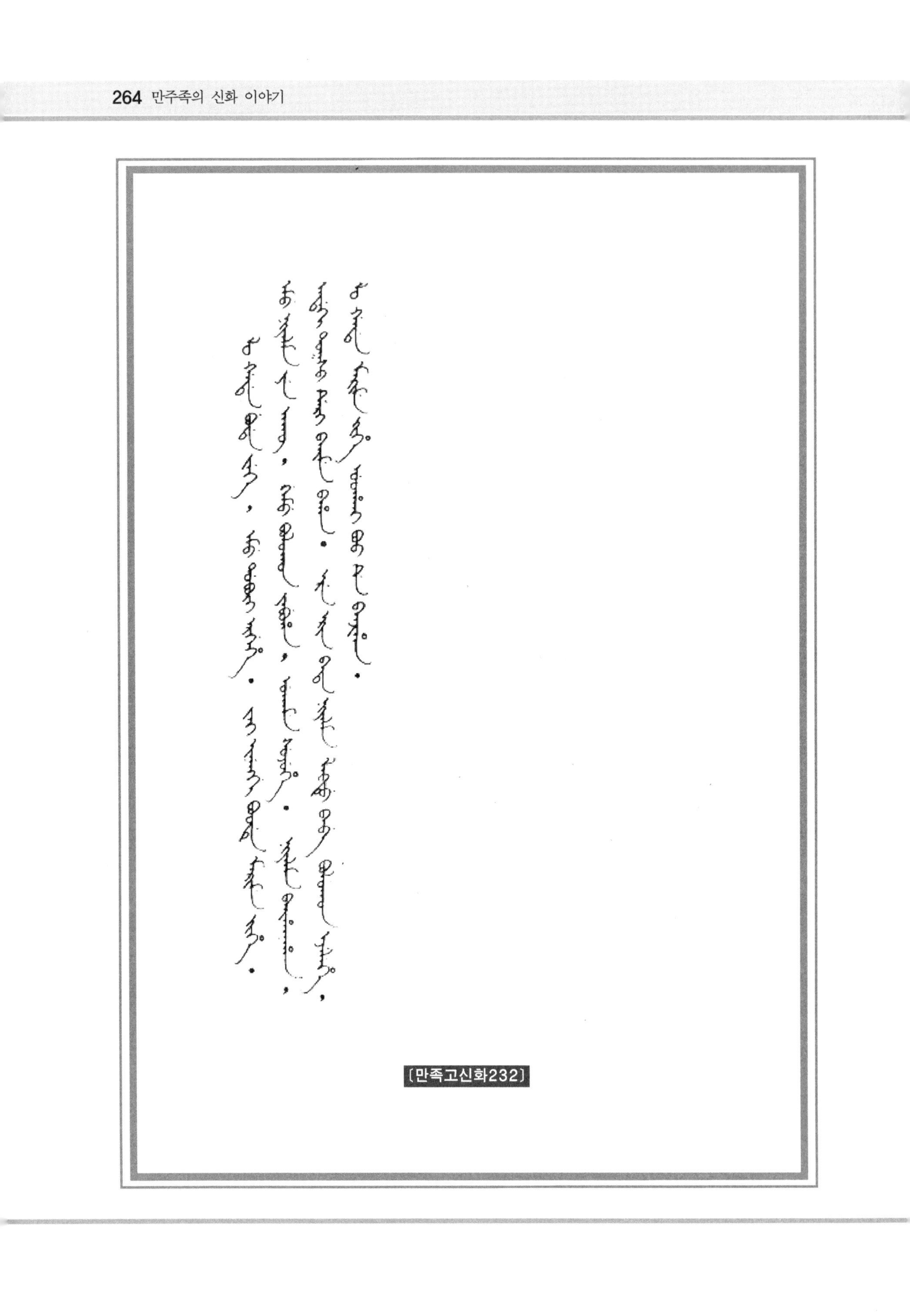

[만족고신화232]

lo gada buda jeke. emu dobori ergehe. jai inenggi boode marime jihe.
lo gada 밥 먹었다. 한 밤 쉬었다. 다음 날 집에 돌아 왔다.

emu niyalma ye akū, gemu bolokon yabuha. ukame sujuhe. niyalma baihanaha. adaki
한 사람 也 없다. 모두 남김없이 갔다. 도망쳐 달렸다. 사람 찾으러 갔다. 근처

tokso deri baime baha. ere erin bata niyalma labdu babe bolokon ejelehe. lo gada
마을 에서 찾을 수 있었다. 이 때 적 사람 많은 곳을 남김없이 점령했다. lo gada

marime jihe. uthai boo de banjiha.
돌아 왔다. 곧 집 에 살았다.

———。———。———。———

로가다(lo gada)는 밥을 먹고 하룻밤을 쉬었다. 그리고 다음날 집으로 돌아 왔다. 집에는 한 사람도 없었다. 모두 남김없이 도망가고 없었다. 로가다(lo gada)도 다시 도망쳐 달아났다. 그리고 가족을 찾으러 다녔지만 근처 마을에서야 찾을 수 있었다. 이 때 적군이 많은 지역을 남김없이 점령했다. 로가다(lo gada)는 돌아와서 집에서 살았다.

역주자 약력

최동권 Choi DongGuen　상지대학교 국어국문학과
김유범 Kim YuPum　고려대학교 국어교육학과
김양진 Kim RyangJin　경희대학교 국어국문학과
문현수 Moon HyunSoo　고려대학교 국어국문학과
이효윤 Lee, HyoYoon　고려대학교 민족문화연구원

고려대학교 민족문화연구원 만주학 총서 ❻

만주족의 신화 이야기

초판인쇄 2018년 07월 20일
초판발행 2018년 07월 30일

역 주 자 최동권, 김유범, 김양진, 문현수, 이효윤
발 행 처 박문사
발 행 인 윤석현
등　　록 제2009-11호

우편주소 서울시 도봉구 우이천로 353 성주빌딩 3층
대표전화 (02)992-3253
전　　송 (02)991-1285
전자우편 bakmunsa@hanmail.net
홈페이지 http://jnc.jncbms.co.kr
책임편집 최인노

ISBN 979-11-87425-06-9 93380　정가 26,000원

* 이 논문 또는 저서는 2014년 정부(교육부)의 재원으로 한국연구재단의 지원을 받아 수행된 연구임(NRF-2014S1A5B4036566)